Wiedemann · Mitarbeiter weiterbilden



FK

# MITARBEITER WEITERBILDEN

**Fallstudien · Gruppendynamik**
**Kreativitätstraining · Motivationstraining**

**von Dr. Herbert Wiedemann**



**Friedrich Kiehl Verlag GmbH**
**Ludwigshafen (Rhein)**

ISBN 3 470 **87121** 3 · 1975
Friedrich Kiehl Verlag GmbH, Ludwigshafen (Rhein)



Herstellung: Beltz Offsetdruck, 6944 Hemsbach über Weinheim

# Vorwort

Während des letzten Jahrzehnts ist die Weiterbildung der Führungskräfte in Wirtschaft und Verwaltung erheblich intensiviert worden. Es wurde die Konsequenz aus der Einsicht gezogen, daß Führungskräfte über ihre fachliche Vorbildung hinaus lernen müssen, wie man Mitarbeiter führt.

Die Genugtuung über diese Entwicklung darf aber nicht darüber hinwegtäuschen, daß wir erst am Anfang stehen. Wir haben nüchtern festzustellen, daß Unternehmen und Verwaltungen sich in einer ständigen Dynamik befinden; sie werden permanent mit technologisch-organisatorischen Veränderungen konfrontiert und sind gezwungen, auf recht erhebliche Marktschwankungen zu reagieren. Die Führungskräfte und Mitarbeiter müssen mit diesen Wandlungen fertig werden; von ihnen wird Wille und Fähigkeit zur Flexibilität, zum Sich-Umstellen auf neue berufliche Aufgaben, zur Anpassung an neue Arbeitsgruppen, Vorgesetzte, Mitarbeiter verlangt.

Die Weiterbildung der Führungskräfte aller Ebenen ist eine zentrale Aufgabe unserer Gesellschaft. Die Ausgaben für Schulungsaktivitäten sind keine Kosten, sondern Investitionen in die Qualifikation des Menschen. Eine Weiterbildung in diesem Sinne trägt zur vielbesprochenen „Humanisierung der Arbeitswelt“ bei.

Ziel dieses Buches ist es, geeignete Schulungsmethoden aufzuzeigen, die es dem Mitarbeiter ermöglichen, flexibel zu werden und sich auf neue betriebliche Situationen einzustellen. Letztlich wird mit der angemessenen Anwendung dieser Schulungsmethoden die „Selbstentfaltung des Mitarbeiters“ angestrebt: ein zufriedener Mitarbeiter wird ein guter Mitarbeiter sein, der den betrieblichen Anforderungen gerecht wird.

Das Buch wendet sich somit in erster Linie an Unternehmer und Führungskräfte aller Ebenen, an Verantwortliche für die betriebliche Weiterbildung wie Personal- und Ausbildungsleiter, aber auch an Referenten und Lehrkräfte („train the trainers“) der verschiedenen betrieblichen und außerbetrieblichen Weiterbildungsinstitutionen, z. B. auch Volkshochschulen. Ferner richtet sich das Buch an Industriepädagogen, Betriebssoziologen und Betriebspsychologen.

Bei der Erarbeitung der Konzeption dieses Buches haben mir viele klärende Gespräche mit der *Verkaufsleiter-Akademie* (VA) Frankfurt/Main und mit Kurt *Ahorner* geholfen.

Für die Mitarbeit an Fallstudien und Übungen bin ich Heinz W. *Dörner,* Reinhold *Faul,* Wolfgang P. *Heimes,* Martin C. R. *Krüger,* Christian *Maul* und Claus *Theede* verbunden.

Ursprünglich war beabsichtigt, dieses Buch gemeinsam mit Kurt *Ahorner* zu verfassen. Er sollte das Thema Entscheidungstraining unter besonderer Akzentuierung des Planspiels bearbeiten. Die Fülle des Stoffes führte jedoch dazu, daß wir uns zu einer getrennten Veröffentlichung entschlossen haben. Als Überleitung zur Darstellung des Entscheidungstrainings, das Kurt *Ahorner* vorbereitet, wird in diesem Buch ein Anhang aufgenommen, der dem Leser einen Überblick über die beim RKW (Niedersachsen) verfügbaren Planspiele gibt.

Böblingen, im August 1975

Herbert Wiedemann

# Inhaltsverzeichnis


Seite

Vorwort 5

1. **Die herkömmlichen Lehrmethoden** ........ 9
1.1. Das Unterrichtsgespräch ........ 9
1.2. Vorlesung und Vortrag ........ 11
1.3. Vortrag verbunden mit Diskussion ........ 15
1.4. Podiumsgespräch ........ 18

2. **Gruppenarbeit** ........ 20
2.1. Die Gruppenarbeit als Lehrmethode ........ 20
2.2. Die Fallmethode ........ 24
2.3. Fälle aus der betrieblichen Praxis ........ 27
2.3.1. Die überraschende Versetzung ........ 27
2.3.2. Die doppelte Kalkulation ........ 27
2.3.3. Das Urheberrecht im Büro ........ 28
2.3.4. Der tüchtige „neue Mann" als Projektleiter ........ 29
2.3.5. Konflikt im Expertenteam ........ 31
2.3.6. Entscheidungsschwäche und nicht erfolgte Delegation ........ 32
2.3.7. Der neue Abteilungsleiter und die schwierige Abteilung ........ 32
2.3.8. Der Sachbearbeiter und das neue EDV-System ........ 40

3. **Gruppendynamische Methoden** ........ 45
3.1. Begriff und Aufgaben ........ 45
3.2. Das Sensitivity-Training ........ 49
3.2.1. Gegenstand und äußerer Ablauf ........ 49
3.2.2. Steuerung und Selbstregulierung der Gruppe ........ 52
3.2.3. Sinn und Grenzen des Sensitivity-Trainings ........ 56
3.2.4. Übungen ........ 61
3.3. Strukturierte gruppendynamische Übungen ........ 71
3.3.1. Das Quadrate-Spiel ........ 74
3.3.2. Das Fünfeck-Spiel ........ 79
3.3.3. Kommunikationsketten-Spiel ........ 91
3.3.4. Das Turmbau-Spiel ........ 99
3.3.5. Das Verkaufsstrategie-Spiel „Fa. Frischluft AG" ........ 107
3.3.6. Die neue Büroorganisation ........ 129
3.4. Das Rollenspiel ........ 142

Seite


**4. Kreativitätstraining** ........ 144

4.1. Der kreative Prozeß ........ 144
4.2. Kreativitätstraining im gruppendynamischen Ansatz ........ 148
4.2.1. Analogietraining (Synektik) ........ 151
4.2.2. Assoziationstraining ........ 155
4.2.3. Innovationstraining ........ 162
4.2.4. Brainstorming ........ 165

**5. Motivationstraining** ........ 169

5.1. Motivation in betriebssoziologischer Sicht ........ 169
5.2. Fördernde und hemmende Faktoren ........ 171
5.3. Die Kriterien des innovativen Denkens ........ 183

**Literaturverzeichnis** ........ 191

**Anhang: Planspiel-Bibliographie** ........ 194

# 1. Die herkömmlichen Lehrmethoden

## 1.1. Das Unterrichtsgespräch

Wenn bei der gegenwärtig so aktuellen Diskussion um Schulung und Weiterbildung die neuen Lehrmethoden im Mittelpunkt der Erörterungen stehen, so offensichtlich deshalb, weil grundlegender Zweifel an der Effektivität der herkömmlichen Methoden entstanden ist. Allerdings dürfen die letzteren nicht einfach abgewertet werden. Es geht vielmehr um eine Prüfung, ob, in welchem Grade und mit welchem Schwerpunkt sie in der beruflichen Weiterbildung wirksam verwendet werden können. Man kann nämlich nicht daran vorbeisehen, daß sie entgegen aller theoretisch begründeten Ablehnung durchaus weiterhin praktiziert werden.

„Wenn alles schweigt und einer spricht, so nennt man das dann Unterricht" ist eine Glossierung, mit der das Überholt-Sein der aus der Schule bekannten Methode gekennzeichnet werden soll. Nun muß man aber bereits darauf hinweisen, daß diese Methode „Unterrichtsgespräch" heißt; was besagt, daß der Schüler zum Sprechen und damit zur Aktivität gebracht werden soll. Der gute Lehrer in der Schule ist immer derjenige, der überlegt, wie das Interesse des Schülers am Stoff so geweckt werden kann, daß dieser von sich aus aktiv wird und von sich aus fragt. Der gute Lehrer ist derjenige, der die Schüler zur Lernschwierigkeit, auf die zu lösende Problematik, hinführt.

Offensichtlich gilt das für die Erwachsenenbildung ganz genauso. Der gute Kursleiter muß die Lernspannung der Teilnehmer wachhalten; er muß die Teilnehmer dazu bringen, daß sie von sich aus interessiert die Lösung suchen bzw. sie zu erarbeiten streben. Dabei hat er deshalb im Vergleich zu seinen Kollegen in der Schule eine viel größere Chance, dies zu erreichen, weil er nicht mit der Aufrechterhaltung der Disziplin der Schüler zu ringen hat.

Leider findet man innerhalb der Erwachsenenbildung ein Sich-Distanzieren-Wollen von der Schule. Dort, so heißt es dann, ist „alles ganz anders". So anders ist es dort nicht, es ist allenfalls infolge der Disziplinschwierigkeiten härter! Man hat zu registrieren, daß das Unterrichtsgespräch längst in die Erwachsenenbildung übernommen worden ist; es wird nur anders genannt. Der Referent spricht dann von „Referat mit Diskussion" (eine in der Tat häufig angewandte Methode). Will er aber die direkte Mitarbeit der Teilnehmer, so gliedert er sein Referat in Kurzreferate „mit anschließender Diskussion". Er ist dann froh, wenn er nach dem ersten Kurzreferat eine so aktive Mitarbeit erreicht hat, daß von jetzt ab die Teilnehmer von sich aus auf die Probleme und deren Lösungen kommen.

Er ist also zum Unterrichtsgespräch übergegangen. Wie bei dem Lehrer in der Schule, so ist hier stets die Frage, ob die Teilnehmer zum aktiven „Mitmachen" gebracht werden können. Gelingt das nicht, so bleibt ihm (wie dem Lehrer) dann nichts anderes übrig, als den Stoff selbst vorzutragen.

Es muß auf eine stärkere Kooperation im gesamten Bildungswesen hingearbeitet werden. Es ist nicht zu leugnen, daß in der Erwachsenenbildung manche Lehrkräfte tätig sind, die nie etwas von didaktischer Aufbereitung des Lehrstoffes gehört haben. Nicht selten werden Verkäufer, Ingenieure oder Kaufleute gefragt, ob sie „Trainer" werden wollen; und wenn sie „ja" sagen, dann läßt man sie mit dem Training beginnen. Man wird nun sagen müssen, daß diese so ins Wasser geworfenen Trainer besser schwimmen können, als dies generell und speziell aus der Sicht der Schule erwartet wird. Dennoch „läuft" hier dann manches schief. Schon um die mangelhafte pädagogische Vorbildung zu rechtfertigen, wird dann das Sich-Absetzen von der Schule deutlich gemacht; und dies pflegt von den meisten Teilnehmern noch honoriert zu werden, da auch sie nichts von „Schule" hören wollen. In Wirklichkeit hat man in der Erwachsenenbildung allen Grund, an einer größeren Wirksamkeit auch der überkommenen Methoden in Verbindung mit der Schulpädagogik zu arbeiten. Dort liegt eine breite Erfahrung vor, sie wird man in der beruflichen Weiterbildung nutzen können.

In unserem Zusammenhang müssen wir uns auf einige zusätzliche Bemerkungen zum Unterrichtsgespräch in der beruflichen Weiterbildung beschränken.

1. Voraussetzung für den Beginn des Unterrichtsgesprächs sollte das Ausgeben von Unterrichtsmaterial oder die Demonstration irgendwelchen Anschauungsmaterials sein. In Frage kämen etwa in naturwissenschaftlichen Fächern mathematische Aufgaben, Arbeitskarten, Anweisungen, Versuche; in geisteswissenschaftlichen und wirtschaftswissenschaftlichen Fächern zu interpretierende Texte. Die Benutzung von Videorecordern, Tonbändern und Tonbildschauen empfiehlt sich in den meisten Fällen. Der Kursleiter kann dann die Unterlagen besprechen oder besprechen lassen und die Experimente auswerten. Dabei ist zur Vertiefung des Lernprozesses die Hilfestellung des Kursleiters, zu der natürlich auch die Fehlerkorrektur gehört, erforderlich.

2. Schon die Erarbeitung und Zusammenstellung des Unterrichtsmaterials bringt für den Kursleiter den Zwang zum Sich-Disziplinieren mit sich, und zwar weil er von sich loskommen und primär an den anderen denken muß. Der gleiche Zwang liegt in den Vorüberlegungen über die Lernziele und Lernphasen (Gliederung des Weges zum Lernziel).

   Es genügt hier nicht, daß sich der Kursleiter wie bei der Vorbereitung zum Vortrag eine Stoffgliederung fixiert. Er soll nach den „Einstiegs"- und Verständnismöglichkeiten der Schulungsteilnehmer fragen, was in vielen Fällen heißt, sie auf ihre Erfahrungen anzusprechen. Er braucht ein variables Gerüst dessen, was er vermitteln und wie er vorgehen will. Nur so hat er auch die Möglichkeit, vom Teilnehmer her Anregungen aufzunehmen und spontan sein Vorgehen zu variieren. Der gute Referent ist immer bereit, auch vom Auditorium zu lernen und sich sein Gerüst verbessern zu lassen. Der Lernende wird hier ernst genommen, weil er als Person kreativ ist; und der Lernende wird desto kreativer, je aktiver er im Unterricht ist. Man denke zum Vergleich an den Referenten, der gewohnt ist, sein Wissen in Referaten „abzuspulen" und dann befriedigt über seinen „Auftritt" wegzugehen, während die Schulungsteilnehmer ganz erschlagen von der Fülle des Stoffes und tief beeindruckt von dem großen Können des Referenten zurückbleiben.

3. Mit dem Unterrichtsgespräch stößt man in der beruflichen Weiterbildung freilich auf eine große Schwierigkeit, nämlich auf das unterschiedliche Vorwissen der Schulungsteilnehmer. Es wird zwar immer wieder versucht, Teilnehmer mit annähernd gleicher Vorbildung zusammenzubringen; der in der Praxis tätige Kursleiter weiß, daß das häufig genug nicht gelingt. So erlebt er dann, daß er von Einzelnen gefragt wird, ob der Lehrstoff denn „für kleine Kinder" aufbereitet sei; und ob er denn etwa annehme, die Teilnehmer hätten ihre Zeit gestohlen, um sich mit „so einem simplen Zeug, das man längst weiß" befassen zu müssen. Wird der Kursleiter in dieser Form während der Pause unter vier Augen angesprochen, dann vermag er einen solchen Teilnehmer meist dadurch zu beruhigen, daß er ihn auf die unterschiedliche Zusammensetzung des Kreises hinweist und ihm gleichzeitig sagt, er möge sich aktiv am Unterricht beteiligen; er könne so den ihm bereits bekannten Stoff neu formulieren und werde ihn durch diese Wiederholung besser beherrschen lernen. Hört der Kursleiter eine solche Kritik aber während des Unterrichts, dann bleibt ihm in den meisten Fällen nichts anderes übrig, als auf das Referat umzuschalten; es wird nämlich kein Teilnehmer zugeben, daß er den Lehrstoff wie „für kleine Kinder" dargeboten bekommen muß.

4. Im Schulungswesen müssen wir uns darum bemühen, den Menschen von der Konsumhaltung wegzubekommen; und zwar deshalb, weil dadurch das Lernsystem gleichsam außer Betrieb gesetzt wird. Erst die Aktivität bringt den kybernetisch zu betrachtenden Lernprozeß in Bewegung

   Sorgt die Lehrkraft dafür, das Unterrichtsgespräch unter diesem Aspekt aufzubauen, dann ist und bleibt es für die berufliche Weiterbildung eine wichtige Lehrmethode, speziell für den Lehrstoff des fachlichen Bildungsbereiches. Man denke an den kaufmännischen Sektor, und hier an Buchführung und Bilanz, an Programmierung, an Büroorganisation. Für alle anderen Bildungsbereiche kann sie weiterhin verwendet werden; obwohl man hier wissen muß, daß sie nicht ausreicht und durch neue Methoden zu ergänzen ist.

## 1. 2. Vorlesung und Vortrag

Vom Standpunkt der neuen Schulungsmethoden pflegt man gern auf die herkömmlichen als die „passiven Lehrmethoden" zurückzublicken. Wir sahen, daß dies mit Bezug zum Unterrichtsgespräch recht fragwürdig ist. Richtig ist dies jedoch in Hinsicht auf Vorlesung und Vortrag. Man macht es sich aber zu leicht, wenn man diese Lehrmethoden deshalb als überholt, ja als hoffnungslos antiquiert betrachtet. Wie beim Unterrichtsgespräch gilt es zu fragen, für welchen Bildungsbereich sie noch angemessen sind und für welchen nicht. Gerade die Wissenschaftsorientierung des heutigen Bildungswesens, so wird man hinzuzufügen haben, unterstreicht, daß man sich ernsthaft über Sinn und Zweck von Vorlesung und Vortrag Rechenschaft geben muß, denn diese Lehr- und Lernmethodik ist schließlich innerhalb der Wissenschaft zur Blüte gelangt.

Unter Vorlesung soll hier eine sachlich zusammenhängende und in zeitlicher Folge angebotene Kette von Vorträgen (Referaten) verstanden werden. Eine solche Vorlesung bietet mehr als jede andere Lehrmethode die Möglichkeit, Komplexe integrierten Wissensstoffes in kurzer Zeit darzubieten. Freilich muß sofort hinzugefügt werden, und das hat auch stets für die Vorlesungs-Praxis in der Universität gegolten, daß die Hörer der Vorlesung sich durch ergänzende und vergleichende Lektüre den Stoff durch eigene Aktivität zusätzlich nahebringen müssen. Die Vorlesung allein hat immer überfordert und wird weiterhin überfordern. Der Hörer erliegt zunächst leicht der Illusion, er könne sich über das Hören allein das Wissen eintrichtern lassen; er wird aber dann irgendwann dadurch aufgeweckt, daß er merkt, wie wenig sich der Stoff tatsächlich „gesetzt" hat. Die Vorlesung ist, anders gesagt, immer nur Einführung, Hinweis, Anregung; der Hörer muß diesen Impuls nutzen, er muß durch Lektüre in den Stoff tiefer eindringen und ihn verarbeiten.

Die Komplexe integrierten Wissensstoffes (als durch Vorlesung zu vermitteln), die findet man primär im fachlichen Bildungsbereich, also im Rahmen von Industrie und Verwaltung vor allem in der Betriebswirtschaftslehre mit ihren Unter- und Nebenbereichen (Büroorganisation der Daten- und Textverarbeitung u. a.). Nun haben sich sicher auch in den Wissenschaften vom Menschen und von der Gesellschaft (Psychologie, Soziologie, Arbeitswissenschaft u. a.) Komplexe integrierten Wissensstoffes angesammelt. Ihre Darbietung über Vorlesung und Vortrag ist aber erheblich schwieriger, weil auf diesen Gebieten die Aufnahme des Wissens von der Ratio her nicht genügt; der Mensch muß diesen Stoff mit seinen Totalkräften, d. h. auch mit seinen Emotionen und Phantasien, mit seinem „sechsten Sinn" aufnehmen. So wie der Mensch „spüren" muß und erst dann rational erfassen kann, ob eine Situation prekär oder peinlich wird oder nicht, so hat er seinen „Spürsinn" für psychologische und soziologische Situationen generell einzusetzen und weiter zu entwickeln. Dem Menschen hierzu zu verhelfen, das vermag man sicher bis zu einem gewissen Grade auch über den Vortrag; aber es gibt wirkungsvollere Methoden, durch die der Spürsinn des Menschen stärker angesprochen wird, durch die psychische Phänomene „stärker unter die Haut gehen", d. h. wirkungsvoller, nachhaltiger erfaßt werden.

Immerhin muß man sagen, daß in der beruflichen Weiterbildung die Vorträge sowohl als Einzelvortrag wie als Vorlesung heute schon noch ein wichtiges Lehrinstrument darstellen. Dies gilt vor allem für den fachlichen Bildungsbereich; dies zeigt sich, wenn man sich um eine vorurteilslose Sicht der Praxis bemüht, aber auch mit Bezug zum politischen sowie zum person- und gruppenbezogenen Bildungsbereich. Es ist eben oft genug von der Zeitökonomie her erforderlich, komplexes Wissen schnell darzubringen; und damit wird auf die Vorlesung zurückgegriffen, obwohl gleichzeitig beteuert wird, „eigentlich“ sei diese Methode nicht mehr angemessen. Es ist schon viel, wenn in den Schulungsstätten für Erwachsenenbildung konsequent dafür gesorgt wird, daß die Vorlesung nicht die führende Rolle behält, die sie hatte; daß ergänzende Methoden (die Gruppenarbeit oder auch gruppendynamische Übungen) zunehmend und gleichrangig neben die Referatspraxis treten.

Man wird also auch in Zukunft nicht ohne Vorlesung und Vortrag auskommen. Es ist besser, dies nüchtern zu sehen, als sich damit zu begnügen, auf das „Überholtsein“ dieser Methoden zu verweisen – Dem „Wie“ ihrer Anwendung aber ist eine erhöhte Bedeutung zu geben!

Die Vorlesung war sicher ursprünglich ein „Vor-lesen“; und genau das darf sie nicht mehr sein, auch wenn der Begriff erhalten bleibt und der Professor der Universität seine Vorlesung weiterhin mit der Formulierung ankündigt: „in diesem Semester gedenke ich zu lesen“. Der Professor wie jeder Referent muß sich heute bewußt sein, daß jede Vorlesungsstunde nach den Gesetzen einer wirkungsvollen Vortragstechnik zu halten ist. In unserer Zeit, in der die Menschen sich einer Flut von Informationen und einer Reizüberflutung gegenübersehen, bringen sie bei bestem Willen nicht mehr die Konzentration mit, einem abgelesenen Vortrag zu folgen. Hinzu kommt, daß sie schon aus Rechtfertigung gegenüber ihrem „Abschalten“ darauf pochen, man könne schließlich von einem Referenten verlangen, so interessant vorzutragen, daß man eben nicht „einschlafe“. Ob das jedenfalls ein Referent gerne hört oder nicht: Er muß von sich aus den Kontakt zu seinem Auditorium suchen. Er muß dafür sorgen, daß die Hörer aufmerksam, gespannt, interessiert bleiben. In den von der Industrie veranstalteten Schulungen ist es längst selbstverständlich geworden, daß die Vortragenden nachher beurteilt werden, ob man ihnen hat folgen können, ob sie wirkungsvoll im Vortrag waren; und die Konsequenz ist zweifellos die, daß nur diejenigen Referenten sich halten können bzw. weiterhin gefragt sind, die eine gute Beurteilung bekommen. Diese Art der „Mitbestimmung“ ist sicher für einen Vortragenden hart, der von der Bedeutung seines Stoffes für die Hörer überzeugt ist, der es aber nicht erreicht, diese Bedeutung motivierend auf seine Hörer zu übertragen.

Von zwei Seiten also ist das Thema Vortrag und Vorlesung für die berufliche Weiterbildung wichtig. Einmal steht man vor dem Faktum, daß in der Praxis stets auf diese Methode zurückgegriffen wird; für sie spricht der Anschein, daß sie mit geringem Aufwand viel Wissensstoff in kurzer Zeit zu bieten vermag. Zum anderen bleibt der Anschein ein Schein, eine Illusion, wenn die Referenten nicht als Vortragende wirkungsvoll zu motivieren vermögen. Hier bleibt freilich die Frage, was das für den Referenten eigentlich heißt, „wirkungsvoll“ zu sein.

Es wurde schon auf die Vortragstechnik hingewiesen. Zusätzlich hat jeder, der in die Lage kommt, als Referent tätig zu werden, allen Grund, sich in der Didaktik zu schulen. Es ist erschreckend, wie häufig in Referaten über die Köpfe der Hörer hinweggeredet wird. Er wird hier begreifen, daß jeder

Stoff folgerichtig nach Lernschritten aufzubauen ist; daß der Stoff gegliedert, begrenzt (nicht zu viel auf einmal), klar formuliert und in Zusammenfassungen und Wiederholungen zu bringen ist. Er wird erkennen, daß es wichtig ist, das unterschiedliche Wissensniveau der Hörer zu berücksichtigen und möglichst jedem ein hohes, aber erreichbares Lernziel vor Augen zu stellen. Vom Wissensniveau hängt es ab, ob und wieviel „Fremdwörter" (wie die Hörer sagen) bzw. Fachbegriffe gebracht und eingeführt werden. In der beruflichen Weiterbildung, darauf muß jeder Referent achten, hat er viele Hörer vor sich, die bisher nicht wissenschaftlich geschult sind, die fleißig und strebsam sind, in die Wissenschaft einzudringen, die aber gleichzeitig ein Feingefühl gegenüber der Arroganz des Akademikers haben. Dieses Feingefühl ist nicht selten mit einem Vorurteil gegenüber einem Akademiker verbunden, das einfach auf dem (im Prinzip richtigen) Gedanken basiert: wenn meine Eltern Akademiker gewesen wären, dann hätte ich auch die „höhere Schule" besuchen und studieren können; die Qualifikationen dafür hätte ich mitgebracht. – Wie „wirkungsvoll" kann ein Referent hier anknüpfen: „Was Sie ohne Ihre Schuld in der Jugend nicht mitbekommen haben, jetzt in der beruflichen Fortbildung können Sie sich in diesen Stoff einarbeiten. Da Sie jetzt reifer sind, da Sie bereits Berufserfahrungen haben, wird es für Sie jetzt viel leichter sein, sich den Stoff anzueignen. Im übrigen ist es doch heute so: Es kommt nicht in erster Linie auf die Vorbildung, sondern auf die Leistung an. Hier lernen Sie die Voraussetzung, Ihre Leistung auf aktuellem Wissen aufbauen und unter Beweis stellen zu können".

Dies Beispiel zeigt allerdings auch, daß Vortragstechnik und Didaktik allein nicht genügen. Es ist leicht zu sagen, der Vortragende braucht den Kontakt zu den Hörern; er braucht aber darüber hinaus „Gespür" für die Situation. Er muß der Situation entsprechend überzeugen und motivieren können. Der Vortragende braucht dann vor allem „Ausstrahlungskraft"; ein Ausdruck, der deshalb nicht gerne verwendet wird, weil man nur schwer begrifflich fassen kann, was das ist. Mit Sicherheit gehört (wenn dies auch mit gewisser Vorsicht zu sagen ist) ein Etwas von dem dazu, was Max Weber mit „charismatisch" (Erreichen der Bereitschaft zur Hingabe an eine Person) bezeichnet. Der Vortragende wird diese „Ausstrahlungskraft" dann erreichen, wenn er selbst glaubwürdig ist, wenn die Hörer empfinden, daß er „hinter dem steht, was er sagt". Dann bleiben sie eben angeregt, dann werden sie die Thesen und Ideen aufnehmen und an die notwendige vertiefende Lektüre über das angesprochene Wissensgebiet gehen. Für den Bereich der Wirtschaft vermag man das, was hier gemeint ist, am konkretesten so zu formulieren: Der Referent muß sich darüber klar sein, daß er ein Verkäufer ist. Es ist bisher versäumt worden, die Gesetze des „Verkaufen-Könnens" ernsthaft in ihrem Rang zu betrachten. Verkaufen ist, das muß betont werden, nichts Simples und vor allem nicht Unreelles. Der unreelle „Verkäufer", das ist derjenige, der sich nirgendwo wieder sehen lassen darf. Der wirkliche Verkäufer muß den Käufer gewinnen und ihn vom Nutzen und von der Bedeutung des verkauften Gutes überzeugen. Der Käufer muß der Überzeugung sein, daß er nach dem Kauf besser leben und effektiver arbeiten kann, daß er größere Vorteile hat als vor dem Kauf. Die „Ausstrahlungskraft", das darf nicht übersehen werden, muß wiederum mit substanziellem Fachwissen und guter didaktischer Stoffaufbereitung verbunden sein. Fehlt die Substanz, dann bleibt nur die Ausstrahlung eines Scharlatans; fehlt die Didaktik, dann „konsumieren“ die Hörer die Ausstrahlung, aber es bleibt nichts haften.

## 1.3. Vortrag verbunden mit Diskussion

Unter dem Gesichtspunkt der Lehrmethodik soll die Diskussion, ja schon die Aussicht auf eine solche, ein Gegengewicht zur Anstrengung des Hörens sein. Mit der Diskussion wird eine Wandlung von der passiven Lehrmethode des Vortrags zur Aktivierung des Gremiums eingeleitet. Unter sachlichem Aspekt gibt die Verbindung des Vortrags mit der Diskussion den Hörern die Chance der Frage, der eigenen Stellungnahme und damit auch der Kritik.

„Der Referent stellt sich der Diskussion“ ist der Ausdruck, mit dem angezeigt wird, daß der Vortragende bereit ist, auf kritische Bemerkungen einzugehen. Nun hat man allerdings zu beachten, daß eine Diskussion für jeden Referenten ein Risiko darstellt. Es ist viel einfacher, ausgearbeitete Thesen vorzutragen, als auf Fragen aus dem Auditorium zu antworten. Es kann dem Referenten z. B. passieren, daß ein Hörer ihn auf ein Fachbuch anspricht, das er nicht oder nur „diagonal“ gelesen hat. Je mehr der Hörer mit Wissen aus diesem Buch aufwartet, desto fieberhafter überlegt der Referent, wie er sich mit einigem Anstand aus der Affäre ziehen kann. Diese und ähnliche Situationen sind um so leichter zu bewältigen, je mehr der Referent von der Sache versteht, und je geschulter und routinierter er im Vortrag ist. Das bedeutet, daß kein Vortragender „auf das Seil“ gehen oder geschickt werden sollte, der „leicht herunterfallen“ kann. Es kommt eben darauf an, daß der Vortragende die Qualifikation und das Stehvermögen besitzt, auch auf schwierige und heikle Fragen souverän zu reagieren. Zur Souveränität in diesem Zusammenhang gehört auch, je nach Situation mit einer einsehbaren oder zu respektierenden Begründung zu erklären, auf diese Diskussionsfrage könne er nicht antworten. („Mit dieser speziellen Problematik habe ich mich noch nicht beschäftigt“, “hier bin ich überfragt“).

Man muß jedenfalls heute, wo die Lehrform des Referats recht umstritten und ihre Legitimation mit jedem Vortrag neu zu beweisen ist, vom Referenten erwarten, daß er eine Diskussion und damit die Aktivierung des Hörerkreises ermöglicht. Man muß von ihm erwarten, daß er willens ist, das „feedback“ auf seinen Vortrag entgegenzunehmen und darauf zu reagieren. Er muß gleichzeitig, das ist die Konsequenz, einsehen, daß er nicht nur nach seinem Referat beurteilt wird, sondern auch danach, wie er sich in der Konfrontation mit Hörern verhält, die anderer Meinung sind; ob er sich hier „wacker schlägt“ und zu überzeugen vermag oder nicht.

Mehr Selbstüberwindung und „Courage“ gehört freilich noch dazu, sich in der Diskussion zu Wort zu melden. Hört man einem guten Referenten zu, so ist die Passivität im Sinne eines „lukullischen“ Genießens zumindest viel bequemer als das Sich-Aufraffen zu kritischer Stellungnahme. Ist der Referent weniger gut, und ertappt man sich als Hörer dabei, daß man längst „abgeschaltet“ hat und mit seiner Phantasie überall sonst, nur nicht bei dem Gegenstand des Referats weilt, so hat man sich der Möglichkeit zur Diskussion schon weitgehend begeben. Es gehört also von seiten des Hörers von vornherein der Wille zur Aktivität mit hinzu. Dieser Wille mobilisiert ihn, sich Notizen zu machen und auch die Konzentration zu wahren, wenn der Stoff „hoch“ oder der Referent schwach ist. Dieser Wille allein ist jedoch noch nicht ausschlaggebend. Jeder Diskussionsredner braucht die Courage, unter den Blicken des Auditoriums ohne Vorlagen und bestenfalls mit einigen flüchtig hingeworfenen Notizen (auf die er dann doch nicht blickt) in wenigen Sätzen seine Frage zu stellen oder seine Auffassung darzulegen. Es ist kein Wunder, daß selbst routinierte Sprecher sich als Diskussionsredner überraschend schwer tun. Das hängt damit zusammen, daß es auch für sie schwierig ist, schnell den notwendigen Atem- und Sprechrhythmus zu finden. Man kann hier nur jedem Mut machen und ihm sagen: Steh auf und fang an. Du wirst in Deinen Rhythmus hineinkommen und dann laufend sicherer werden. Weil dieser Rhythmus in der ersten Sprechphase meist nicht erreicht wird, deshalb ist es für einen Diskussionsredner typisch, daß er (wenn er „warm‘ geworden ist, bzw. sich „frei gesprochen“ hat) noch einmal ansetzt und mit besseren Formulierungen (wie er glaubt und wie es meistens stimmt) seine Thesen bringt.

Die Diskussion findet normalerweise nach dem Vortrag statt. Sie kann aber auch, wenn der Referent das gestattet oder dazu auffordert („Sie können mich jederzeit unterbrechen“), in das Referat selbst verlegt werden. Diese Vorgehensweise vermag die Atmosphäre aufzulockern. Der Vortragende kann hier freilich in eine Lage gebracht werden, die heute als „Umfunktionieren“ bezeichnet wird; ein geschickter Diskussionsredner braucht nur zu unterbrechen und zu sagen, daß das „eigentliche“ Problem ein ganz anderes sei und daß man deshalb allen Grund habe, über dieses „andere“ zu reden. Der Referent kann zu diesem „anderen“ durchaus kurz Stellung nehmen; er muß aber darauf achten, daß er seinen Faden behält; auch das vermag er nur mit der notwendigen Souveränität.

Wird die Diskussion in das Referat hineingenommen, so gelangt man allerdings nahe an die Grenze des Unterrichtsgesprächs. Dies braucht keineswegs ein Fehler zu sein; es ist jedoch wichtig, daß der Referent weiß, ob er Referat mit Diskussion haben oder einen Unterricht halten will.

Zu erwähnen ist ferner die Kombination von Referat und Korreferat mit nachfolgender Diskussion. Der Grundgedanke ist hier, daß Probleme von zwei Seiten, von Thesen und Gegenthesen her, erörtert werden. Damit ist die Diskussionsbasis erweitert, die Hörer können sich jeweils an einen der beiden Referenten wenden.

Es ist jetzt noch auf die Frage einzugehen, ob ein Diskussionsleiter erforderlich ist oder ob der Referent die Diskussion selbst leiten soll.

In einem kleinen Hörerkreis ist es vertretbar, wenn der Referent auch die anschließende Diskussion leitet. Er hat freilich dann zwei Aufgaben; er muß die Meldungen der Diskussionsteilnehmer der Reihe nach berücksichtigen und auf die Fragen der Einzelnen eingehen. Je größer das Auditorium ist, desto mehr empfiehlt es sich deshalb, einen Diskussionsleiter einzusetzen. Er kann sich darauf konzentrieren, die Reihenfolge der Diskussionsredner nach der Priorität der Meldungen schriftlich zu fixieren; er hat dann das Wort zu erteilen und er ist auch berechtigt, einem Redner das Wort zu entziehen („Bitte, verstehen Sie, daß ich Sie unterbreche, aber ich habe noch sechs Meldungen und möchte im Rahmen der uns zur Verfügung stehenden Zeit jedem, der sich hier äußern will, die Gelegenheit dazu geben.“) Er ist auch in der Lage, unter Umgehung der zeitlichen Reihe der eingegangenen Meldungen mehrere Diskussionsbeiträge zu sammeln, die sachlich ähnlich sind („Wer möchte sich zu dieser Thematik noch äußern? “) und so dem Referenten seine Antwort zu erleichtern. Es kann auch auf das Verfahren zurückgegriffen werden, das bei Tagungen angewandt wird, nämlich diejenigen, die einen Diskussionsbeitrag leisten wollen, zu bitten, diesen vorher schriftlich beim Diskussionsleiter abzugeben. Er kann dann ordnen und die Diskussionszeit festsetzen. Eine der wichtigsten Aufgaben des Diskussionsleiters besteht darin, den Hörern die Scheu vor dem Sprechen zu nehmen. Die Erfahrung zeigt, daß nach der Eröffnung der Diskussion zunächst ein belastendes oder auch ein peinliches Schweigen herrscht. Jetzt erweist es sich, ob es dem Diskussionsleiter gelingt, eine Gesprächsatmosphäre zu schaffen. Am einfachsten vermag er das, indem er die erste Frage stellt. („Um das Eis zu brechen, möchte ich fragen.“). Man unterscheidet Orientierungs- und Sachfragen. Die erstere soll den Referenten veranlassen, eine These noch einmal zu erörtern, die offenbar nicht voll verstanden worden ist; mit ihr ist es oft leichter, ein Gespräch in Gang zu bringen. Kennt der Diskussionsleiter die Hörer oder einen Teil von ihnen, so vermag er Personen direkt anzusprechen, von denen er weiß, daß sie im Grunde (eben nach Überwindung der Scheu) gerne diskutieren.

Der Diskussionsleiter hat eine starke Stellung. Es hängt tatsächlich weitgehend von seinem Geschick, von seiner Geduld und auch von seiner Fairneß dem Referenten und dem Auditorium gegenüber ab, ob und wie eine Diskussion „läuft“. Von spezieller Bedeutung ist seine Rolleninterpretation der Stellung zum Referenten. Man findet in der Praxis eine Verhaltensspanne, die zwischen zwei Polen liegt. An dem einen Pol befindet sich der Diskussionsleiter, der nur im Dienst für den Referenten und dessen Aussagen wirken will. Dies zeigt sich vor allem darin, daß er häufig den Referenten einschaltet, damit dieser Zwischen-Resumees geben soll. Am anderen Pol steht der Diskussionsleiter, der sehr beherrschend hervortritt, der dem Referenten zu verstehen gibt, daß er nunmehr bis zu seinem Schlußwort (falls das überhaupt noch notwendig ist....) Pause hat. Ein solcher Diskussionsleiter beginnt in der Regel mit einer Art kurzer Zusammenfassung der wichtigsten Thesen des Referenten, die freilich sofort aus seiner, des Diskussionsleiters, Sicht ausgewählt und interpretiert werden („Im Referat fiel mir besonders auf... und wir sollten hier über die Punkte 1 und 2 reden, denn das interessiert am meisten“). Nicht selten ist ein solcher Diskussionsleiter selbst Fachmann oder doch sehr von der Sache her engagiert, und er will in dieser Rolle des Diskussionsleiters „glänzen“. Dementsprechend kommentiert er dann auch die Diskussionsbeiträge, verbindet sie und weitet seine Rolle durch kleine Zusatzreferate aus. Der Referent und mit ihm das Auditorium haben hier das „dumme Gefühl“, daß er in den Hintergrund gedrängt worden ist. – Zur Souveränität des Referenten gehört, auch mit einer solchen Lage fertig zu werden. Das ist nicht allzu schwer; er braucht nur dem Diskussionsleiter gegenüber zu äußern, daß er nunmehr „als Referent“ Stellung nehmen möchte. Damit kündigt er an, daß er schließlich als die „zentrale Figur“ betrachtet sein will.

## 1.4. Podiumsgespräch

Es handelt sich hier um eine Lehr- und Lernmethode, die in Analogie zum Vortrag mit Diskussion aufgebaut ist. Vorne auf dem Podium, also auf einer Art Bühne, sitzt die Gesprächsgruppe, der das Auditorium zuhört. In einer ersten Runde (was dem Vortrag entspricht) wird in dieser Podiumsgruppe diskutiert. In einer zweiten Runde erfolgt dann eine Diskussion zwischen der Podiumsgruppe und dem Auditorium.

Dieses Podiumsgespräch eignet sich vornehmlich für solche Fälle, in denen aus verschiedenen Blickwinkeln sehr unterschiedliche bzw. gegensätzliche Auffassungen, Erfahrungen, Interpretationen von Fakten dargestellt oder entwickelt werden. Auf dem Podium können sich somit Vertreter verschiedener politischer Parteien und Konfessionen, der Arbeitgeber und der Gewerkschaften u. a. treffen; man denke auch an die Fernsehsendung „pro und contra“, in der zu „umstrittenen“ Themen von verschiedenen Seiten die Meinung geäußert wird.

Die Vorteile liegen in der unmittelbaren Konfrontierung der Gesprächspartner. Die gleichzeitige Anwesenheit des „Gegners“ bedingt ständige Kontrolle und Selbstkontrolle bei allen Ausführungen. Dadurch werden vor allem „idealistische Höhenflüge“ vermieden und die Gespräche auf dem Boden der praktischen Wirklichkeit gehalten. Schwierigkeiten ergeben sich aus der Tatsache, daß jeder Gesprächspartner dazu neigen wird, das Positive an „seiner Linie“ überzubetonen und wenig Eingeständnisse hinsichtlich der Negativa zu machen. Das steigert sich mit größer werdender Zuhörerzahl. Allerdings wird die Gefahr des Fehlens an Objektivität des einzelnen Vortragenden ausgeglichen durch die aus der unmittelbaren Meinungsgegenüberstellung resultierenden Gesamtobjektivität.

Mehr noch als beim Vortrag mit Diskussion, ja mehr als bei jeder anderen Art der Diskussion, ist beim Podiumsgespräch Rolle und Verhalten des Diskussionsleiters wichtig. Er darf zunächst nicht vergessen, daß die technische Seite, d. h. die exakte und leicht aufnehmbare Vermittlung des Gesagten vom Sprecher zum Hörer (Übertragungsanlagen, Mikrofone, Lautsprecher usw.) in Ordnung sein muß. Das ständige Herumreichen eines einzigen Mikrofons z. B. wirkt sehr störend. Er hat dann zu Beginn des Gesprächs die Partner vorzustellen und im weiteren Verlauf auf gleichmäßige Wortverteilung zu achten. Man muß sich im übrigen vergegenwärtigen, daß jeder Vortragende mit „Lampenfieber“ ans Rednerpult tritt; er überwindet es, bzw. „es verläßt ihn“, sobald er in seinen Atem- und Sprechrhythmus gekommen ist. Der Teilnehmer im Podiumsgespräch beginnt mit der gleichen Nervosität wie der Redner am Pult; für ihn ist es aber viel schwieriger, davon loszukommen, da er schnell und spontan reagieren muß und damit genau das Problem des Diskussionsredners hat, das wir schilderten, nämlich eben seinen Rhythmus nicht zu finden. Es ist deshalb im Podiumsgespräch dem Diskussionsleiter anzuraten, allen Gesprächspartnern die Möglichkeit zu einem Kurzreferat zu geben. Das „erwärmt“ sie, und sie werden in ihre Gesprächsrolle leichter hineinkommen. Die Stärke des Diskussionsleiters muß vor allem in sachlicher Objektivität und persönlicher, echter (nicht bloß formell-höflicher), Verbindlichkeit liegen. Von seiner Fähigkeit, „sachlich aufstachelnd“ (die Meinungen sollen ja in ihrer Gegensätzlichkeit deutlich hervortreten), aber menschlich „vermittelnd“ zu wirken, hängt der Erfolg des Podiumsgesprächs zu einem erheblichen Teil ab.

Beim Podiumsgespräch sollte man nicht auf ein abschließendes Ergebnis (formuliert durch die Gesprächsteilnehmer oder durch den Gesprächsleiter) hinzielen. Sein Hauptwert liegt darin, daß jeder einzelne Hörer aus der Konfrontation der Meinungen lernt und seine eigene Urteilsbildung schärft.

Gerade deshalb ist es ratsam, die zweite Runde des Podiumsgesprächs, die Diskussion der Gesprächspartner mit den Zuhörern, nicht zu vernachlässigen. Allerdings ist es zweckmäßig, die Beteiligung der Zuhörer auf Fragen-Stellen zu beschränken und sie nicht im eigentlichen Sinne in das Gespräch als solches einzubeziehen. Meist wird es so sein, daß der Diskussionsleiter die Fragen sammelt und sie (evtl. nach vorheriger sachlicher Gliederung) zur Beantwortung an einen oder an einige Gesprächspartner weitergibt. Für die Aktivierung des Auditoriums gilt das gleiche, was zur Diskussion ausgeführt wurde. Es braucht eine Zeit, bis die Fragen kommen; dann freilich wird der Diskussionsleiter oft genug der Meldungen nicht mehr Herr, und die Hörer wären bereit, noch weit über die festgelegte Zeit hinaus zu diskutieren. Eine solche Beteiligung der Zuhörer ist naturgemäß bei kleiner Zuhörerzahl einfacher als im großen Kreis.

Letztlich bleibt das Podiumsgespräch eine vorwiegend passive Lehrmethode. Gerade hier ist jedoch wichtig, darauf hinzuweisen, daß äußere Passivität eine innere Aktivität keineswegs ausschließt. Das Podiumsgespräch läßt sich mit dem Theater vergleichen, das – wenn es gut ist – jedem Einzelnen zu innerer geistiger Beteiligung und zum Urteil zwingt, obgleich er selbst nicht Akteur ist.

## 2. Gruppenarbeit

Unter diesem Begriff lassen sich folgende Methoden subsumieren:

- die Gruppenarbeit generell (Gruppenarbeit im engeren Sinne),
- die Fallmethode,
- die Konferenzmethode,
- das Rollenspiel.

Wir konzentrieren uns hier auf die Gruppenarbeit im engeren Sinne sowie auf die Fallmethode. Auf das Rollenspiel als „Spiel mit verteilten Rollen" ist heute zweckmäßigerweise in Verbindung mit gruppendynamischen Übungen einzugehen. Auf die Darstellung der Konferenz als einer Schulungsmethode (Lehrgespräch, Diskussion, Argumente und Gegenargumente, Konferenzablauf) haben wir in diesem Buch verzichtet; allerdings wird uns der Konferenzfall in Zusammenhang mit den gruppendynamischen Übungen noch beschäftigen.

### 2.1. Die Gruppenarbeit als Lehrmethode

Das eigentliche Erfordernis einer wirkungsvollen Gestaltung der Gruppenarbeit ist die Verpflichtung für den Seminarleiter, sich vom Referenten zum Trainer zu wandeln. Das heißt im einzelnen:

1. „Trainer" sein bedeutet, nicht zu „dozieren", sondern der Gruppe „Hilfe zur Selbsthilfe" zu geben. Der Seminarleiter hat der Gruppe Ziele zu setzen und Aufgaben zu übertragen, die sie und damit jedes Gruppenmitglied zur Aktivität forciert.

2. Der Seminarleiter hat als Trainer jedem Gruppenmitglied glaubwürdig deutlich zu machen, daß es ihm um den Lernerfolg eines jeden geht. Er hat sich ständig darum zu bemühen, das Lernziel so in Beziehung zum Bewußtsein des Einzelnen zu bringen, daß dieser angesprochen wird, die für ihn neuen Fakten in sich aufzunehmen.

3. Die Möglichkeit zu 1. und 2. hat der Trainer freilich nur dann, wenn es ihm gelingt, in relativ kurzer Zeit aus der unorganisierten Anzahl der Schulungsteilnehmer eine „echte Gruppe" zu bilden; was gleichzeitig heißt, bei allen wenigstens bis zu einem gewissen Grade ein Gruppenbewußtsein entstehen zu lassen.

4. Soweit es der Seminarleiter vermag, hat er bereits vorweg für die „richtige" Zusammensetzung des Lehrgangs zu sorgen; und das heißt Anstreben einer Homogenität, was das Qualifikationsniveau betrifft, aber Heterogenität in bezug auf Vorbildung, Denkrichtungen, Lehrmeinun-

gen, Sparten und Branchen. Zur Gruppenarbeit gehört, Themen aus unterschiedlichen Perspektiven zu bearbeiten. Oft hat der Seminarleiter freilich, darüber darf man sich nicht täuschen, keinen Einfluß auf die Zusammensetzung der Schulungsgruppe. Die Teilnehmer werden zu den Kursen „geschickt" und sie kommen mit recht unterschiedlichen Vorstellungen. Der eine verspricht sich ein Wunder an Erfolg, der andere möchte zusätzlichen Urlaub genießen. Das Können des Trainers hat sich deshalb gerade darin zu erweisen, ob er „das Fingerspitzengefühl" bzw. die Sensibilität mitbringt, auch aus schwer zusammenpassenden Individuen ein arbeitsfähiges soziales System zu gestalten, das innerhalb einer vertretbaren Zeit zu Arbeitsergebnissen gelangt.

5. Die Aufgabe des Trainers, ein arbeitsfähiges Team zu bilden, darf nicht als Verpflichtung verstanden werden, eine Harmonisierung der Gruppe zu erreichen. Die Schulungsgruppe, das ergibt sich schon aus der erwünschten Heterogenität, ist keine „Familie"; es muß Raum gelassen werden für die gruppendynamischen Prozesse, die auch Spannungen auslösen können. Der Trainer hat dafür zu sorgen, daß Konkurrenzvorgänge nicht abgewürgt, sondern ausgetragen werden. Die Mitglieder der Arbeitsgruppe sollen keineswegs aus Scheu vor Auseinandersetzungen gehemmt sein, als konträr geltende Auffassungen zu äußern.

6. In Verbindung mit dem zu erreichenden Ziel hat der Trainer allerdings die Aufgabe, die Kontroversen in den Griff zu bekommen und abzubauen. Die zielorientierte Betreuung der Gruppe ist seine Steuerungsfunktion. Ziel im Sinne der Gruppenarbeit ist dabei immer als Kombination dreier Ziele zu verstehen. Die Gruppe erhält ein Ziel oder ein Zielbündel vorgegeben, auf das sie hinarbeiten und das sie möglichst optimal erreichen soll. Gleichzeitig mit der Arbeit an vorgegebenen Aufgaben soll die Gruppe sich über gruppendynamische Prozesse zum Team finden; dabei hat sie möglicherweise auftretende Konflikte, z. B. um die Rollenverteilung in der Gruppe, zu überwinden. Es darf dann nicht vergessen werden, daß letzten Endes die Mitglieder der Schulungsgruppe Individuen sind; und damit besteht das dritte Ziel darin, daß mit Erfüllung der gestellten Aufgabe und mit der Teambildung jeder Einzelne zur Selbstverwirklichung gelangt. In Verbindung mit der Gruppenstruktur heißt das, daß jeder wenigstens einigermaßen seine Rolle findet, in der seine Qualifikation (sei es seine Beisteuerung zur Sache oder zur Gruppenstrategie) zum tragen und er zum Erfolgserlebnis kommt.

7. Wichtig zu sehen ist nun, daß die Gruppe aus ihrer Eigendynamik heraus diese dreigleisige Zielrichtung ebenfalls anzugehen vermag; liegt diese Situation vor, so sprechen wir von „Selbstregulierung" der Gruppe. Es muß in der Praxis der Gruppenarbeit dem Trainer überlassen werden, ob er von sich aus steuert, also z. B. den Sprecher der Gruppe bestimmt, den offensichtlich Schüchternen heranzieht, den Außenseiter zu integrieren und den Vielredner zu bremsen sucht, oder ob er im Vertrauen auf die Gruppendynamik und der ihr innewohnenden Kraft zur Selbstregulierung passiv bleibt. Sicher ist die Verantwortung des Trainers zur

Steuerung übergeordnet. Reguliert sich die Gruppe selbst, so ist das zu begrüßen; der Trainer hat aber immer seine Aufmerksamkeit darauf zu lenken, daß die Selbstregulierung nicht zu Lasten der Selbstverwirklichung einer Minderheit oder eines Einzelnen geht. Jedes Schulungsmitglied hat Anspruch auf Selbstverwirklichung; d. h. Anspruch darauf, an der Teamaufgabe zu lernen, im Team (evtl. auch nach temporären Kontaktproblemen und Konflikten) die Anerkennung der anderen zu erringen oder mindestens trotz individueller Eigenheiten und partiell nicht konformen Verhaltens von den anderen respektiert zu werden.

8. Die Steuerungsfunktion des Trainers tritt dort erheblich deutlicher in den Vordergrund, wo er fachlich eindeutig der Überlegene ist oder sein soll; und wo er das Ergebnis der Gruppenarbeit als fachliche Autorität begutachtet bzw. sogar begutachten muß. Dies ist z. B. der Fall, wenn die Schulungsteilnehmer versuchen, sich das Grundwissen in Betriebswirtschaft, Physik, Chemie oder Mathematik im Team (in Untergruppen) zu erarbeiten.

9. Es ist heute üblich, zu betonen, daß Lernen stets zur Verhaltensänderung führen muß. Es kommt aber darauf an, daß der Trainer die Gruppenarbeit so gestaltet, daß jedes Mitglied der Schulungsgruppe von einem bereicherten Wissensniveau und einem damit korrespondierenden neuen Bewußtseinsstand her sein Verhalten zu ändern vermag.

10. Auch für die zeitliche Abfolge der Gruppenarbeit zu sorgen, gehört zur Verpflichtung des Seminarleiters, vom Referenten zum Trainer zu werden. Kurz gefaßt sind folgende Punkte zu beachten:

a) Einführung in die Gruppenarbeit als Lehr- und Lernmethode. Viele Schulungsteilnehmer erwarten ein Referat (und wollen passiv und „Konsument") bleiben. Sie sind zuerst überrascht, wenn der Trainer ihnen sagt, daß sie selbst es sind, die durch ihr Mitwirken wesentlich mitbestimmen, ob das Seminar für sie erfolgreich verläuft.

b) Der Trainer hat der Gruppe die Aufgaben und Ziele vorzugeben, die in einer festgelegten Zeit zu lösen sind. In diesem Zusammenhang muß er den Gruppenmitgliedern die dazu erforderlichen schriftlichen Unterlagen und Hilfsmittel aushändigen.

c) Man ist heute der Auffassung, daß die Anzahl der Gruppe 3 – 7 Personen umfassen sollte. Deshalb wird im Regelfall die Schulungsgruppe in drei oder vier Untergruppen mit gleicher oder auch mit variierender Zielsetzung gegliedert. Der Trainer kann bei dieser Aufteilung nach dem Zufallsprinzip vorgehen; er muß sich aber mindestens überlegen, ob es nicht besser ist, wenn er die Zusammenstellung der Untergruppen nach sachlichen Kriterien vornimmt (etwa: gleiche oder auch ausdrücklich verschiedene Berufe in einer Gruppe). Wenn der Trainer die Schulungsteilnehmer kennt, dann ist es sicher nützlich, auch auf die qualitative Ausgewogenheit der Gruppe zu achten.

d) Nachdem die Gruppen festgelegt sind und jeder Seminarteilnehmer seine Unterlagen erhalten hat, muß eine Phase der „Besinnung“ eintreten, in der jeder genügend Zeit erhält, um sich in sein Material vertiefen zu können.

e) Jede Gruppe braucht einen Gruppensprecher, der die erarbeiteten Ergebnisse später vor der Gesamtgruppe vorträgt. Sie braucht ferner den „Protokollanten“, der während der Gruppenarbeit die sich Schritt für Schritt herausschälenden Ergebnisse notiert.

f) Die Gruppenarbeit selbst vollzieht sich meist in den drei sich allerdings überlappenden Phasen

- des Erfahrungsaustausches,
- der Informationssammlung und
- der Entscheidungsfindung.

g) Die Gruppenarbeit ist in einem rechten Zeitmaß zu leisten. Wird zu rasch vorgegangen, dann ist keine Gelegenheit, daß auch solche Gesprächspartner mit ihren Thesen zum Zuge kommen, die erst einmal zögernd an der Teamarbeit partizipieren. Es bietet sich auch keine Gelegenheit, die aufgestauten Aggressionen loszuwerden. – Geht die Gruppe dagegen zu langsam vor, dann kommt schnell der tote Punkt des Zerredens und der Richtungslosigkeit.

Andererseits muß die Gruppe lernen, sich von vornherein auf die zur Verfügung stehende Zeit, in der sie ein Ergebnis vorzutragen hat, einzustellen. Es ist freilich denkbar, daß der Trainer sich in der Festlegung der Zeit für die Erfüllung der Arbeitsaufgaben verschätzt hat. Es ist auch denkbar, daß sich während der Gruppenarbeit das Angehen eines umfassenderen Zieles anbietet. In beiden Fällen kann der Trainer (wenn es die Schulungszeit generell zuläßt) die vorgesehene Zeit ausdehnen; dabei kann sich der Zyklus der Phasen Erfahrungsaustausch, Informationssammlung und Entscheidungsfindung einmal oder mehrmals wiederholen.

h) Die Ergebnisse, die in den Untergruppen erarbeitet worden sind, werden von dem jeweiligen Gruppensprecher im Plenum präsentiert und häufig anschließend diskutiert. Es hängt von der Art der Gruppenarbeit und von der Intention des Trainers ab, ob der Diskussion nach dem Vortrag der Ergebnisse eine große Bedeutung beigemessen wird. Es kann als im Schulungszweck enthalten betrachtet werden, daß die Ergebnisse der Untergruppen als konkurrierende Beschlüsse miteinander verglichen und bewertet werden; das wäre dann eine zusätzliche Aufgabe des Plenums.

Ist die Gruppenarbeit als Erarbeitung von Ergebnissen angesetzt, die vom Trainer als eigentlichem Experten nachher beurteilt werden müssen, dann hat dies jetzt anschließend zu geschehen.

Zum Schluß sollte der Trainer in Verbindung mit einer „Manöverkritik“ noch einmal auf die Effektivität und die Lernziele der Gruppenarbeit eingehen. Er kann dabei auf die Erfahrungen hinweisen, die von den Schulungsteilnehmern in ihrer Gruppe gemacht worden sind.

## 2.2. Die Fallmethode

Bei der Fallmethode (oder: Fallstudie) wird der Arbeitsgruppe ein konkreter „Fall" vorgestellt und zur Bearbeitung bzw. Problemlösung übergeben.

Wir wollen uns nicht mit Entstehung und Varianten der Fallstudien beschäftigen. (Vgl. Literatur: Gruppenarbeit) In unserem Zusammenhang genügt die Akzentuierung, daß es sich bei der Fallstudie um eine spezifische Art der Gruppenarbeit handelt; für sie treffen deshalb auch alle Aussagen über die „Gruppenarbeit als Lehrmethode" zu.

Zusätzlich sind noch einige besondere Hinweise erforderlich.

1. Im „Fall" wird eine der Praxis entnommene oder der Praxis nachkonstruierte Situation zur Studienunterlage. „Praxis" umfaßt die Verbindung der betriebswirtschaftlichen Fakten und Erfordernisse mit den Strebungen, Aktivitäten und Kooperations-Notwendigkeiten der Mitarbeiter und der Gruppen von Mitarbeitern. Beachtet man, daß die vom Markt und von den technischen Innovationen sich ergebenden organisatorischen Wandlungen für jedes Unternehmen und für jede Verwaltung immer mehr in den Vordergrund treten, so liegt die Grundproblematik der „Praxis" innerhalb der als Klammer oder als Rahmen zu sehenden Polarität des organisatorischen Anspruchs an den Menschen und den Reaktionen des Menschen auf diesen Anspruch.

   Wir sind deshalb der Auffassung, daß die Fallstudien mit Bezug auf das Verhalten in der Praxis dann den höchsten Lerneffekt haben, wenn in ihrem Inhalt der Grenzbereich zwischen Betriebswirtschaft und Rationalisierung einerseits sowie Psychologie und Betriebssoziologie andererseits angesprochen ist; wenn in ihrem Inhalt die betriebswirtschaftlichen Erfordernisse in Kombination und in Konfrontation mit sozialpsychologischen Faktoren zu Schwierigkeiten und Konflikten führen oder führen können. Dabei gehen wir davon aus, daß in der Praxis das stärkste Spannungsfeld im innerbetrieblichen Wettbewerb um die als besser oder als wichtiger betrachteten Konzeptionen (Konzeptions-Konkurrenz) liegt. (Vgl. H. Wiedemann, Das Unternehmen in der Evolution, Neuwied 1971).

   Das bedeutet gleichzeitig:
   Wir sind der Auffassung, daß allgemein-menschliche Probleme, die außerhalb dieser Klammer bleiben, nicht so gut geeignet sind, über Fallstudien abgehandelt zu werden. Wenn in einem Fall ein Arbeiter auf einmal in seinen Leistungen sehr absinkt, der bisher immer über dem Durchschnitt lag, und wenn hier nach langer Analyse auf einmal als Grund entdeckt wird, daß ihm die Braut „laufen gegangen" ist, so

würden wir das eben als nicht zur „Praxis" gehörig ansehen. Desgleichen ist es nicht „Praxis", wenn in einem Fall die Frau eines Angestellten zu dessen Vorgesetzten kommt und sich hier Rat holen will, was sie tun solle, ihr Mann „hätte eine andere". Sicher soll nicht verkannt werden, daß es diese allgemein-menschlichen „Fälle" gibt; aber in dem Augenblick, in dem man derartige „Fälle" als Fallstudie spielt, muß man sich zu recht sagen lassen, daß die eigentlichen Probleme der „Praxis" (im Spannungsfeld der Anforderungen an den Menschen und der Strebungen des Menschen) nicht angesprochen sind. Der Vorgesetzte soll ja doch nicht lernen, wie er Ehen kittet, sondern wie er dem Mitarbeiter hilft, sich unter der ständigen Forderung nach Umstellung in der sich gewandelten Art der Kooperation zu bewähren.
Unser Nachdruck, genau zu überlegen, was „Praxis" ist und sein kann, resultiert aus der Erfahrung, daß oft genug bei Führungskräfte-Schulungen in der Industrie die wirkliche Praxis übersehen wird. Über Motivation und Führung läßt sich freilich solange gut dozieren, solange die harte Realität unbeachtet bleibt; solange z. B. übersehen wird, daß eine Führungskraft die Mitarbeiter von der Bedeutung neuer technologischer Verfahren überzeugen (sie „motivieren") soll, während sie selbst, weil sie die Transparenz der Arbeitsabläufe und den Verlust der Dispositionsreserve fürchtet, genauso wie ihre Mitarbeiter innerlich gegen die Verwendung dieser Verfahren eingestellt ist. (Vgl. H. Wiedemann, Arbeiter und Meister im rationalisierten Betrieb, Köln und Opladen, 1974). Wenn der Sinn der Fallstudien im exemplarischen Lernen aus praktischen Gegebenheiten liegt, dann muß auch von der „wirklichen" Praxis her geschult werden.

Diese Aussagen sind freilich auf der Grundlage der Überlegungen zu sehen, daß zur Schärfung der Sensibilität des Einzelnen generell die gruppendynamischen Methoden zur Verfügung stehen. Anders gesagt: In den Fallstudien soll durchaus die Sensibilität, das Gespür des Menschen für den anderen Menschen, trainiert werden; dennoch hat die Sachbezogenheit der Probleme den Vorrang.

2. Bei der Erarbeitung der Fallstudie gibt es optimalere oder weniger optimale Wege, aber es gibt keine perfekte Lösung. Gerade das soll den Mitgliedern der Schulungsgruppe verdeutlichen, daß Entscheidungen im Grenzbereich betriebswirtschaftlicher und sozialpsychologischer Faktoren nie Automatismen, nie unausweichlich sich ergebende Abläufe sind, daß sie dagegen immer von der Einsicht, der Phantasie und der Entschlußkraft eines jeden bestimmt werden.

3. Freilich gibt es eben doch optimalere Problemlösungen. Es kann aber – analog der Gruppenarbeit generell – dem Trainer überlassen bleiben, wie er in der Abschlußdiskussion (die nach den Vorträgen über die in den Gruppen erarbeiteten Ergebnisse erfolgt) die Akzente setzt. Er kann je nach Fall oder nach persönlicher Einstellung sagen: Es geht bei der Fallbearbeitung grundsätzlich nicht um die beste Lösung, sondern um die möglichst umfassende Beschäftigung mit dem im Fall dargestellten

Problembündel. Damit verzichtet er auf die Erörterung, welche Problemlösung die beste ist. Er kann auch die Vorschläge der Untergruppen einander gegenüberstellen und das Plenum auffordern, selbstkritisch zu sein und zu überlegen, welchen Vorschlag die Mehrheit aus welchen Gründen als den besten ansieht. Er kann dann auch die seiner Meinung nach beste Problemlösung nennen.

4. Gerade bei der Fallbearbeitung hat sich in den letzten Jahren das Verfahren mehr und mehr durchgesetzt, die Schulungsgruppe in Untergruppen zu gliedern und jeder Untergruppe einen Fall zur speziellen Behandlung und Problemlösung zu übergeben. Damit ist auch hier der Entscheid für die Selbstregulierung in der Gruppe gefallen. Der Trainer hat grundsätzlich die Steuerungsfunktion, er soll aber im Grunde dafür sorgen, daß die Gruppe lernt, sich selbst zu regulieren. Er wird, so sieht das in der Praxis aus, lockeren Kontakt zu den Untergruppen halten, indem er sich einmal in diese und dann in die andere Gruppe begibt und dabei prüfen, ob er steuernd einzugreifen braucht oder nicht.

5. Die Steuerung der Gruppe durch den Trainer rückt mehr in den Vordergrund, wenn stärker, intensiver beabsichtigt ist, zwar nicht die perfekte, aber doch die optimale Lösung zu finden. Dabei kann die Stellung des Trainers dadurch verstärkt werden, daß (nur ihm) einige genauere Unterlagen zum Gegenstand der Fallstudie in die Hand gegeben werden. Unsere Fallstudie 8 (Der Sachbearbeiter und das neue EDV-System) ist ein Beispiel dafür.

6. Es ist darauf hinzuweisen, daß die Fallstudie eine gute Schulungsunterlage zum Trainieren der Konferenztechnik bietet. Zu diesem Zweck verbindet man den Fall mit einem Rollenspiel, indem jedem Teilnehmer des Spiels gesonderte, dem anderen nicht bekannte Unterlagen ausgegeben werden. Wir verwenden zwei solche Beispiele als gruppendynamische Übungen, und zwar die Übung 5 (Verkaufsstrategie – Spiel Fa. Frischluft AG) und 6 (Die neue Büroorganisation).

Unsere im folgenden aufgeführten Fälle sind unter dem genannten Gesichtspunkt entwickelt, einen repräsentativen Ausschnitt aus der „Praxis" im Sinne der betriebswirtschaftliche Erfordernisse und sozialpsychologische Faktoren umspannenden Klammer wiederzugeben.

Gleichzeitig sei der Trainer darauf aufmerksam gemacht, daß diese Fälle sehr wohl in Verbindung mit Gruppendynamik und Kreativitätstraining gebracht werden können. Er ist dazu eingeladen, die für die jeweiligen Schulungsgruppen angemessene Kombination von Lehrmethoden zu suchen; ein Weg, den wir mit „Motivationstraining" bezeichnen.

## 2.3. Fälle aus der betrieblichen Praxis

### 2.3.1. Die überraschende Versetzung
(Fall entwickelt von Kurt Ahorner)

Die Fakturistin Fatima hat mehrere Jahre schnell und sicher fakturiert. Ihre Leistungen lassen jedoch in letzter Zeit nach. Die bevorstehende Gründung einer neuen Abteilung, in der nur kontoristische Kontrollarbeiten auszuführen sind, gibt die Gelegenheit, für sie eine Versetzung in diese Abteilung vorzuschlagen.

Diese Neugründung „segelt“ offiziell unter dem Siegel strengster Verschwiegenheit. Allerdings soll dem zu versetzenden Personal schon vorher vorsichtig die Versetzung mitgeteilt werden. So entstehen Gerüchte, daß es sich zum großen Teil um die Versetzung schlechter Kräfte handelt. Mit anderen Worten: diese Versetzungen werden als Verschlechterung in der sozialen Position innerhalb des Betriebes aufgefaßt.

Aus diesem Grunde verschweigt die Leiterin der Fakturistin Fatima auch die Versetzung, weil sie insgeheim einen Widerstand Fatimas befürchtet.

Erst als Fatima dem übergeordneten Abteilungsleiter eines Tages eine Unterschriftsmappe zu bringen hat, fragt dieser arglos, wie sie die Versetzung aufgenommen habe.
Fatima ist bestürzt und grollt ihrer Vorgesetzten über die „Geheimniskrämerei“, die ja nur etwas Schlechtes für sie bedeuten kann.

Was halten Sie von dieser Art, Personalpolitik zu treiben?

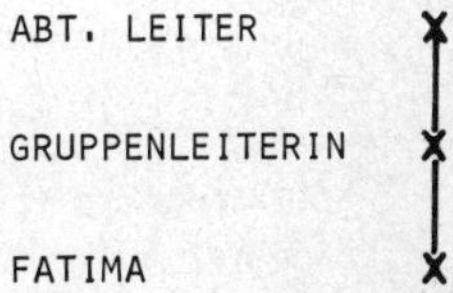

**Abb. 1**

### 2.3.2. Die doppelte Kalkulation
(Fall entwickelt von Kurt Ahorner)

Der Gruppenleiter Grupe gibt dem Sachbearbeiter Schlate den Auftrag, ein bestimmtes Investitionsprojekt zu kalkulieren. Zeit für diese Arbeit 8 Tage, da dann Vorlage bei der Direktion erfolgen muß.

Grupe kommt als Folge chronischer Überbeschäftigung erst am 7. Tag nach Auftragserteilung dazu, Schlate zu mahnen, der kurz darauf die Arbeit abliefert. Grupe glaubt mit einem Blick zwei seiner Meinung nach wichtige Faktoren in der Kalkulation zu vermissen. Da sein anderer Sachbearbeiter Schnellen schneller als Schlate arbeitet, läßt er von diesem neu kalkulieren, ohne Schlate zu informieren.

Tatsächlich kommt Schnellen zu einem etwas anderen Ergebnis, weil er die von Grupe erwähnten beiden Faktoren berücksichtigt.

Bei der Direktion mißt man jedoch gerade diesen beiden Faktoren nur eine Randbedeutung zu, so daß die Kalkulation von Schnellen abgeändert werden muß und damit fast genau wieder das Ergebnis der Rechnung von Schlate zeigt.

Zwischen beiden Sachbearbeitern kommt es anschließend zu einem Streitgespräch, in dessen Verlauf sich beide in einer Front wiederfinden, die gegen den Vorgesetzten Grupe eingestellt ist, da ihm die Schuld gegeben wird für das Nebeneinanderarbeiten und für den schlechten Eindruck, den diese „doppelte Kalkulation" bei Obergrupe und bei der Direktion hinterlassen haben muß.

Schlate und Schnellen bitten Obergrupe, dem Grupe und der Direktion doch bei passender Gelegenheit den Hinweis zu geben, daß die ursprüngliche Kalkulation des Schlate letzten Endes doch richtig war und nur auf Wunsch des Grupe so verfahren wurde, wie es der Direktion nicht gefiel.

Wie reagierten Sie als Abteilungsleiter?

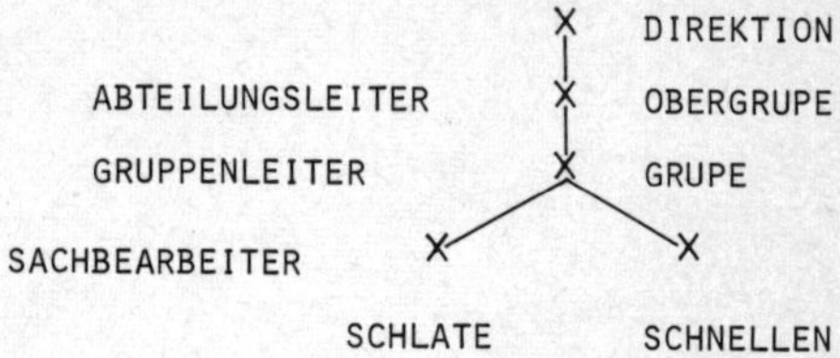


**Abb. 2**

## 2.3.3. Das Urheberrecht im Büro

(Fall entwickelt von Kurt Ahorner)

In den Büros hat es sich eingebürgert, die Schriftstücke mit dem Diktatzeichen des jeweiligen Sachbearbeiters (Verfassers) zu versehen, um jederzeit die eigentliche Urheberschaft feststellen zu können.

Der ehrgeizige Abteilungsleiter bespricht mit dem Sachbearbeiter Sachte einen betrieblichen Vorgang und bittet ihn, anschließend diesen Vorgang schriftlich in einem Vermerk festzuhalten, um den Sachverhalt der Direktion vortragen zu können.

Der Sachbearbeiter tut dies weisungsgemäß, ergänzt seinen Vermerk jedoch schon um Schlußfolgerungen, die seiner Meinung nach unbedingt zur Beurteilung des Vorganges gehören.

Der Abteilungsleiter bekommt den Vermerk und ärgert sich insgeheim, daß ihm diese Schlußfolgerung nicht schon selbst eingefallen ist, als er den Auftrag über den Vermerk seinem Sachbearbeiter erteilte. Da man sich schriftlich stets auch anders ausdrücken kann, obwohl letzten Endes das gleiche gesagt wird, gibt der Abteilungsleiter den Vermerk mit geringfügigen Änderungen, jedoch nun ganz automatisch mit seinem eigenen Diktatzeichen heraus, so daß die Urheberschaft nach außen hin damit gewechselt hat.

Der Sachbearbeiter klagt diesen schon häufiger aufgetretenen „Diebstahl geistigen Eigentums" dem Gruppenleiter, der zwischen Abteilungsleiter und Sachbearbeiter eingeschaltet ist.

Wie würden Sie sich als zuständiger Gruppenleiter verhalten?

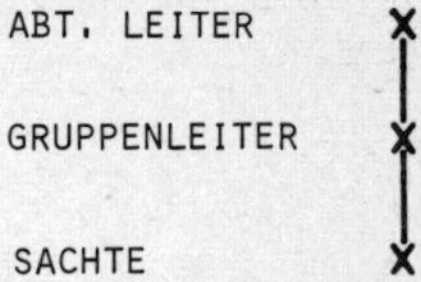


**Abb. 3**

## 2.3.4. Der tüchtige „neue Mann" als Projektleiter

Hausmann (Mitglied des Vorstands, 47) läßt Petermann (Leiter Zentrale Verwaltung, 53) zu sich kommen. Er erklärt ihm: Wir haben uns ja schon mehrfach darüber unterhalten, daß wir in der Rationalisierung unserer Arbeitskräfte die Stufe des Informationssystems erreichen müssen. Meine diesbezüglichen Überlegungen haben nun einen kräftigen Impuls dadurch bekommen, daß ich auf einer Tagung einen hervorragenden Fachmann, den Herrn Kraftmaier, kennengelernt habe. Er hat sich in einer anderen Firma und bei einem Unternehmensberater mit diesen Fragen befaßt. Ich trage mich mit dem Gedanken, ihn einzustellen; er soll Ihnen berichten, einen Stab mit 3 oder 4 Leuten aufbauen und Ihnen Lösungsvorschläge über die notwendigen Umstrukturierungen unterbreiten. Sind Sie damit einverstanden?

Petermann: Wir müssen weiter rationalisieren. Aber haben wir keinen Mann in unserem Hause, der die Planung dazu durchführen kann?

Hausmann: Ich sehe keinen.

Petermann: Ich würde Heinzmann oder Heinzelmann vorschlagen.
(Er schildert ihre Vorzüge)

Hausmann: (Läßt sich davon nicht beeindrucken). Ich finde, wir sollten für einen neuen Impuls von außen sorgen.

Petermann: (Kann gegen dieses Argument nichts einwenden). Das ist auch ein Gesichtspunkt...

Hausmann: Ich werde also Herrn Kraftmaier zu einem Einstellungsgespräch einladen, und ich werde Sie dazuholen.

Kraftmaier (35) kommt und entwickelt seine Ideen: Es geht darum, ein modernes Informationssystem aufzubauen. Dazu bedarf es einer detailliert gegliederten Datenbank, die so eingerichtet sein muß, daß sie leicht auf den neuesten Stand gebracht werden kann. Die Entscheidungen müssen programmiert, formalisiert und möglichst automatisiert werden. Es ist eine Programmverknüpfung aller Programme von Betrieb, Finanzwesen, Verkauf und Personaldisposition mindestens vorzubereiten.

Kraftmaiers Eindruck auf Hausmann: Ein prächtiger aggressiver Bursche, gute neue Ideen. Eine groß angelegte zukunftsorientierte Rationalisierung wird möglich.

Kraftmaiers Eindruck auf Petermann: Aggressiver Karrieretyp.

Nach der Vorstellung Kraftmaiers fragt Hausmann: Was sagen Sie, Petermann, wollen wir ihn einstellen? Petermann: Ich weiß nicht recht; das, was er will, scheint mir doch zu theoretisch, zu großartig, zuviel, d. h. zu unrealistisch zu sein. Hausmann: Aber wir brauchen doch Leute mit Ideen! Kennen Sie in unserem Unternehmen einen Mann, der einen solchen umfassenden Plan auch nur denken könnte? Petermann: Wohl nicht.......

Kraftmaier wird eingestellt, er schafft sich einen Stab. Während eines halben Jahres finden mehrfach Gespräche zwischen Kraftmaier und Petermann statt. Im Laufe dieser Zeit wird das Verhältnis der beiden, das von Anfang an nicht besonders gut war, immer frostiger. Der Grund liegt darin, daß Kraftmaier, so sieht es Petermann, immer zuviel anstrebt. Petermann will eine Datenbank, die auf der gegenwärtigen (nicht auf einer zukünftigen) Situation basiert; er will eine spürbare Kostenersparnis, er will sich bei Begrenzung der Elektronik „auf das Sinnvolle" konzentrieren; d. h. für ihn, den gleichzeitigen Ausbau der organisatorischen Rationalisierung durch Multi-Moment-Aufnahmen, Leistungsnachweise, Einführung des Zentralen Schreibdienstes mit Anschaffung von Diktiergeräten forcieren. Im Laufe der Gespräche suchen sich beide stets zu überzeugen. Anschließend gibt Petermann eine Art Anweisung, daß die Dinge in seinem Sinne weitergetrieben werden sollen. Beim nächsten Gespräch stellt Petermann jeweils fest, daß Kraftmaier neben einigen scheinbaren Konzessionen im Grunde seine eigene Linie weiter verfolgt hat. Petermann reagiert jeweils: aber jetzt erwarte ich, daß nach meinem Sinne verfahren wird; und Kraftmaier sagt dann jeweils „Jein". Die Gespräche der beiden werden kürzer und seltener. Nach 10 Monaten legt Kraftmaier dem Petermann einen umfassenden Plan eines Informationssystems mit zentraler Datenbank und vielfach verschlungener Integration der Bereiche vor. Besondere Attraktion: Das Rechnungswesen ist als Steuerungsinstrument des Unternehmens besonders in den Mittelpunkt gerückt.

Petermanns Reaktion: Erstens ist das Utopie, zweitens kostet das zuviel, drittens haben Sie meine Anordnungen nicht befolgt und viertens hätten Sie mich mehr über Ihre Ideen auf dem laufenden halten müssen, dann wäre Ihnen diese detaillierte Ausarbeitung erspart geblieben. Bei mir wird jedenfalls eine solche Umorganisation, bei der kein Stein mehr auf dem anderen bleiben würde, nicht durchgeführt.

Kraftmaier: Erstens ist das keine Utopie, sondern realisierbar, zweitens können Sie die Kosten in Verbindung mit dem Gesamtnutzen sehen, dann sind sie jedenfalls minimal, drittens hat Herr Hausmann mich eingestellt und ich als Experte bin dem Unternehmen mehr Rechenschaft schuldig als Ihnen; viertens wollten Sie mich nicht mehr anhören, und im übrigen haben mein Stab und ich nichts anderes als „Completed Staff Work" gemacht. Schließlich werden Sie verstehen, daß ich meinen Plan Herrn Hausmann vortrage.

Was macht Hausmann?

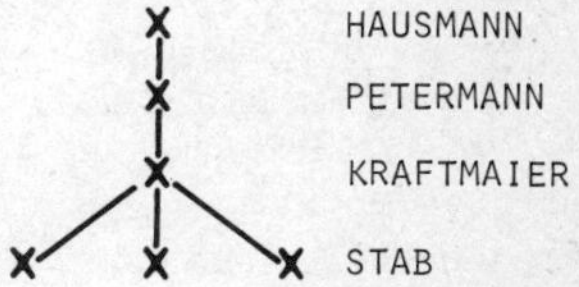


Abb. 4

### 2.3.5. Konflikt im Expertenteam

Überkirchner (55), Leiter der Zentralen Verwaltung, erhält vom Vorstand die Anweisung, ein Spezialistenteam zu bilden, das ein Informationssystem aufbauen soll. Überkirchner ernennt Vogelhuber (44) zum Leiter und überläßt ihm das weitere.

Vogelhuber baut sich ein Team von 5 Personen auf, unter ihnen Knallhuber (36). Vogelhuber hat sich die Zusammensetzung des Teams gut überlegt, er hat Fachleute mit unterschiedlichen Wissensschwerpunkten ausgesucht. Die Teamarbeit läßt sich zunächst gut an, mit der Zeit treten aber Spannungen zwischen Vogelhuber und Knallhuber auf. Knallhuber, so zeigt sich, geht mehr und mehr in Opposition, er bringt immer neue Ideen, die er als die besseren ansieht und durchzusetzen sucht. Bald ist das Team gespalten. Vogelhuber will in ruhiger, sachlicher Arbeit zu einem Konzept kommen. Knallhuber und zwei (von ihm „angesteckte") Kollegen sind im Gegensatz dazu der Auffassung, bereits die Ansätze „hinauszuposaunen", damit zu werben, die Gruppe (und sich) bekannt zu machen. Deshalb sind sie für Nahziele, für Kontaktpflege mit wichtigen Personen im Range Überkirchners oder sogar mit dem Vorstand. Die Spezialistengruppe (so Knallhuber) ist viel zu klein; nicht 5 Mann, 15 – 20 Mann sollten, mit unterschiedlicher Akzentuierung, aber auf breiter Front, das Informationssystem entwickeln. Das ist aber wohlgemerkt das fernere Ziel, das erste ist Werbung durch Aufweis kleiner Erfolge. Der Gegensatz wird so offensichtlich, daß Vogelhuber zu Überkirchner geht, die Lage schildert und mitteilt, daß so nicht weitergemacht werden könne.

Was macht Überkirchner?

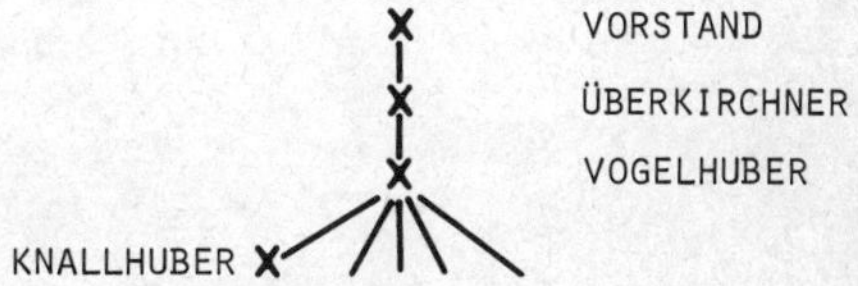


Abb. 5

### 2.3.6. Entscheidungsschwäche und nicht erfolgte Delegation

Hartstein (Leiter der Zentralen Verwaltung, 52) ist der Auffassung, daß die Ideen des Informationssystems in seinem Bereich wie in jedem anderen Bereich des Unternehmens verwirklicht werden müßten. Er hat bisher mehrmals versucht, den Vorstand, Herrn Biegsam, hiervon zu überzeugen. Biegsam meinte immer, die Zeit sei noch nicht reif, es lohne sich eine Umstellung noch nicht. (Argumente: zu teuer, die technischen und organisatorischen Mittel sind zu unausgegoren; Rücksicht auf die Betroffenen, da die Umstellung viel Ärger mit sich bringt). Schließlich willigt Biegsam aber doch ein und überläßt Hartstein alles weitere.

Hartstein überlegt, wem er die Leitung dieser Planungsgruppe übertragen soll. Er schwankt zwischen Sanftmeier (40) und Bärbeiß (40); er entscheidet sich dann für Sanftmeier. Hartstein spricht mit Sanftmeier die Ziele durch, erklärt ihm, daß er gerne nach Etappen vorgehe und jede Etappe mit ihm (Sanftmeier) besprechen wolle. Die Zusammenarbeit nimmt folgende Form an: Sanftmeier kommt nicht nur vor einer Etappe zu Hartstein, sondern oft. Hartstein seinerseits fragt häufig nach, er will über Einzelheiten orientiert sein. Wenn Sanftmeier wirklich einmal eine Entscheidung von sich aus getroffen hat, steht es 50 : 50, daß Hartstein anders dirigiert. Das geht so etwa 4 Monate. Sanftmeier erhält zunehmend Opposition aus seiner Gruppe. Schließlich erklärt Bärbeiß, Mitglied von Sanftmeiers Team, er mache diese Sache nicht mehr mit. Das sei keine Entscheidungsfreiheit und keine Arbeit für einen Spezialisten. Man lasse die Gruppe nicht zu einer echten Arbeit kommen. – Mit ihm wollen zwei weitere Mitglieder dieser Spezialistengruppe in eine andere Abteilung. Biegsam erfährt hiervon.

Was tut Biegsam?

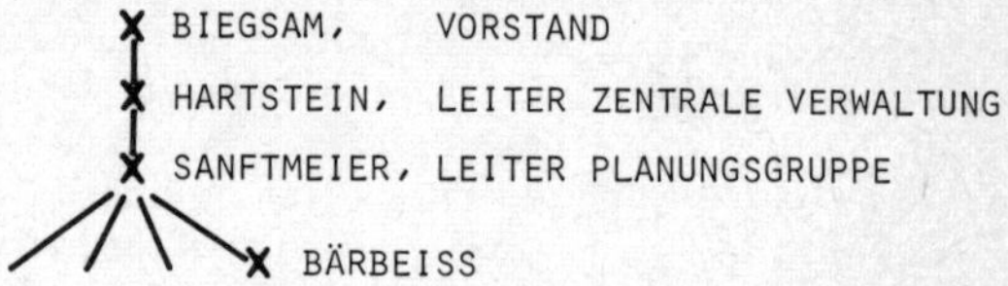


**Abb. 6**

### 2.3.7. Der neue Abteilungsleiter und die schwierige Abteilung

I. Der neue Abteilungsleiter übernimmt seinen Aufgabenbereich

In einem größeren Unternehmen ist der Posten eines Abteilungsleiters neu zu besetzen. Der bisherige Abteilungsleiter ist seit acht Wochen pensioniert. Da es sich um eine Abteilung handelt, die dem Bereichsleiter Schwierigkeiten macht, zögert dieser lange mit der Benennung eines Nachfolgers. Schließlich entscheidet er sich für Neumerker, Mitte dreißig, bisher Gruppenleiter in einer Nachbarabteilung. Neumerker ist dem Bereichsleiter als fachlich tüchtig, ruhig und besonnen bekannt.

Der Bereichsleiter macht Neumerker gegenüber einige Andeutungen von Schwierigkeiten, die er als Nachfolger haben werde, gibt aber keine näheren

Hinweise. Neumerker findet am ersten Tag bei der Durchsicht der Post Beschwerden anderer Abteilungen über die Qualität der in seiner neuen Abteilung geleisteten Arbeit vor; ferner wird er durch eine Meldung der Personalabteilung darüber orientiert, daß in dieser Abteilung

- eine Fluktuation vorhanden ist, die erheblich über dem Durchschnitt des Unternehmens liegt, daß
- der Grad der vorübergehenden Abwesenheit, insbesondere infolge von Krankheit, groß ist.

Diese Meldungen geben Neumerker sehr zu denken; er muß sofort einen unmittelbaren Zusammenhang zwischen Fluktuation und Abwesenheitsgrad auf der einen und Leistung und Qualität auf der anderen Seite vermuten; er weiß darüber hinaus, daß diese ihm vorgelegten Realitäten auf ein unbefriedigendes Betriebsklima hindeuten. Neumerker hat bereits einen Schulungskurs über Führung und Motivation absolviert, er weiß um die Bedeutung guter menschlicher Beziehungen. Er nimmt sich vor, gerade unter dem Aspekt der Leistungskraft, zunächst einmal zurückhaltend zu sein und sich die Verhältnisse in seiner neuen Abteilung genau anzusehen. Zu diesem Zweck führt er mehrere Gespräche mit den Gruppenführern, mit Mitarbeitern und Abteilungsleitern benachbarter Abteilungen. Der Eindruck, den er bekommt, entspricht seiner Vermutung.

II. Der neue Abteilungsleiter stellt die Lage in seiner neuen Abteilung fest

1. Viele Mitarbeiter feiern offensichtlich zu leicht krank; man muß annehmen, daß sie froh sind, einmal vom Arbeitsplatz und aus der Abteilung weg zu sein.

2. Er hat das Gefühl, daß bei einem erheblichen Teil eine Zurückhaltung in der Leistung und eine deutlich spürbare Arbeitsunlust besteht.

3. Es fehlt offenbar weitgehend ein Arbeitsethos, sogar der Aufstiegswille scheint – jedenfalls bei vielen – nicht besonders groß zu sein. Das bedeutet aber: Es fehlt ein Ziel, nach dem man in der Arbeit strebt. Da ferner kein deutliches Bewußtsein einer Verbundenheit mit der Abteilung besteht, geht auch von hier aus kein Impuls zu einer besonderen Arbeitsaktivität aus (etwa aus dem Bestreben heraus, die Arbeit besser zu schaffen als andere Abteilungen).

4. Neumerker wird sich angesichts dieser Lage mehr als bisher bewußt, daß eine kontinuierliche Leistungsbeurteilung der Mitarbeiter fehlt. Er findet in seinen Akten kaum etwas vor, woraus er Schlüsse auf die Tätigkeit und Einsatzbereitschaft des Einzelnen ziehen kann. Er hat das Gefühl: Die Personalakten enthalten lauter Papier.

5. Die Gespräche zeigen ihm, daß die Grundgedanken der Arbeitsvereinfachung bekannt sind, daß dieses Bekanntsein aber im allgemeinen ober-

flächlich geblieben, d. h. nicht wirklich ins Bewußtsein gedrungen ist. Vor einem Jahr hat die Organisationsabteilung eine Untersuchung zur Verbesserung der Ablauforganisation vorgenommen, deren Ergebnis von den Mitarbeitern offensichtlich nicht als Lösung angesehen und teilweise sogar sabotiert wurde. Neumerker fällt auf, daß die Haltung der Mitarbeiter, die dem Gruppenleiter Wünscherich unterstehen, positiver ist, und daß die Arbeit in dessen Gruppe nach den neuen Plänen der Organisationsabteilung abläuft. Er erfährt von Wünscherich, daß dieser seine Leute ständig auf den Wert der Arbeitsvereinfachung hingewiesen hat und streng darauf sieht, daß im Sinne der neuen Organisations-Anweisung gearbeitet wird. Es drängt sich für Neumerker der Schluß auf, daß die Organisationsabteilung ihre Ideen nicht richtig „verkauft" hat, daß die anderen (älteren) Gruppenleiter Huber und Haber sowie ihre Mitarbeiter diese Ideen der Arbeitsvereinfachung nicht verstanden haben. Wünscherich hat dagegen Kurse über Organisation und Arbeitsvereinfachung besucht und konnte somit das nachholen, was die Organisationsabteilung versäumt hatte. Aus den anderen Gruppen hört Neumerker stets die Auffassung: Es gibt zu viele Ausnahmen, deshalb lohnt sich bei uns die Einführung der neuen Arbeitsabläufe nicht. Es besteht somit die Auffassung, man arbeite am besten nach althergebrachter Weise.

6. Indem Neumerker sich diese Gegebenheiten vergegenwärtigt, dünkt es ihm nicht weiter verwunderlich, daß mit Ausnahme der Gruppe Wünscherich die Arbeitsweise in seiner neuen Abteilung für jeden Nichteingeweihten völlig undurchsichtig ist. Huber und Haber sowie ihre Mitarbeiter erklären, teilweise stark überlastet zu sein. Neumerker und auch die Leiter benachbarter Abteilungen, die er gelegentlich fragt, sind sich nicht im klaren, ob dies stimmt, ob intensiv aber unrationell, oder überhaupt nicht intensiv gearbeitet wird.

7. Neumerker hat sich ferner über Denkweise und Verhalten seines Vorgängers ein Bild gemacht. Altinger, so ist sein Eindruck, war ein Vorgesetzter, der durch fachliche Tüchtigkeit hervortrat; hierauf deuten einige Erfindungen hin, die die Firma ausnutzen konnte. Diese Erfindungen sind allerdings schon zwanzig Jahre alt, sie stammen aus der Zeit, als die manuelle Arbeitsweise noch im Vordergrund stand. Altinger hatte eine über dreißigjährige Erfahrung und kannte alle Arbeitsgänge; er war aber wohl den sich überstürzenden Neuerungen in Technik und Organisation nicht mehr recht gewachsen. Er war überzeugt, mit „Gefühl" könne man alles viel besser erfassen als mit noch so ausgeklügelter Rationalisierung; dementsprechend kontrollierte er auch die Arbeit in der bisher üblichen bzw. überkommenen Weise. Altinger tat seinerseits nichts dazu, die neuen organisatorischen Maßnahmen durchzusetzen. Er duldete die Organisatoren lediglich in seiner Abteilung. Ein älterer Sachbearbeiter gab Neumerker den Hinweis, daß diese Einstellung sich bei Altinger noch aus Opposition gegen die in Nachbarbereichen eingeführten Überwachungsmaßnahmen gesteigert habe.

   Es ist Neumerker bekannt, daß in einigen Nachbarbereichen Rationalisierungsfachleute ein Kontrollsystem eingeführt haben, nach dem die

Mitarbeiter veranlasst werden, pro Zeit eine bestimmte Anzahl von Arbeitsleistungen zu erbringen und darüber schriftlich Rechenschaft abzulegen (z. B. technische Änderungsberichte, Rechnungen pro Tag und pro Kopf prüfen, eine Anzahl Arbeitspläne pro Tag erstellen, einen wöchentlichen Zwischenbericht verfassen, wie die vorgegebene Leistung sich entwickelt; im Produktionsbereich wird mit direkter Zeitvorgabe gearbeitet). Neumerker erfährt weiter durch Gespräche, daß die Mitarbeiter dort das Gefühl haben, „kontrolliert" zu werden, d. h. ständig unter Druck zu stehen und zur Rechenschaft gezogen zu werden, wenn die ihnen gesteckten Ziele nicht erreicht sind. Es besteht ferner die Auffassung, daß die Gehalts- und Beförderungsaussichten in einem unmittelbaren Zusammenhang mit der Erreichung dieser Ziele stehen.

Diese objektive Situation (das Kontrollsystem) wie die psychische Situation (die damit entstehenden Vorstellungen im Bewußtsein der Mitarbeiter) bewirken eine Konkurrenz der Mitarbeiter untereinander. Diese wirkt offensichtlich leistungsstimulierend, sie hält aber auch das Betriebsklima in gewisser Weise gespannt. Neumerker ist der Auffassung, daß eine Kontrolle nach „Gefühl" nicht mehr möglich ist, sondern daß methodisch vorgegangen werden muß; er ist aber auch der Überzeugung, daß dann, wenn die Mitarbeiter sich unter Druck fühlen, die Arbeitsmoral, die Leistung und damit die Qualität sowie das Betriebsklima leiden. Neumerker möchte „ein Kontrollsystem, das der Einzelne nicht als persönlich empfundene Kontrolle ansieht". Neumerker will „messen", d. h. das, was pro Zeiteinheit geleistet werden kann, zum Zwecke der Planung und Terminierung festlegen; er will dabei auch die physische Leistungsfähigkeit des Einzelnen in Rechnung setzen, er will aber – und das ist für ihn entscheidend – nicht den Einzelnen „bewerten", er will nicht den Einzelnen als Persönlichkeit beurteilen. Das, so überlegt er, muß den Mitarbeitern klar gemacht werden. Dies werden sie, so überlegt er weiter, um so eher verstehen, als er sie noch auf folgendes hinweisen kann: Man braucht dem Einzelnen sozusagen gar nicht so nah auf den Leib zu rücken, denn es geht nicht um die zu erbringende Leistung des Einzelnen, sondern um die Leistung der Arbeitsgruppe.

8. Mit Hilfe eines durchdachten Kontrollsystems (bezogen auf die Arbeitsgruppe) hofft Neumerker auch die Terminplanung positiver beeinflussen zu können. Er ist bereits von seinem Vorgesetzten dahingehend instruiert worden, daß in seiner neuen Abteilung bisher sehr auf Sicherheit terminiert wurde. Auf der anderen Seite steht unter dem Einfluß der elektronischen Datenverarbeitung die Arbeit unter einem erheblichen Termindruck (der Belegfluß ist schneller). Die Termine können nur unter Verschlechterung der Leistung oder gar nicht eingehalten werden. Die damit entstehenden Arbeitsengpässe zeigen, daß die Arbeit nicht richtig verteilt ist. Diese Situation wird dadurch verschärft, daß der Abwesenheitsgrad groß ist. Damit wiederum ist verbunden, daß die Gruppenführer oft in die Arbeit ihrer Mitarbeiter eingreifen müssen. Kein Wunder, daß eine permanente Vernachlässigung allgemeiner Führungsaufgaben besteht. Die Gruppenführer sind letzten Endes Hauptsachbearbeiter, aber keine Führungskräfte.

## III. Das Betriebsklima

Neumerker, der soweit Klarheit über die Situation in seiner neuen Abteilung gewonnen hat, weiß, daß er sich nun noch eingehender mit dem Betriebsklima beschäftigen muß. Er tut dies, indem er von der Frage ausgeht: Wodurch werden die Beziehungen, die zwischen den Mitarbeitern meiner Abteilung bestehen, bestimmt?

Aufgrund von Gesprächen und eigenen Beobachtungen ergibt sich für ihn, daß zunächst der Einfluß Altingers weiterwirkt. Hierüber ist zu sagen: Altinger galt als betont in sich gekehrter Mann; er arbeitete mit ruhigem Fleiß, war aber nicht dynamisch. Er schien menschlich etwas scheu zu sein, schaffte es selten, einen persönlichen Kontakt gegenüber seinen Mitarbeitern zu finden und wollte es wohl auch gar nicht. Dabei wirkte er dann, wenn es wirklich einmal zu einem persönlichen Gespräch kam, ausgesprochen sympathisch. Wenn der Mitarbeiter aber beim nächsten Mal aus irgendeinem Grunde erneut mit Altinger zu tun hatte, fand er wieder den scheuen, etwas abwesenden Mann vor. Altinger ließ seinen Mitarbeitern viel Freiheit; Neumerker wurde sich nicht klar darüber, ob dies Vertrauen oder Unvermögen in der Führung war. Altinger konnte auch einmal die Ruhe verlieren und polterte dann los, so etwa, wenn sein Vorgesetzter sich über irgend etwas beschwert hatte und er das weitergeben mußte. Dieses Poltern zeigte wenig Wirkung, jeder wußte, daß nichts mehr nachkam. Offenbar hatte Altinger die Grundgedanken der Führung, wie sie heute vertreten werden, nicht in sich aufgenommen, so daß hier völlig neu aufgebaut werden mußte.

Noch stärker werden die sozialen Beziehungen durch zwei stark hervortretende Mitarbeiter bestimmt, die es verstanden haben, jeweils einen Teil der Abteilung auf ihre Seite zu ziehen. Der eine dieser Mitarbeiter ist der Gruppenleiter Wünscherich. Er ist vier Jahre in der Abteilung tätig, seit knapp drei Jahren Gruppenleiter; ein ehrgeiziger und tatkräftiger Mann. Wünscherich wird allgemein als fachlich tüchtig anerkannt und ist mit den modernen Methoden der Organisation und Rationalisierung bestens vertraut. Er ist derjenige, der in der Abteilung immer wieder gefordert hat, die Ablauforganisation auf den neuesten Stand zu bringen. Er hat die Begabung, zu überzeugen; und es ist ihm gelungen, vor allem den jüngeren Leuten seiner Gruppe den Wert einer gut durchdachten Rationalisierung vor Augen zu führen und sie dafür zu gewinnen. Wünscherich hatte gehofft bzw. hatte es gleichsam als sicher angenommen, nach der Pensionierung von Altinger Abteilungsleiter zu werden. Überzeugt, im Sinne der Firma zu handeln, suchte er nach dem Weggang Altingers seine Ideen auch in den Gruppen seiner Kollegen Huber und Haber durchzusetzen. Er war bei seinen Kollegen zwar geachtet, aber nicht beliebt, da sie für die konservative Linie von Altinger eingestellt waren. Aus diesen Gründen unterstützten sie Wünscherich auch nicht, im Gegenteil, sie zeigten sich gegenüber dieser sofort nach dem Weggang Altingers beginnenden Aktivität Wünscherichs betont reserviert. Diese Haltung verärgerte Wünscherich; er hatte die Arbeitsunlust erkannt, er suchte sie in seiner Gruppe zu bekämpfen und hatte bemerkt, daß die Gegenströmungen der anderen Gruppen auf seine Leute einwirkten und damit seine eigenen Bemühungen stets erschwerten. Jetzt fühlte er sich verantwortlich, „endlich Ordnung zu schaffen“, wie er Neumerker gegenüber erklärte. Dieser Ärger steigerte sich noch, als er die mehr oder weniger deutlich versteifte Ablehnung der Huber und Haber unterstellten Gruppen bemerkte.

Der Ärger, den er nicht verbergen konnte, machte ihn unduldsam, er griff teilweise in den Bereich der anderen Gruppenführer ein, indem er diese Schritte damit begründete, die Arbeit liefe nicht kontinuierlich genug und das auch Huber und Haber bewies. Beide duldeten diese Eingriffe; als sich Mitarbeiter bei ihnen beschwerten, blieben sie passiv. Eines Morgens rügte er aus seiner Verärgerung und Unduldsamkeit, aber auch aus der Überzeugung, „endlich Ordnung zu schaffen“, den Mitarbeiter Conrad wegen einer Verspätung. Dieser, der schon einige Male bei seinem Gruppenleiter Haber gegen das Verhalten Wünscherichs ohne Erfolg Einspruch erhoben hatte, registrierte diese Rüge ohne Widerrede, ging aber dann zum Betriebsrat; diesem erklärte er: „Wünscherich maßt sich Rechte an, die ihm nicht zustehen. Er hat mir gar nichts zu sagen. Er will unsere ganze Abteilung umstülpen, er nennt das ‚moderne Organisation‘ und ‚Arbeitsvereinfachung‘. In Wirklichkeit ist das für uns eine Arbeitserschwernis, wir sollen ständig unter Druck gesetzt werden, und Wünscherich ist der ‚Troublemaker‘ der Abteilung. Seitdem er Gruppenleiter ist, haben wir ein schlechtes Betriebsklima. Es wird immer gesagt: ‚in unserer Firma steht der Mensch im Mittelpunkt‘ – ich sehe davon nichts, bitte kümmern Sie sich mal darum.“ Daß Conrad diesen Schritt unternimmt, weist auf den Sachbearbeiter Bertram hin, dieser hat Conrad dazu inspiriert.

Bertram ist neben Wünscherich die zweite dominierende Person in der Abteilung. Er verkörpert in vielem den Gegenpol zu Wünscherich. Bertram ist Sachbearbeiter, Mitte Fünfzig, ist fachlich sehr gut und äußerst selbstbewußt. Er hat eine fast dreißigjährige Erfahrung in allen Sparten der Abteilung, kennt die zu leistende Arbeit bis in die feinsten Verästelungen und ist in Detailfragen ohne Zweifel jeder Führungskraft überlegen. Diese Situation ist ihm völlig bewußt, und er hält auch nicht zurück damit, dies den Vorgesetzten zu zeigen. Er ist enttäuscht darüber, nicht Führungskraft geworden zu sein. Über den Grund hat er sich seine Meinung gebildet: „Ich wußte ihnen zu viel, ich hätte alle übertrumpft, sie hatten Angst vor mir“. Von hier aus hat er bereits eine Abneigung gegen Wünscherich, der Mitte dreißig ist. Vor allem weiß er, daß mit einer organisatorischen Umgestaltung seine Erfahrungen entwertet werden und damit sein Einfluß erheblich an Bedeutung verliert (die Detailfragen werden anders oder spielen keine Rolle mehr). Darüber hinaus ist er überzeugt, daß die Gestaltungsmöglichkeiten für den Einzelnen im Zuge der modernen Technisierung, Rationalisierung und Organisierung zurückgehen („alles ist ja schon vorgedacht, jeder soll sich nur noch eingliedern“); daß die Möglichkeiten, kontrolliert zu werden, größer sind, und daß jeder dem Termindruck besonders ausgesetzt ist. Er ist deshalb der Auffassung, der Mensch stehe in der modernen Industrie nicht mehr im Mittelpunkt und vertritt diese Auffassung auch ständig und deutlich gegenüber seinen Kollegen. Er ist zur Zentrale des Widerstands gegen

Neuerungen jeder Art geworden. Viele, vor allem ältere Mitarbeiter, stehen auf seiner Seite und übernehmen seine Argumente.

Neumerker sieht sich also vor der Situation, daß die meisten seiner neuen Mitarbeiter in zwei Lager gespalten sind und daß schon deshalb das Betriebsklima gespannt ist. Offensichtlich gibt es andere Mitarbeiter, die keiner dieser Gruppen angehören und deshalb unter dem Betriebsklima besonders leiden. Als ein deutliches Zeichen dafür muß Neumerker eine mündliche Meldung aus der Personalabteilung nehmen, daß drei Mitarbeiter das Gesuch gestellt haben, in eine andere Abteilung versetzt zu werden.

Die Reaktion auf seine Ernennung zum Abteilungsleiter merkt er sehr deutlich. Wünscherich zeigt offen, daß er sehr enttäuscht darüber ist, nicht selbst Abteilungsleiter geworden zu sein. In Gesprächen weist er Neumerker bewußt und betont auf sein Können hin, und zwar in der Weise, daß er grundsätzlich immer noch 10 % oder mindestens 3 % mehr weiß als sein neuer Vorgesetzter und daß er im übrigen über die Situation in der Abteilung sowieso viel besser orientiert sein muß. Haber und Huber lassen durchblicken, daß sie froh darüber sind, nicht Wünscherich zum Vorgesetzten bekommen zu haben. Wünscherich sei zweifellos ein „gescheiter Kerl", aber er verbreite eine Unruhe, die belastend wirke; die modernen Verfahren hätten ja viel Gutes, aber Wünscherich übertreibe. Bertram ersucht um eine Unterredung und erklärt: „Ganz offen – Wir freuen uns alle, daß Sie Abteilungsleiter geworden sind. Wir wissen, daß Sie vernünftig sind und nach dem Grundsatz vorgehen: Der Mensch steht im Mittelpunkt".

Neumerker muß sich nun entscheiden, wie generell sein Führungsstil und wie sein Führungsverhalten im einzelnen sein soll.

## IV. Zusammenfassung

In einem größeren Unternehmen hat ein Bereichsleiter Schwierigkeiten in einer seiner Abteilungen. Als dort der Abteilungsleiter pensioniert wird, wählt der Bereichsleiter den Gruppenleiter einer anderen zu ihm gehörenden Abteilung zum Nachfolger. Ihm traut er zu, daß er die Schwierigkeiten beheben kann.

Dieser neue Abteilungsleiter, Mitte dreißig, bemüht sich dann, die Lage in dieser ihm anvertrauten Abteilung objektiv und unvoreingenommen kennenzulernen. Hierbei erfährt er: Die Qualität der Arbeit und die Leistungsbereitschaft ist schlecht, die Fluktuation und der Abwesenheitsgrad (Krankheit) ist groß. Es ist keine kontinuierliche Leistungsbeurteilung der Mitarbeiter vorhanden. Gegen die Grundsätze der Arbeitsvereinfachung und ihre Praktizierung sowie gegen die Organisation der Arbeitsabläufe nach neuen Verfahren ist eine erhebliche Abneigung vorhanden. Es besteht ferner keine sinnvolle Leistungskontrolle (der pensionierte Abteilungsleiter machte alles „nach Gefühl") und die Terminplanung ist ungenügend.

Der neue Abteilungsleiter ist der Überzeugung, er müsse unter Einsatz bestmöglichster Verfahren Besserung schaffen. Er erkennt, daß in einer seiner drei Gruppen hier bereits wertvolle Ansätze sind. Der mit ihm gleichaltrige Gruppenleiter hat die gleichen Ideen und hat sich bereits mit Erfolg bemüht, sie in seiner Gruppe durchzusetzen. Zwischen diesem Gruppenleiter und seinem neuen Vorgesetzten entsteht aber sofort ein Gegensatz, weil der Gruppenleiter fest damit gerechnet hatte, Abteilungsleiter zu werden (und fachlich auch das Zeug dazu hatte). Durch ungeschicktes Führungsverhalten entsteht ein Konflikt zwischen dem Gruppenleiter und einem Sachbearbeiter, wobei letzterer den Betriebsrat anruft.

Das Zentrum des Widerstandes gegen Neuerungen ist ein älterer, konservativ eingestellter Sachbearbeiter. Er ist der eigentliche Gegner des fortschrittlich denkenden Gruppenleiters. Dieser Gegensatz veranlaßt jenen älteren Sachbearbeiter, dem neuen Abteilungsleiter spontan zu verkünden, er sei sehr froh über ihn, den neuen Abteilungsleiter; bzw. er sei froh, daß nicht sein Gegner, der Gruppenleiter, diese Beförderung erhalten habe.

Dieser ältere Sachbearbeiter trägt also dem neuen Abteilungsleiter seine Freundschaft an, die dem letzteren gefühlsmäßig um so wichtiger sein muß, als der ehrgeizige Gruppenleiter sich deutlich in Gegensatz stellt. (Er sucht dem Abteilungsleiter zu beweisen, daß er mehr weiß, er wird in Diskussionen scharf, er sucht seinen einmal eingenommenen Standpunkt aus Prestigegründen zu halten, auch wenn er längst überholt ist). Zu beachten ist aber, daß dieser ältere Sachbearbeiter in bezug auf die Art der Arbeit und der hier zu ergreifenden Maßnahmen völlig anderer Auffassung (eben konservativ) ist als der Abteilungsleiter.

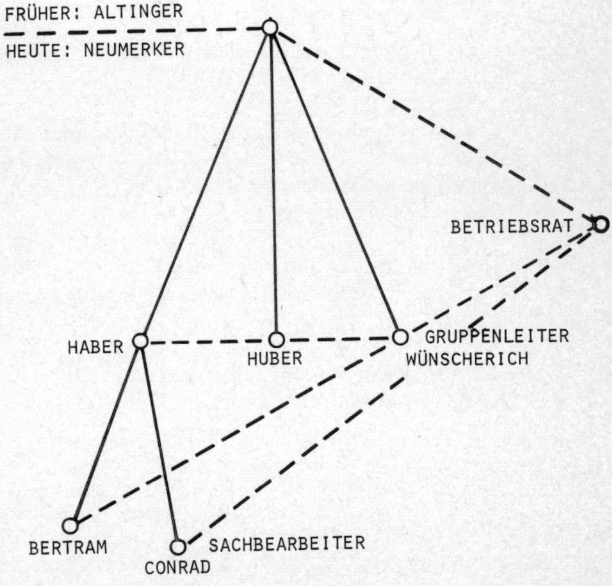


Abb. 7

Der pensionierte Abteilungsleiter und die beiden anderen Gruppenleiter, die beide Mitte fünfzig sind, ähneln sich in ihrem Verhalten, sie sind ruhig, fleißig, aber den neuen Anforderungen nicht mehr gewachsen.

Der neue Abteilungsleiter muß sich entscheiden, wie er sich verhalten soll.

### 2.3.8. Der Sachbearbeiter und das neue EDV-System
(Fall entwickelt gemeinsam mit Wolfgang P. Heimes)

1. Zur Lage

   Die für Organisation und Rationalisierung eines Unternehmens maßgebenden Instanzen sind einhellig der Auffassung, daß die vorhandene EDV-Kapazität nicht mehr genügt. Bezeichnend dafür ist, daß selbst durch einen Drei-Schicht-Betrieb im Rechenzentrum keine echte Optimierung und Erleichterung in den Arbeitsabläufen erreicht werden konnte.

   Diese Instanzen haben inzwischen in Verbindung mit der Fa. Computer-Bau AG für die Leitung des Unternehmens einen Rahmenvorschlag erarbeitet, der die Entwicklung eines neuen EDV-Systems mit direkter Dateneingabe über eine Datenstation (ein sogen. „on-line"-System oder auch „Informationssystem" genannt) vorsieht. Die Ist-Aufnahmen, die dafür erforderlich sind, wurden gemeinsam mit den jeweils zuständigen Sachbearbeitern vorgenommen. Auch der Sachbearbeiter, um den es uns hier als typischen Vertreter dieser Funktion geht, hat an der Ist-Aufnahme seines Arbeitsbereiches teilgenommen.

2. Arbeitsaufgabe und charakteristisches Verhalten des Sachbearbeiters in der Arbeitsvorbereitung

   Aus der Bedarfsrechnung gehen Bestellvorschläge in Kartenform an den Sachbearbeiter zwecks Kontrolle und evtl. Abänderung. Vom Sachbearbeiter gehen die Informationen entweder zum Einkäufer oder in die Werkstatt zur Eigenfertigung.

   Von der Bedarfsrechnung wird (mit EDV) eine Statistik ausgegeben über die Anzahl aller Bestellvorschläge sowie über die Anzahl und die Art der Änderungen.

   Es ist nun auffallend, daß etwa 60 % aller Vorschläge von dem Sachbearbeiter geändert werden; und ferner, daß die Änderungen zu 80 % minimal sind.

3. Personen in der Fallstudie

   Der Sachbearbeiter, 50 Jahre alt, 25 Jahre fast in der gleichen Tätigkeit, von Beruf Dreher. Er ist „Angestellter" geworden, was er als Aufstieg empfindet.

Der Organisator, 28 Jahre, Wirtschaftsingenieur, hat zusätzliche Schulungen in „Organisationstechnik“, meist unter Förderung des Unternehmens, absolviert. Er ist soweit vorgebildet, daß er Ablaufanalysen und Blockdiagramme zu erstellen vermag, was anschließend noch in Programmiersprachen umgesetzt werden muß. Der Organisator soll den Arbeitsplatz des Sachbearbeiters studieren und dann von Benutzerseite den Einsatz des „on-line“-EDV-Systems vorbereiten.

4. Gespräch zwischen Organisator und Sachbearbeiter

*Org.:* Aus der Istaufnahme, die wir vor kurzem zusammen mit Ihnen erstellt haben, ist noch eine Kleinigkeit unklar. Warum bearbeiten Sie eigentlich die Bestellvorschläge aus der Bedarfsrechnung noch manuell?

*Sachb.:* Weil das notwendig ist! Was glauben Sie denn, wie unser Materialwesen aussähe, wenn wir das nicht tun würden? Also, das muß schon sein.

*Org.:* Ist denn die eigentliche Bedarfsrechnung falsch?

*Sachb.:* Nein, das will ich damit nicht sagen.

*Org.:* Dann muß ja der Input schlecht sein.

*Sachb.:* Der ist gut, schließlich bearbeite ich den Input immer selber.

*Org.:* Woran liegt’s denn dann?

*Sachb.:* Es gibt neue Informationen, die bei dem Lauf noch nicht berücksichtigt wurden. – Schließlich kann man Erfahrung auch nicht vom System erwarten.

*Org.:* Ja, aufgrund welcher „Informationen“ ändern Sie eigentlich?

*Sachb.:* Meine Karteikarten geben beste Informationen über jede einzelne Teilnummer.

*Org.:* Dann können Sie doch diese Informationen beim Aufbereiten des Inputs verwenden, damit hätten wir wenigstens die Bestell- und Lagervorschriften angewendet, die in der Bedarfsrechnung einprogrammiert sind und von der Werksleitung festgelegt wurden.

*Sachb.:* Diese Vorschriften will ich genau so anwenden wie Sie! Die Bestellvorschläge, die ich vom Computer bekomme, können aber doch nur „Vorschläge“ sein, die ich mit meinen zusätzlichen Informationen ergänzen muß. Ich bin verantwortlich, die Bestellvorschläge zu überprüfen!

*Org.:* Ich fragte, warum Sie die zusätzlichen Informationen nicht als Input eingeben.

*Sachb.:* Das tue ich ja. Aber bis die neuen Bestellvorschläge kommen, das dauert einige Zeit; und in dieser Zeit hat sich wieder viel geändert. Da muß ich erneut die Vorschläge prüfen; und zwar von meinen zusätzlichen Informationen her, die ich inzwischen bekommen und in die Kartei eingetragen habe.

*Org.:* Diese zeitlichen Verzögerungen wird es jetzt nicht mehr geben. Im „on-line"-System werden alle Informationen sofort erfaßt und verarbeitet.

*Sachb.:* Und woher soll das „on-line"-System die ganzen Informationen haben?

*Org.:* Die Sachbearbeiter geben über Datenstationen die neuen Informationen in das System ein. Sie erinnern sich, was ich vor Beginn der Istaufnahme über das „on-line"-System gesagt habe: Es hat große Datenbänke, die alle Informationen aufnehmen.

*Sachb.:* Es ist doch unmöglich, alle Informationen aus meiner Handkartei in den Computer zu bringen. Die kann der nicht verarbeiten.

*Org.:* Die werden ja auch gar nicht alle gebraucht. Was das System benötigt, danach werden Sie über die Datenstation gefragt. Nach Eingeben Ihrer Informationen läuft dann alles automatisch.

*Sachb.:* Ja glauben Sie denn vielleicht, wir säßen hier jahrelang nur zum Spaß? Die 60 % geänderten Bestellvorschläge beweisen deutlich genug, daß die Prüfung notwendig ist.

*Org.:* Die beweisen überhaupt nichts! 4/5 davon sind geringe Änderungen, die waren gar nicht nötig.

*Sachb.:* (zuckt die Achsel) ja, wenn Sie meinen ....... Ich kann nur sagen, daß die Praxis bisher immer die Notwendigkeit der persönlichen Überarbeitung der Bestellvorschläge gezeigt hat.

*Org.:* Sie werden sehen, daß das mit dem „on-line"-System anders wird. Sie müssen nur positiv sein und Ihre Daten eingeben.

*Sachb.:* Wollen Sie damit sagen, daß ich bisher negativ eingestellt gewesen bin?

*Org.:* Nein, aber jetzt ist derjenige positiv, der im „on-line"-System mitzieht.

5. Zum organisatorischen Rahmen

Die Atmosphäre innerhalb der Linien-Hierarchie des Unternehmens – mit Bezug zum neuen EDV-System – ist nicht so unähnlich derjenigen, die in den Aussagen des Sachbearbeiters spürbar wird.

Anders formuliert: Die Vorgesetzten des Sachbearbeiters (Leiter Arbeitsvorbereitung, Leiter des Werkes) sind der Meinung, daß die Einführung eines „on-line"-Systems „eigentlich" nicht oder noch nicht nötig ist. Sie sprechen das freilich nicht klar aus.
Es ist also der häufig anzutreffende Auffassungsunterschied zwischen den für die Organisation verantwortlichen Gruppen und dem Linien-Management anzunehmen.

Hinweise für den Schulungsleiter über die Probleme, die angesprochen werden sollen

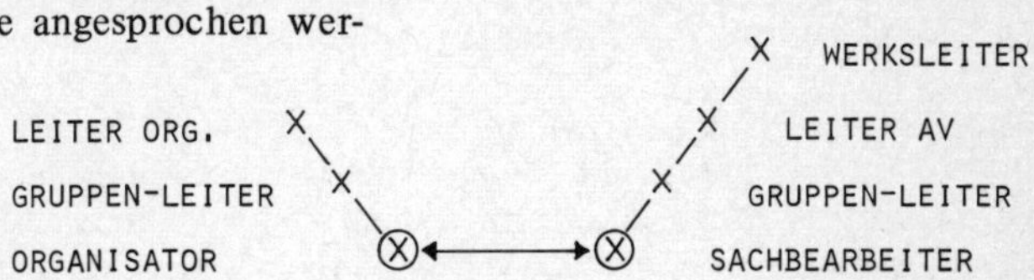


**Abb. 8**

1. Die vielfach bestehende, gewissermaßen „natürliche" Reserviertheit des Sachbearbeiters, der 50 Jahre alt ist, gegen technisch-organisatorische Wandlungen. (Wichtig aber: dies allein ist nicht entscheidend).

2. Der Sachbearbeiter befürchtet die Transparenz, die das neue EDV-Konzept bringen soll. Die Nicht-Transparenz der Abläufe gab ihm bisher das beruhigende Gefühl, nicht kontrolliert werden zu können. Er konnte sich a) immer „herausreden", wenn die unangenehme Frage gestellt wurde, was er in wieviel Zeit leisten könne. Er hatte damit gleichzeitig b) das Gefühl, einen Freiheitsspielraum (Zeitreserven, „Vorderwasser", „Luft") zu haben.

3. Die zusätzlichen, außerhalb des Systems befindenden Informationen (d. h. vor allem die Sonderinformationen, die er, über jede einzelne Teilnummer von der ersten Stunde ihrer Laufzeit in der Produktion, in seiner Kartei gesammelt hat; dann auch: seine Erfahrung, die gespeicherte Informationen darstellt, die bis zum gewissen Grad Folge der Nicht-Transparenz und Basis des Freiheitsspielraums ist) geben ihm aus seiner Sicht das eigentliche Berufsprestige. Anders gesagt: Handkartei und im Erinnerungsvermögen gespeicherte Informationen geben ihm bis jetzt Informationsprivilegien.

4. Mit 2 und 3 verbunden ist die Befürchtung, daß bei Einführung des neuen EDV-Systems seine Berufserfahrung entwertet wird.

5. Mehr oder weniger deutliche bzw. mehr oder weniger bewußte Befürchtung des Sachbearbeiters, durch das neue EDV-Konzept seinen Arbeitsplatz zu verlieren.

6. Der Sachbearbeiter empfindet die Art der Gesprächsführung seitens des Organisators, bisher 60 % der Arbeit nicht ordentlich geleistet oder falsch gemacht zu haben, als „empörende Unterstellung".

7. Für den Sachbearbeiter ist der Kontakt mit dem Organisator der einzige formale Weg, über das neue EDV-System etwas zu erfahren. Er fühlt sich nicht gefragt, nicht ausreichend informiert und nicht geschult; d. h. aber: vernachlässigt.

8. Der Organisator wirkt als Theoretiker, der von der Praxis „keine Ahnung" hat.

9. Wenn der Organisator auch „keine Ahnung" von der Praxis hat, so erweckt er doch den Anschein, daß er den Arbeitsbereich des Sachbearbeiters (zu dessem Schaden) „ausspionieren" will.

10. Die Bemerkungen „zum organisatorischen Rahmen" sind deshalb am Schluß des Falles mit eingefügt worden, um dem Schulungsleiter Gelegenheit zu geben, die Kernfrage zu stellen: Würde das, was unter 1 – 9 über die Denk- und Verhaltensweise des Sachbearbeiters gesagt wird, auch für das Linienmanagement gelten?

11. Auch wenn die Antwort zu 10 lauten würde: „nicht ganz so", „bis zu einem gewissen Grade", so taucht grundsätzlich die Frage der Motivation der Sachbearbeiter und des Linien-Managements für das neue EDV-System auf.

12. Das wichtigste für den Schulungsleiter ist am Schluß der Fall-Besprechung das Eingehen auf das demotivierende Verhalten des Organisators (mit Bezug zum Sachbearbeiter) und der Aufweis, wie unter Integration des Menschen in das Mensch-Maschine-System, bzw. vom Dialog mit dem Computer, motiviert werden muß. Der Schulungsleiter ist hier auf die Thesen zum innovativen Denken im letzten Kapitel dieses Buches zu verweisen.

# 3. Gruppendynamische Methoden

## 3.1. Begriff und Aufgaben

Gruppendynamik, so wurde schon festgestellt, besagt, daß die zwischenmenschlichen Beziehungen in einer Gruppe und zwischen Gruppen in Bewegung sind. Keine Gruppe hat eine einmal so und nicht anders festgelegte Art des Zusammenhangs. Es gibt bei keiner Gruppe die Garantie, daß vorhandene Sympathie und Interessengleichheit bleiben; es gibt aber auch keine Gruppe, in der nicht Konflikte überwunden werden könnten. Eine der wichtigsten Erkenntnisse der Tiefenpsychologie liegt in ihrem Nachweis, daß das Sich-Bewußt-Werden von Problemen der erste Weg zu ihrer Lösung bzw. zu ihrer Bewältigung ist. Genau das gleiche gilt für den Bereich der zwischenmenschlichen Beziehungen. In dem Augenblick, in dem die Gruppenmitglieder sich der latenten Problemfelder bewußt werden, ist der erste Schritt zur optimalen Gestaltung der Gruppe getan.

Nun muß man freilich berücksichtigen, daß die Menschen durch die Schaffung von sogen. „Institutionen", d. h. durch festgelegte Organisationen und Einrichtungen, Schranken gegen gruppendynamische Vorgänge errichten. Zu diesen festgelegten Organisationen zählen in erster Linie Unternehmungen und Verwaltungen. Diese Schranken werden aufgebaut, weil die Gruppendynamik Unruhe, Instabilität, Veränderung bewirkt, die man gerade ausschalten will. Die Erkenntnis der letzten Jahre ist aber, daß die Gruppendynamik einmal trotz dieser Schranken recht nachhaltig hervortritt, und daß sie zum anderen doch grundsätzlich keineswegs negativ beurteilt werden kann. Wo kämen wir z. B. hin, wenn nicht über gruppendynamische Prozesse der Wettbewerb in Unternehmen und Verwaltungen entwickelt und „angeheizt" würde? Wenn aber, so ist weiter zu interpretieren, gruppendynamische Prozesse offensichtlich da sind und dazu im Prinzip als neutral anzusehen sind, dann ist es doch naheliegend, daß man sich über die latenten Problemfelder Klarheit schafft und darauf aufbauend für eine Optimierung derselben – zur besseren Erreichung der ökonomischen und der humanitär-ethischen Ziele – Sorge trägt.

Es geht also um das Sich-Bewußt-Werden gruppendynamischer Vorgänge. Vor diesem Hintergrund begreift man dann die Entstehung gruppendynamischer Trainingsmethoden. Es wird von den Vertretern dieser Schulungsrichtung eben betont, daß diese Faktoren vom institutionellen Zwang befreit „produziert" und studiert werden müssen. Sicher, so sagen diese Vertreter weiter, entstehen während jeder Gruppenarbeit gruppendynamische Bewegungen; aber das genügt nicht, um zu einer Analyse derselben und für jeden zum wirkungsvollen Lernprozeß zu gelangen. Herausdestillieren dieser Gruppendynamik, das ist die einzige oder mindestens die eindeutig beste Art, sie ins Bewußtsein zu bringen; und das ist darüber hinaus die einzige Art, die dem großen Rang dieses Gegenstandes gerecht wird!

Die gruppendynamischen Trainingsmethoden sind heute in der Regel gemeint, wenn in Verbindung mit der Schulung von „Gruppendynamik" gesprochen wird. Es sind dies Methoden, mit denen gruppendynamische Prozesse aufgedeckt, entfaltet, forciert und provoziert werden sollen. Die Trainingssituation gibt jedem Einzelnen die Gelegenheit, sich der Gruppenprozesse bewußt zu werden, in denen er sich befindet. Das wichtigste Charakteristikum der gruppendynamischen Trainingsmethoden besteht somit darin, daß die Trainingsgruppe selbst die gruppendynamischen Vorgänge und damit die zwischenmenschlichen und psychologischen Probleme schafft, aus denen dann jedes Gruppenmitglied lernen kann und soll.

Spezifiziert und detailliert betrachtet hat jeder Schulungsteilnehmer im gruppendynamischen Training die Aufgabe und die Chance, Antworten auf folgende Fragen zu suchen:

– Sehe ich eigentlich die anderen „richtig“, d. h. wenigstens einigermaßen so, wie sie sind, oder habe ich Vorurteile? Habe ich die richtigen oder die falschen Vorstellungen von ihrer Denkweise und ihren Motiven?

– Wie sehen die anderen sich selbst? Wenn ich wirklich versuche, mir das Wissen, die Überzeugungs- und Motivationskraft sowie die Verhaltens-Qualifikationen der anderen objektiv vor Augen zu führen; haben diese, daran gemessen, die zutreffenden Vorstellungen von sich selbst oder nicht? Sehe ich sie besser als sie sich selbst sehen oder nicht?

– Wie verhalte ich mich selbst? Bin ich sachlich? Beurteile ich z. B. die Zurückweisung eines Vorschlages, den ich gemacht habe, als eine Zurückweisung meiner Person? Wie verhalte ich mich, wenn ich anerkannt werde; verliere ich dann vor lauter Stolz den Maßstab meiner Beurteilung oder nicht? Wie verhalte ich mich, wenn ich nicht anerkannt werde; stecke ich zu schnell auf, resigniere ich oder versuche ich es ein zweites oder drittes Mal, mir Anerkennung zu verschaffen?

– Wie sehen die anderen mich? Wie ist das „feedback“ auf mein Verhalten? Wie komme ich bei den anderen an? Besteht ein Gegensatz zwischen dem, wie ich mich sehe und wie die anderen mich sehen, also zwischen Selbsteinschätzung und Fremdeinschätzung?

– Nach welchen Normen (Motiven, Regeln, Leitlinien) vollziehen sich die gruppendynamischen Vorgänge? (Herrschen z. B. autoritäre oder kollegiale Regeln vor, wandeln sie sich im Laufe des Trainings; überlappen sich zwei oder mehrere Normen? )

– Welche Struktur zeigt die Gruppe? Gibt es eine Person oder mehrere Personen, die einen Führungsanspruch stellen und wird dieser Anspruch von der Gruppe bejaht? Welche Führungsrollen gibt es in der Gruppe? Gibt es in der Gruppe einen oder mehrere Außenseiter, die sich nicht integrieren wollen oder können und wie verhält sich die Gruppe ihnen gegenüber? Wie und mit welchen Schwerpunkten wandelt sich die Gruppenstruktur?

– Wer hat welches Prestige und welchen Rang in der Gruppe? Wer genießt aufgrund welcher Qualifikation (Impulse geben, vermitteln, Risiken eingehen) Anerkennung; vollziehen sich hier im Laufe des Trainings Wandlungen, indem einige an Prestige verlieren und andere gewinnen?

– Wie werden Spannungen, Wettbewerbsvorgänge, Rivalität und Konflikte in der Gruppe ertragen und ausgetragen? Bemüht sich die Gruppe darum, sich selbst „zusammenzuhalten" und wie sehen diese Bemühungen aus?

– Wie verhält sich der Trainer? Wann greift er ein und wie greift er ein; was dasselbe heißt wie: Wann steuert er die Gruppe und wann überläßt er sie ihrer eigenen Selbstregulierung?

Wenn wir sagen, daß jedes Mitglied der Schulungsgruppe Antworten auf diese Fragen bzw. Fragenkomplexe finden soll, so ist hinzuzufügen, daß dies noch deutlicher als bei den bisher erörterten Methoden der Gruppenarbeit auf der Basis eines emotionell orientierten Lernvorgangs zu geschehen hat bzw. geschehen kann. Lernen im gruppendynamischen Training erfolgt über die Emotion, über das „Spüren", über das Experiment und damit über die Induktion sowie über das von hier her den Impuls erhaltende intuitive Erfassen. Jeder soll an sich erfahren, daß er z. B. ungeduldig ist, daß er, gemessen an den Reaktionen der anderen Gruppenmitglieder, offenbar heftig reagiert hat, wo ruhiges und sachliches Argumentieren notwendig gewesen wäre. Jeder soll gleichzeitig ein Gespür dafür entwickeln, welche Gründe für aggressives Verhalten des Gesprächspartners in seiner „Natur" (etwa in Herkunft, Ausbildung, Mentalität, Interessen) liegen. Freilich muß dann unter Mithilfe des Trainers in einem zweiten Schritt das Gespür und Erspürte vom Denken her begriffen, abstrahiert, bewußt gemacht werden. Der Lernprozeß vollzieht sich somit hier im steten Wechsel von emotional bedingtem Erfassen und anschließendem rationalen Verarbeiten der Erlebnisse.

Die Gruppenmitglieder sollen die Probleme selbst entwickeln, aus denen sie lernen können. Bei all diesen Problemen ist aber der wichtigste Zweck eines jeden gruppendynamischen Trainings nicht zu übersehen: Zum Erlebnis eines Gruppenzusammenhangs und -haltes zu gelangen. Sich bewußt machen, was optimale Gestaltung der Gruppe heißt, das bedeutet Erkennen einer zielorientierten Gruppenaktivität, in der sich alle Mitglieder gegenseitig vom Anspruch der Menschenwürde her respektieren und akzeptieren. Mit der Bewältigung der Probleme und Gegensätze geht der Prozeß des Sich-Kennen-Lernens einher. Je weiter dieser fortschreitet, desto entspannter und arbeitsbereiter wird die Atmosphäre. Gruppendynamisches Training ist ein Training, in dem keine hierarchische Macht die Gewichte von vornherein festlegt; und das Gelöst-Sein vom hierarchischen Zwang ist es in besonderem Maße, von dem das zielorientierte Engagement eines jeden Gruppenmitglieds mobilisiert werden kann. Jeder soll sich frei fühlen, aus seiner Rolle als Führungskraft und (oder) als „Untergebener" heraustreten zu können. Jeder soll froh sein, seine Maske einmal absetzen zu können. Es ist sehr wichtig, daß der Trainer darauf sieht, daß jeder Teilnehmer das Bewußtsein haben kann, mit seiner spezifischen Qualifikation in der Gruppe und für die Gruppe zum Zuge zu kommen. Geschieht das, dann wird der Teilnehmer mit großer Genugtuung registrieren, daß seine Kreativität gefragt ist. Mit diesem Impuls wird er in seinen beruflichen Alltag zurückgehen und (so muß er vom Trainer motiviert werden) dort (speziell im Verhältnis zu seinem Vorgesetzten) auf die Bedeutung der Kreativität im allgemeinen und seiner persönlichen Befähigung zum kreativen Verhalten im besonderen hinweisen.

Es ist nun gerade mit Bezug zu dieser sicher sehr interessanten, aber auch schwierigen und vielfach recht heiklen Thematik wichtig, deutlich zu machen, von welchen Gesichtspunkten aus wir diesen Gegenstand behandeln wollen.

1. Wir stellen die gruppendynamischen Methoden im Rahmen der beruflichen Weiterbildung dar. Das bedeutet, daß wir an alle denken, die im Beruf (meist in Wirtschaft und Verwaltung) stehen und die sich fortbilden wollen. „Alle“ sollen die Chance haben, mit Hilfe dieser neuen Übungen zu einem effektiven Verhalten in Gruppen zu kommen. Von hier aus muß man recht kritisch sein gegenüber einer häufig unausgesprochenen, aber dennoch deutlichen Haltung, in den gruppendynamischen Übungen gehe es grundsätzlich oder primär um Psychoanalyse und einer darauf aufbauenden Psychotherapie. Es muß klar herausgestellt werden, daß man bei der beruflichen Weiterbildung nicht so tun darf, als seien „alle“ psychisch krank! Anders formuliert: Die gruppendynamischen Methoden sind für die generelle Schulung nur dann eine (allerdings wesentliche) Bereicherung, wenn in ihnen die Grenze zur Psychoanalyse gesehen und diese nur in wichtigen Fällen und nie ständig überschritten wird. Der Trainer muß sich vor dem Reiz hüten, möglichst „tief“ in die selbst dem „Patienten“ unbewußten psychologischen Probleme eindringen zu wollen; bei den meisten Problemen, mit denen sich ein Mensch im Beruf herumschlägt, braucht man nicht sehr „tief“ zu schürfen, um sie zu erkennen.

2. Es ist wichtig, vom Menschen aus, der im Beruf steht, den Stellenwert zu berücksichtigen, den die Gruppendynamik für ihn hat. Dieser Stellenwert ist zweifellos hoch, aber er überragt doch nicht gleichsam alles andere. Man muß vielmehr beachten, daß die berufliche Praxis als Konfrontation der Organisation mit den Reaktionen der Menschen zu sehen ist. Innerhalb dieses Zusammenhangs (Systems) aktualisiert sich die Gruppendynamik. Konzentriert man sich, wie das im Augenblick Mode ist, auf die Gruppendynamik „als solche“, so verliert man die im Zweifel für den Einzelnen noch dominanteren Fragen der Beziehung zur Arbeit und zum organisatorischen Wandel aus den Augen.

3. Die Gruppendynamik befindet sich als Fach noch in der Pionierphase. Wie aus der Zeitschrift „Gruppendynamik“ zu ersehen ist, versucht man im deutschen Sprachgebiet, die in den USA (u. a. von Kurt Lewin) entwickelten Ansätze zu prüfen und durch eigene Analysen zu ergänzen.

So hat man, finanziert von der deutschen Forschungsgemeinschaft, im Institut für Psychologie an der Universität Bonn Untersuchungen über „Interaktionsdeterminanten" (speziell über die „Bedeutung der Aggressivität für das Gruppengeschehen und Auswirkungen der Abwehrmechanismen in frustrierenden Situationen" (Zeitschrift „Gruppendynamik" Februar 70) vorgenommen. Gerade weil die Gruppendynamik so sehr „in Mode" gekommen ist, muß man die wissenschaftliche Aktivität zur Klärung und Vertiefung der Sachfragen begrüßen.

4. Die Gruppendynamik befindet sich aber auch als Schulungsmethodik noch in der Anfangsphase. Eine Zusammenfassung dessen, was unter dem z. Z. Verfügbaren interessant ist, liefert Klaus Antons in seinem Buch „Praxis der Gruppendynamik, Übungen und Techniken" (Göttingen 1973, mit ausführlichen Literaturangaben). Während unsere Darstellung nicht auf Gruppenforschung angelegt ist, so hoffen wir doch, gerade von unserer praxisbezogenen Sicht einige aufschlußreiche Aussagen zur gruppendynamischen Pädagogik, speziell auch zum Verhalten des Trainers, geben zu können.

5. Wir gehen so vor, daß wir einmal das Sensitivity-Training als diejenige gruppendynamische Methode beschreiben und von unserer Sicht her bewerten, die offensichtlich – wie z. B. Artikel in der „Zeit" zeigen – Aufsehen erregt hat und weiterhin erregt. Anschließend geben wir eine an Beispielen veranschaulichte Übersicht über die weiteren Methoden, die mit dem Begriff „strukturierte gruppendynamische Übungen" vom Sensitivity-Training abgesetzt werden.

## 3.2. Das Sensitivity-Training

### 3.2.1. Gegenstand und äußerer Ablauf

Die bekannteste und umstrittenste Methode der gruppendynamischen Seminare ist das aus dem Amerikanischen übernommene sogen. „Sensitivity-Training". Andere Ausdrücke dafür sind Laboratory-Training und T-(Trainings-)group-Methode. Vom Begriff her läßt sich interpretieren, daß hier zwei Akzente gesetzt werden: Dieses Training soll für jeden Schulungsteilnehmer eine Verfeinerung und Differenzierung, gleichzeitig aber auch eine Abhärtung seiner Sensitivität bzw. seines sensiblen Gespürs bringen. Der Schulungsteilnehmer soll, vom geschilderten emotional bestimmten Lernvorgang mit anschließendem Sich-Bewußt-Werden her, seine Sensitivität gegenüber den vielfältigen psychologischen und soziologischen Einflußfaktoren erhöhen; gleichzeitig soll er aber auch lernen, gegenüber diesen Einflußfaktoren Kräfte des Widerstands zu mobilisieren. Er soll also z. B. merken, daß er sich beleidigt fühlt, daß er zornig wird, daß er sich revanchieren will. Er hat dann sofort diese Emotionen kritisch zu betrachten und zu werten. Er soll sich fragen bzw. merken, warum andere Teilnehmer ihn beleidigt und angegriffen haben; hat er sie etwa herausgefordert (verständlicher- oder auch unnötigerweise) oder sind sie aus ganz anderen Gründen aggressiv? Er hat sich dann zu überlegen, wie man aus dem Zirkel der negativ qualifizierten emotionalen Reaktionen in eine sachliche Auseinandersetzung eintreten kann. Diese Überlegungen werden Kräfte des Widerstands entwickeln, die ihn z. B. befähigen, gelassen gegen Äußerungen des Neides und der Mißgunst reagieren zu können, die ihn abhärten, die bewirken, daß gegen ihn gerichtete Angriffe „nicht so tief gehen".

Das Sensitivity-Training ist deshalb die bekannteste gruppendynamische Methode, weil ihm das Odium des Sensationellen, des „Prickelnden" und auch der gefährlich-geheimnisvollen Spannung anhaftet. Dies kommt nun wiederum daher, weil in diesem Training die gruppendynamischen Prozesse mit ihren psychischen Folgen für den Einzelnen mit besonderem Nachdruck provoziert und aufgedeckt werden sollen. Hiermit ist das Moment des Umstrittenen gleichfalls angesprochen. Es ist grundsätzlich die Frage nach der Grenze zu stellen. Es ist die Frage, ob man die Teilnehmer bewußt in die Lage bringen will, in der sie bis zu Zornesausbrüchen und (oder) zu Tränen gereizt werden können (oder sollen!? ). Es ist die Grenze zu sehen, die zwischen der Verfeinerung und Abhärtung der Sensibilität und des Erleidens eines lang anhaltenden oder sogar eines dauernden seelischen Schadens liegt. So sehr diese Grenze zu beachten ist, leicht zu ziehen, das muß man mit dem hier gebotenen Ernst sagen, ist sie häufig genug nicht. Das kommt einfach daher, weil das Sensitivitiv-Training von seinem Ansatz her nur dann seinen Zweck erfüllt und auch für die Zukunft der Teilnehmer nur dann eine bleibende Folgewirkung hat, wenn an gruppendynamischem Geschehen möglichst viel „passiert". Jedes Sensitivity-Training, darüber kann kein Zweifel bestehen, steht und fällt zunächst einmal damit, daß der größte Teil der Teilnehmer bereit ist, sich persönlich zu öffnen. Der Reiz, von sich erzählen zu wollen, muß stärker sein als die hemmende Reaktion des Sich-Zurückhaltens und des Sich-Sperrens (warum soll ich denen hier meine Gefühle und meine persönlichen Probleme aufdecken? ) Ohne Bereitschaft zum persönlichen Sich-Öffnen und damit zur Offenheit wird jedes Sensitivity-Training zu einem langweiligen und dem Einzelnen die Zeit stehlenden Unterfangen. „Es wird hier so viel von Gefühlen geredet, aber keiner ist engagiert", ist der Kommentar eines Gruppenmitglieds, mit dem eine solche Lage gekennzeichnet wird. Vom Rationalen will man ja gerade weg; emotionelles Engagement ist es, von dem der Lernprozess gespeist werden soll.

Es zeigt sich in einem solchen Training freilich meist recht bald, daß diejenigen Mitglieder, die „verschlossen" sind, sich einem stärker werdenden Druck ausgesetzt sehen, ihre Reserviertheit aufzugeben. Im Training sieht das z. B. so aus:

Ein Mitglied hat angeregt, daß jeder seine „persönliche Geschichte" erzählen soll. Er selbst beginnt damit. Das bedeutet dann, daß er auch auf die Schwierigkeiten und empfindlichen Punkte seines beruflichen und privaten Lebens zu sprechen kommt. Ist er zu Ende, wartet der Kreis, daß der nächste beginnt. Derjenige, der hier dann seine Festigkeit behalten will und diesem

Trend nicht zu folgen bereit ist, der muß schon sehr „stur“ , „naiv“, „bockig“ oder auch „stark“ sein (je nachdem wie man dessen Verhalten bewertet). Die Situation, in der alles schweigt und darauf wartet, bis der nächste sich überwindet zu reden, ist peinlich. Nicht selten erfindet ein solcher Teilnehmer, der jetzt „dran“ ist, lieber Scheinprobleme (wenn er seine wirklichen nicht sagen will), als beharrlich zu schweigen und damit in eine Außenseiterrolle zu gelangen. Verhaltensäußerungen wie dieses Erzählen der „persönlichen Geschichte“, seien sie freiwillig oder erzwungen, bringen dann Bewegung in die Gruppe oder in einen Teil der Gruppe. Nehmen wir an, ein Mitglied sträubt sich sehr lange dagegen, seine „persönliche Geschichte“ zu erzählen. Er gerät dadurch in eine Isolierung. Das Gespräch in der Gruppe geht fortan ohne ihn weiter. Es gibt dann meist Versuche von einzelnen Gruppenmitgliedern, den Außenseiter wieder zu integrieren. Dies kann gelingen, etwa indem der letztere sagt, warum er bisher so zurückhaltend gewesen ist.

Wichtig zu sehen ist, daß im Laufe des Sensitivity-Trainings jeder vom anderen ein bestimmtes Bild bekommt; und daß die Kommunikation sich auf der Basis dieser Eindrücke vollzieht, die jeder vom anderen hat. Kommen wir noch einmal auf die Berichte über die „persönliche Geschichte“ zurück. Einer hat erzählt, er habe zuerst Theologie studiert und sei schließlich in die Wirtschaft gegangen. „Haben Sie diesen Schritt noch nie bereut? “, fragt ihn ein anderer. „Nein“ ist die Antwort. „Ich könnte mir das aber doch denken“, setzt der andere nach, „ich finde, Sie sind weich und unsicher und die Wirtschaft ist kein Pflaster für Sie. Ich glaube nicht, daß Sie eine Karrieremöglichkeit haben“. “Woraus schließen Sie das denn“, fragt der „Theologe“ zurück. „Ich schließe das aus meinen Erfahrungen dieser drei Tage, in denen ich Sie hier erlebe. Immer wenn hier mal Entscheidungen anstehen, drücken Sie sich....“. Die Gruppe „erlebt“ in diesem Beispiel, wie eine Konfrontation entsteht. Man kann annehmen, daß eine solche Kontroverse weiter ausgetragen wird. (Etwa: „Sie kommen sich wohl furchtbar scharfsinnig vor“, „Scharfsinnig oder nicht; ich sage nur, was ich über Sie denke, ich habe in einer vorbereitenden Lektüre für diese Gruppendynamik gelesen, daß man offen sein soll“.... Empört: „Sie können meine Lage überhaupt nicht verstehen, ich spreche Ihnen jedes Recht ab, so zu urteilen......“.)

Es entsteht dann die Frage, wie man derartige Entwicklungen, die, um das noch einmal klarzustellen, die Grundlage für den Lernprozeß bilden, wieder ins Reine bringt. Wie bei der Darstellung der Gruppenarbeit wollen wir auch hier von den Prozessen der Selbstregulierung und der Steuerung (durch den Trainer) reden. „Ins Reine gebracht“ werden müssen nämlich die Gruppenbeziehungen wieder; unter Beachtung der Aufgabe, daß ein Teilnehmer, wie hier der „Theologe“, nicht mit einem Kollaps nach Hause oder in die psychotherapeutische Klinik geschickt werden muß.

Darauf wird noch zurückzukommen sein. Hier noch einige Bemerkungen über den äußeren Ablauf des Sensitivity-Trainings.

Zur Organisation des Sensitivity-Trainings ist zu sagen, daß die Gruppe zweckmäßigerweise 8 – 12 Schulungsteilnehmer umfassen sollte, zu der dann ein Trainer hinzukommt. Möglich wird ein Training ab 5 Personen. Zählt die Schulungsgruppe über 10 Personen, so kann, wenn man mit komplizierten Gruppenprozessen rechnen muß, die Hinzuziehung eines zweiten Trainers erwogen werden. Diese Maßnahme ist aber reiflich zu überlegen; es kann nämlich sein, daß mit zwei Trainern die Verkomplizierung der Gruppenprozesse herbeigeführt wird, die man gerade vermeiden will. Der Trainer selbst ist meist ein Psychologe, kann aber auch ein Vertreter verwandter Fachrichtungen sein (Pädagoge, Soziologe, Mediziner mit psychotherapeutischer Interessenrichtung). Die Festsetzung der Dauer des Trainings ist sachlich an die Frage zu knüpfen, wieviel Zeit benötigt wird, um die Lernprozesse im gruppendynamischen Training in Gang zu bringen und zum Erfolg zu führen. Da ein Erfolg nur eintritt, wenn im Seminar nach der für den Lernprozeß erforderlichen „Provokation" der Empfindlichkeit und Reizbarkeit eine Phase der Beruhigung und des gemeinsamen Gesprächs über die Gruppendynamik eingeschaltet wird, ist hierfür genügend Zeit vorzusehen. Es gibt Trainer, die als Minimum der Schulungsdauer 14 Tage fordern. Letztlich ist freilich die Zeit entscheidend, die durchschnittlich vom Arbeitgeber, der die Schulungsteilnehmer freistellen muß, als „passabel" akzeptiert wird; und hier scheint sich gegenwärtig der Zeitraum von 5 – 6 Tagen schon als Maximum-Wert herauszustellen. Der zeitliche Ablauf gliedert sich nach „sessions", wie die Amerikaner sagen, also nach Sitzungen, die etwa zwei Stunden dauern und woran sich Pausen bis 1/2 Stunde anschließen. Auch am Abend finden Sitzungen statt. Es bleibt dem Trainer überlassen, diese Sitzungen durch Übungen (Experimente) verschiedener Art aufzulockern. Diese Übungen können im Plenum, vor dem Plenum und auch unter Aufteilung der Gruppe in zwei oder drei Räumen stattfinden.

### 3.2.2. Steuerung und Selbstregulierung der Gruppe

Es ist nicht verwunderlich, daß sich das Sensitivity-Training als neue Schulungsmethode noch in der Entwicklung oder, wie man will, in der Bewährungsphase befindet. Es wird sich vor allem noch deutlicher ausprägen müssen, welche Stellung und Aufgabe der Trainer hat.

Im Augenblick sieht die Mehrzahl der Trainer ihre Aufgabe darin, sich sehr zurückzuhalten. Es ist charakteristisch, daß ein Trainer das Startzeichen zum Sensitivity-Training mit den dürren, aber inhaltsreichen Worten gibt: „Wir sind hier, um mehr von uns selbst und anderen zu lernen", und daß er dann schweigt und den gruppendynamischen Prozeß sich selbst überläßt. In Anlehnung an das kybernetische Modell läßt sich sagen, daß die Gruppe sich selbst regulieren soll. Der Trainer will möglichst nicht eingreifen und insbesondere keinen autoritären Druck ausüben. Die Teilnehmer sollen sozusagen gar nicht merken, daß er da ist. Unbeeinflußt vom Trainer, so ist die Intention, kann und soll sich die Gruppendynamik laufend vollziehen; und gleichzeitig kann und soll die Gruppe selbst Wege finden, Spannungen auszugleichen, Konflikte zu lösen, isolierte Mitglieder wieder zu integrieren, Führer zu „berufen" und auch wieder „abzuberufen" bzw. durch neue Mitglieder zu ersetzen. Ein besonderer Akzent ist dabei darauf zu legen, daß der Trainer die Gesprächsthemen nicht vorgibt. Gerade in Abkehr von dem organisatorischen Rahmen, in dem die Schulungsteilnehmer sich im Alltag befinden, sollen sie ihre Themen selbst bestimmen.

Allerdings hat man den Eindruck, daß die Trainer sich zu sehr zurückhalten. Die Selbstregulierung zu beobachten, das allein kann nicht der schweren und recht verantwortlichen Aufgabe des Trainers entsprechen. Ihm obliegt vielmehr primär die Steuerungsfunktion. Er muß (letztlich wie in der Gruppenarbeit) ständig bereit sein, von sich aus einzugreifen. Grundsätzlich ist also zu sagen: Der Trainer kann die Gruppe so lange ihren eigenen Selbstregulierungsvorgängen überlassen, so lange dies in Hinsicht auf die Lernziele für alle Gruppenmitglieder positiv und in Hinsicht auf die psychische Belastung der Einzelnen oder Einzelner tragbar erscheint. Der Trainer hat aber die Verpflichtung, dann sofort einzugreifen, wenn diese beiden Momente nicht mehr gegeben sind.
Die Selbstregulierungsvorgänge umgreifen durchaus psychische Härten für die jeweils Betroffenen und sollen dies unter dem Gesichtspunkt des Lernprozesses auch. Veranschaulichen wir uns das an einem Beispiel: Im Sensitivity-Training hat sich nach zwei bis drei Sitzungen ein „informeller Führer" herausgebildet. Er gab den Anstoß zur Besprechung eines Themas, dem die Gruppe zustimmte. Er fungiert nun als Diskussionsleiter. Je sicherer er in dieser Rolle geworden ist, so wollen wir annehmen, desto mehr hat er sich vom Diskussionsleiter in einen „Dozenten" verwandelt, der redet und die anderen nicht mehr zu Worte kommen läßt. Er erfaßt nicht, daß ein Teil der Gruppe nunmehr mit seinem Verhalten unzufrieden geworden ist. Er ist deshalb verblüfft, als er zwei Zwischenbemerkungen registrieren muß: „Merken Sie eigentlich gar nicht, daß nur Sie hier reden? " sagt einer; ein anderer ergänzt: „Sie merken wohl gar nicht, daß Ihr Thema keinen mehr interessiert, daß wir alle nur aus Höflichkeit zuhören? " Der so angesprochene „Dozent" muß schon psychisch abgehärtet sein, wenn er hier ruhig reagiert (etwa: „Ach so, ich überlasse Ihnen gerne das Feld..."). Wird er erregt oder scharf („Unterbrechen Sie mich doch nicht laufend!"), so kann es ihm passieren, daß er Provokationen etwa folgender Art „verdauen" muß: „Sie scheinen ja ein verkannter Professor zu sein, wir sind aber nicht Ihr Schüler"; „Praktizieren Sie jetzt Ihren Führungsstil, den Sie eben als ‚demokratisch' apostrophiert haben? " In einem solchen Fall kommt es jetzt darauf an, ob in der Gruppe selbst ein Mitglied oder eine Untergruppe eine Vermittlungsposition einnimmt und die Lage wieder entspannt. So kann etwa wie folgt reagiert werden: „Wir wollten unseren „Dozenten" nicht ungerecht beurteilen. Er hat uns als Gruppe wichtige Impulse gegeben; er hat sich dann etwas vergalloppiert". „Er hat sich nicht einmal vergalloppiert. Er hat uns die Impulse gegeben; und weil wir passiv blieben, hat er immer wieder das Risiko des Gesprächsanfangs übernommen". Eine solche Schützenhilfe wird dem „Dozenten" wieder das Selbstbewußtsein zurückgeben; wir hätten hier einen typischen Vorgang der Selbstregulierung vor uns, und der Trainer kann in seiner Beobachtungsfunktion verharren.

Eine andere Situation ist allerdings gegeben, wenn, um bei unserem Beispiel zu bleiben, der Gegensatz des „Dozenten" zu seinen Kritikern immer härter

würde und er keine Unterstützung durch andere Gruppenmitglieder erhielte. Auch in solcher Lage entstehen in der Trainingsgruppe immer wieder Ansätze zur Selbstregulierung. Diese sind jedoch heikel und der Trainer muß stets aufmerksam sein, ob er zur Entlastung des Betroffenen einzuschreiten hat. Diese Regulierungsansätze sind deshalb heikel, weil sie, sicher zunächst ungewollt, darauf hinauslaufen, daß der Angegriffene und Isolierte zu einer Beichte mit Schuldbekenntnis gebracht wird. „Sehen Sie denn nicht ein, daß Sie so in der Gruppe nicht ankommen? “ „Sehen Sie nicht ein, daß Sie sich so nicht durchsetzen können? “ So etwa wird der „Dozent“ gefragt. Unterstellen wir, er würde entgegnen, er sei über die Haltung der Gruppe konsterniert, er verstehe sie nicht. Es können dann Nachhakfragen folgen, die ihm selbst zu Bewußtsein bringen sollen, warum er sein falsches Verhalten und die Reaktion der Gruppe nicht begreift.
Derartige Zusatzfragen werden sicher als „Hilfe zur Selbsthilfe“ gegeben, enthalten jedoch dem nun einmal spannenden Gegenstand entsprechend auch ein Element der Neugierde. Nehmen wir noch an, unser „Dozent“ sei bei aller nach außen gezeigten Sicherheit im Grunde seines Wesens recht unsicher. Man wird dann ermessen, was Zusatzfragen wie die folgenden für ihn bedeuten: „Ist es so, daß Sie sich als Manager bisher immer so verhalten haben, weil Sie auf Ihre Machtposition gebaut haben“, „...weil Sie wissen, daß Ihre Mitarbeiter von Ihnen abhängig sind? “ Unser unsicherer „Dozent“, so kann man sich vorstellen, wird ein nachdenkliches Gesicht machen, in dem sich mehr und mehr ein Schuldbewußtsein spiegelt. Er denkt, daß das ja wirklich so sein kann oder könnte oder doch evtl. sein könnte und er äußert das dann auch. „Wenn Sie sich so als Manager verhalten haben, dann ist Ihre Abteilung im Vergleich zu den anderen doch immer wenig effektiv gewesen? “ Wieder setzt sich bei dem „Dozenten“ (wie bei einem Menschen, der fürchtet, gefährliche Krankheiten zu haben) der Verdacht fest, daß dies so sein könnte. „Wenn Sie sich als Manager so verhalten haben, dann sind Ihnen doch die guten Leute immer weggelaufen“, „.....dann können Sie sich doch keinen vernünftigen Stellvertreter nachgezogen haben“. Bei jeder dieser Nachhakfragen rastet bei dem immer unsicherer werdenen „Dozenten“ der Schalter ein, daß das ja alles (vielleicht ja doch, so ungefähr, so in etwa) stimmt. Eine derartige „Hilfe zur Selbsthilfe“ pflegt dann nach einem (evtl. auch teilweisen) „Schuldbekenntnis“ des Betroffenen (in unserem Beispiel: des „Dozenten“) damit zu enden, daß die Gruppenmitglieder diesen „wieder aufbauen“. Damit entlasten sie dann gleichzeitig ihr Gewissen, ihn in eine Ecke manövriert zu haben. Ein solcher Selbstregulierungsprozeß muß bereits als sehr an der Grenze des Tragbaren bezeichnet werden. Es wäre sinnvoller, wenn der Trainer schon mit abstrahierender Erklärung des Gruppengeschehens und mit leichter Unterstützung für den Betroffenen den im Gange befindlichen, aber lang anhaltenden Selbstregulierungsprozeß der Gruppe (weil er doch unter erschwerter Bedingung für einen Partner vor sich geht) durch steuerndes Eingreifen beschleunigt. Mit Sicherheit muß der Trainer intervenieren, wenn der Betroffene nicht die Kurve zum „Schuldbekenntnis“ findet, wenn er sich (bei steigender innerer Unsicherheit und Erregung) in eine Verteidigung begibt, die immer unsachlicher wird.

Der Trainer muß also abwägen, wie weit er einen oder auch mehrere Teilnehmer in Situationen beläßt, in denen ihre Empfindlichkeit und Reizbarkeit auf recht harte Probe gestellt und damit dann auch sehr direkt im Sinne des „Merkens“ und des „Sich Abhärtens“ trainiert werden. Die Teilnehmer sollen lernen, psychische Konflikte durchzustehen. Der Trainer muß aber ein Gespür dafür entwickeln, wann dieser psychische Konflikt so schwer wird, daß sie ihn allein nicht mehr bewältigen können. Es genügt dabei oft schon ein kurzer steuernder Hinweis, um den Selbstregulierungsprozeß wieder in Gang zu setzen. Denken wir uns das genannte Beispiel in der Weise fortgesetzt, daß der „Dozent“ sich mit einem Partner besonders verbunden wüßte, daß dieser Partner ihm auch immer geholfen hat; daß er aber nun auf einmal erleben muß, daß auch dieser auf die Seite der Gruppe umschwenkt. Damit fühlt sich der „Dozent“ vollends isoliert und wirft voller Empörung darüber diesem Partner vor, er habe ihn im Stich gelassen. („Ein feines Verhalten von Ihnen, diesen Opportunismus hätte ich Ihnen nicht zugetraut“.) Der Partner sucht nun sein Verhalten zu rechtfertigen; er wird etwa sagen, er sei keineswegs Opportunist, er habe ihm, dem „Dozenten“, während mehrerer Sitzungen immer wieder beigestanden, obwohl dessen Rechthaberei auch ihm längst zuviel geworden sei. Er habe ihm mehrfach Brücken gebaut, um über einen Kompromiß zur Auflösung der Konflikte zu gelangen; er könne ja verstehen, daß der „Dozent“ jetzt das Gefühl habe, im Stich gelassen zu sein, er hätte es aber nicht beabsichtigt. Er sei einfach nach den vielen Versuchen, auf einen Ausgleich hinzuwirken, vom Verhalten des „Dozenten“ enttäuscht und irritiert worden („das hat mich einfach umgeworfen“); deshalb habe er nur die Lösung gesehen, mit den anderen gemeinsam ihm das fehlerhafte Verhalten vor Augen zu führen.

In einem solchen Fall ist es günstig, wenn der Trainer eingreift und dem „Dozenten“ etwa erklärt, er müsse beachten, das sein Partner „irritiert“ sei; und das heiße in diesem Zusammenhang, der Partner habe ihm helfen wollen, er habe aber durch sein als starr und kompromißlos wirkendes Verhalten seinem Partner unlösbare Rätsel aufgegeben („Das habe ihn, wie er sagt, einfach umgeworfen“). Der Partner wird dieser Deutung des Trainers beipflichten; und für den „Dozenten“ kann das Begreifen dieses Vorgangs und das Erkennen der prinzipiellen Hilfsbereitschaft des Partners maßgebend sein, um seinerseits den Konflikt zu überwinden.

Wenn es uns auch darauf ankommen muß, die Steuerungsfunktion des Trainers gerade von schwierigen konfliktbeladenen gruppendynamischen Vorgängen her zu beleuchten, so soll doch nicht übersehen werden, daß diese Steuerung gleichzeitig in einfachen, aber zum richtigen Zeitpunkt einzusetzenden Hilfsleistungen bestehen muß. So kann es z. B. leicht vorkommen, daß gerade zu Beginn des Trainings ein Teilnehmer sich durch mehrere Themenvorschläge engagiert, die aber kein Echo finden oder sogar verlacht werden. Dieser Teilnehmer kann dadurch „verunsichert“ sein und sich „in sein Schneckenhaus“ zurückziehen. Verharrt er über einige Zeit in diesem Zustand, dann ist es angemessen, wenn der Trainer ihm mit einer geschickten Frage hilft, sich als dazugehörig zu betrachten. Weiterhin hat der Trainer zu beachten, daß diejenigen nicht „untergebuttert“ werden, die langsam in ihren Formulierungen sind. Die Erfahrung zeigt, daß diese Teilnehmer häufig interessante Thesen entwickeln könnten, daß sie aber gar nicht dazu kommen, da längst schnell reagierende dazwischenfunken und das Thema auf sich beziehen und in eine andere Richtung lenken. Die Selbstregulierung tendiert dabei durchweg in die Richtung, die von denjenigen bestimmt wird, die „schnell bei der Hand" sind.

Zur Steuerung der Gruppendynamik durch den Trainer, das ist noch zu betonen, gehört die Verpflichtung, dafür zu sorgen, daß der Rationalisierungsprozeß der emotionalen Erfahrungen wirklich einsetzt. Der Trainer muß Hilfestellung leisten, daß die Gruppenmitglieder sich das Erlebte ins Bewußtsein heben. So könnte es z. B. erforderlich sein, den „Dozenten" darauf hinzuweisen, daß er zwar sehr empfindlich gegenüber Kritik ist, daß es ihm selbst aber offenbar nicht viel ausmache, andere grob vor den Kopf zu stoßen oder ironisch abzuqualifizieren.

### 3.2.3. Sinn und Grenzen des Sensitivity-Trainings

Die Dynamik, der wir uns heute im wirtschaftlichen und gesellschaftlichen Leben generell gegenübersehen, muß sich vor allem im Geflecht der menschlichen Beziehungen konkretisieren. Das Sensitivity-Training als Schulungsmethode hat den Sinn, dem Menschen diese Gruppendynamik besonders „hautnah", nämlich über sein Gespür, über seine Gefühle und Empfindungen, und damit eben nicht primär über seinen Intellekt, zu zeigen. Wir sagten, daß der Einzelne lernen soll, seine Sensibilität, sein Empfindungsvermögen, seine „Antennen" für die Wünsche und Interessen, für die Sympathien und Antipathien, für die Hemmungen und Konflikte der anderen Gruppenmitglieder zu stärken und gleichzeitig seine eigene persönliche Empfindlichkeit im Sinne des schnell Beleidigt-, Aufgebracht-, Empört-Seins –mit der damit sofort entstehenden Gefahr des Unsachlich-Reagierens – abzuhärten und zu beherrschen. Auf dieser Basis soll diese Methode den Menschen befähigen, die in der Gruppendynamik liegenden Spannungen zu bewältigen und in der Gruppe positiv zu wirken.

In den arbeits- und berufsorientierten zwischenmenschlichen Beziehungskomplexen spielt die Gruppendynamik für den Einzelnen eine nicht geringere Rolle als in seinem privaten Lebensbereich. Auch im Rahmen der beruflichen Weiterbildung ist deshalb das Sensitivity-Training eine interessante Schulungsmethode.
Der Sinn dieses Trainings läßt sich deutlich genug an der Situation eines höheren und einflußreichen Vorgesetzten veranschaulichen. Mit zunehmender beruflicher Karriere bekommt er immer weniger Kritik. Er ist immer mehr von Personen umgeben, die sich nicht trauen, ihm gegenüber offen ihre Meinung zu sagen. Es ist daher leicht möglich, daß dieser den Blick dafür eingebüßt hat, wie er selbst nach außen hin wirkt. Ist er im Sensitivity-Training mit Personen zusammen, die ihn nicht kennen und ihm nicht „unterstehen", dann bekommt er seine Verhaltensfehler recht nachdrücklich „unter die Nase gerieben". (Etwa: „Sie können wirklich nicht mehr zuhören, ich habe Sie schon dreimal dasselbe gefragt, aber Sie fahren in Ihrem Monolog fort"). Er wird u. a. auf einmal merken, daß er von den anderen nicht anerkannt und in eine Außenseiterrolle gedrängt ist; eine Lage also, die er zehn oder zwanzig Jahre nicht mehr zu erfahren brauchte, da die Macht

seiner hierarchischen Position ihm stets eine Anhängerschaft garantiert hat. Er wird mit oder ohne Hilfe des Trainers zu der Einsicht gelangen, daß ihn keine ungehaltene oder sogar wütende Reaktion, sondern nur Gelassenheit und bewußtes Eingehen auf den Anspruch der Gruppe aus seiner Isolierung herausführen kann. Wie jeder Teilnehmer am Sensitivity-Training, so soll dieser Vorgesetzte also gleichsam „geläutert" wieder in seinen beruflichen Bereich und in die hier bestehende Gruppendynamik zurückgehen. Bereichert von den nunmehr in seine Ratio aufgenommenen emotionalen Lernprozessen soll er seine Mitarbeiter zur Offenheit ihm gegenüber geradezu provozieren und ihnen gleichzeitig das Gefühl geben, daß sie für diese Offenheit nicht nachher, z. B. durch Abschieben auf ein „totes Gleis", bestraft werden. Er soll im Sensitivity-Training das Gespür dafür gestärkt oder zurückerhalten haben, was es heißt, in einer offenen, befreiten – und nicht bedrückten – Gruppenatmosphäre zu sein. Er soll spontan merken („erkennen"), wann in der Konferenz ein gepreßtes und belastendes Klima entstanden ist, in dem keiner mehr gut zu „atmen", d. h. schöpferische Ideen zu entwickeln und ohne Scheu vorzubringen vermag. Er soll nach erfolgreicher Teilnahme am Sensitivity-Training erkannt haben, daß er sich bei den bisherigen Konferenzen falsch verhalten hat, daß er (ohne daß ihm das danach bewußt gewesen ist) kein „Motivator", sondern ein Hemmschuh für eine fruchtbare Diskussion war. Er soll ferner besser als bisher wissen, was Kooperation heißt, was ein partnerschaftliches Gespräch und was Toleranz gegenüber dem Mitarbeiter ist. Er soll sich neu oder mehr Gedanken darüber machen, welche Belastung das hierarchische System für jeden Mitarbeiter bedeutet (das ist aus den Gesprächen im Sensitivity-Training offenbar geworden); und er soll gleichzeitig deutlicher als bisher erkennen, daß die Menschen unterschiedliche, aber oft überraschende Begabungen haben, daß sie bereit sind zur Übernahme eigener Verantwortung und zum Einsatz ihrer Leistungsbereitschaft, wenn die Arbeit für sie interessant und beherrschbar ist. Sind diese „Soll"-Sätze wirklich zum „Ist" geworden und regen sie ihn zum Neudurchdenken seines Führungsverhaltens weiterhin an, dann hat das Sensitivity-Training seinen Sinn erfüllt.

Es ist also durchaus sinnvoll, das Sensitivity-Training als Schulungsmethode innerhalb der beruflichen Weiterbildung einzusetzen. Es ist allerdings hinzuzufügen, daß dies nur dann gilt, wenn die Grenzen zu speziell psychoanalytischen und hierauf aufbauenden psychotherapeutischen Zielsetzungen beachtet und eingehalten werden.

Es kommt hier ganz entscheidend auf die anthropologische Sicht, auf die Vorstellung vom Menschen und vom Zusammenleben der Menschen generell an, von der aus Sinn und Nutzen dieser Schulungsmethode diskutiert werden müssen. Es ist für uns selbstverständlich, daß der Mensch der heutigen Zeit in vielen sozialen und psychischen Spannungsfeldern steht, daß er leicht in Konflikte geraten kann, daß er teils erhebliche Schwierigkeiten hat, aus einer Gesellschaft des Mangels in die des Konsums überzuwechseln. Im Arbeits- und Berufsleben, dem haben wir bei Entwicklung und Auswahl unserer Fallstudien Rechnung getragen, zeigen sich für die Einzelnen diese Momente mit Sicherheit noch viel stärker als in seinem privaten Lebensbereich. Um das kurz mit dem heute gängigen Wort zu sagen: Wir befinden uns keineswegs in einer „heilen Welt". Es kann auch kein Zweifel darüber bestehen, daß die Menschen heute erheblich gefährdeter sind als früher; daß sie in der Gefahr sind, durch die Spannungen und Konflikte, durch die harten Leistungsanforderungen und den Streß so zerrieben zu werden, daß sie seelisch erkranken und den dafür inzwischen etablierten Arzt aufsuchen, nämlich den Psychotherapeuten; worunter diejenigen Fachkräfte zu verstehen sind, die eine mehr oder weniger intensive psychoanalytische (tiefenpsychologische) Vorbildung haben. Dennoch, und das muß genauso deutlich gesagt werden, kann man nicht „den Menschen" heute grundsätzlich als „Patienten" des Psychotherapeuten sehen. Zwar kann kein Mensch, schon wegen der geschilderten Situationskomplexe, in denen er sich befindet, seelisch so „normal" sein, daß er nicht Ängste und Hemmungen hätte, und daß er nicht Schwankungen in seinem Gestimmt-Sein ausgesetzt wäre. Man kann ihn aber deswegen nicht von Stereotypen wie „wer ist denn schon normal? " oder „wir sind alle neurotisch" als reif für die Psychotherapie einstufen; eine Haltung, die gerne von „Amateur-Psychoanalytikern" vertreten wird, die selbst dieser Therapie am meisten bedürfen.

Solche „Amateur-Psychoanalytiker" pflegen leider als Teilnehmer in einem Sensitivity-Training eine gewisse Rolle zu spielen. Sie melden sich nämlich mit Vorliebe an. Sie sind neugierig, was denn in diesem Seminar wohl alles an aggressiven und darüber hinaus an geheimnisvollen Reaktionen bei sich und den anderen zutage treten wird. Sie sehen eben sich und die anderen als Patienten und bringen eine starke psychoanalytische Note in die Gruppendynamik. Unser „Dozent", wenn wir seine Situation zur Veranschaulichung herausgreifen, wird sich von ihnen Fragen wie die folgenden gefallen lassen müssen: „Haben Sie selbst autoritäre Vorgesetzte gehabt? ", „War Ihr Vater autoritär? ", „Hatten Sie eine Stiefmutter? ". „Hatten Sie Geschwister, die tüchtiger waren als Sie? ", „War ein Lehrer für Sie Vorbild, der keinen Widerspruch duldete? ". Je nachdem, wie emotional „aufgeheizt" die Atmosphäre in der Gruppe geworden ist und wieweit die „Amateur-Analytiker" ihre Hemmungen verloren haben, können auch Fragen kommen wie: „Leben Sie sexuell normal? ", „Haben Sie Potenzstörungen? ", „In welchem Alter hatten Sie den ersten Geschlechtsverkehr? ", „Hatten Sie dabei Schwierigkeiten...... welche? "

Die Problematik, die in solchen und ähnlichen Fragen von „Amateur-Psychoanalytikern" erkennbar wird, das ist die Übertreibung, alle Spannungen und Schwierigkeiten im individuellen und zwischenmenschlichen Leben von der Sphäre des „Unbewußten" her ergründen zu wollen. Um, wie wir es ausgedrückt haben, die „Soll"-Sätze im Führungsverhalten und in der Kooperation zum „Ist" werden zu lassen; um die Teilnehmer im Sensitivity-Training zur „Läuterung", zum Nachdenken über ihre Fehler zu bringen, dazu bedarf es bei allen, die trotz partieller psychischer Krisenerscheinungen keine „Patienten" sind, nicht unbedingt und sicher nicht primär der Psychoanalyse. Wenn die Führungskräfte z. B. über die gruppendynamischen

Vorgänge merken sollen, daß sie zu sehr betriebswirtschaftlich und zu wenig an die Bedürfnisse der Mitarbeiter gedacht haben, daß sie die Einwirkung der Organisation auf die Mitarbeiter unterschätzt und die Bereitschaft derselben zur Umstellung überschätzt haben, da wird man nur bei wenigen „tiefen"-psychologische Kindheits- und Jugend-Frustration, „Libidinöse Objektbesetzung" und fehlgeleitete Aggressionen analysieren müssen. Geschieht das grundsätzlich, werden also die Teilnehmer in psychoanalytische Verfahren hineingezogen, die ihrer nicht bedürfen, so ist einmal die Gefahr, daß sie unnötig verunsichert werden – und daß ihnen zum anderen bewiesen wird, wie „neurotisch" sie („wie wir alle") sind. Die Teilnehmer müssen schon eine starke Konstitution haben, um hier humorvoll zu reagieren.

Die „tiefen"-psychologische Orientierung lenkt den Blick von den naheliegenden Problemen ab, mit denen der Einzelne sich täglich befassen muß und die ihn in Wirklichkeit unsicher machen, nämlich das ständige Sich-Bewähren-Müssen in einer sich laufend verändernden Situation. Mit der Theorie des „Unbewußten", so bahnbrechend sie war, ist heute die große Gefahr verbunden, daß eine neue Ideologie fixiert wird. Wie im Marxismus die „Dialektik" bemüht wird, wenn eine plausible Erklärung das Gegenteil dessen herausstellen würde, was gerade bewiesen werden soll; so wird – wenn wir nicht sehr aufpassen – der psychologische Trend dahin gehen, gerade dann alles vom „Unbewußten" her erklären zu wollen, wenn man das, was klar auf der Hand liegt, nicht sehen will.

Worauf es ankommt, das ist, auf eine bewußte und strenge Trennung zwischen dem Sensitivity-Training als einem für alle geltenden Mittel zum Zweck der beruflichen Weiterbildung und einem solchen Training als „Instrument" psychoanalytischer und psychotherapeutischer Ansätze hinzuwirken. Für den Psychotherapeuten kann das Sensitivity-Training ein recht willkommenes Mittel sein, seine Patienten zu heilen oder mindestens den Heilungsprozeß in Gang zu setzen. Hier sind dann auch die Methoden angebracht, die darauf abzielen, alles dem Patienten ins Bewußtsein zu heben, was ihn in seinem „Unbewußten" belastet. Das übliche Sensitivity-Training aber, in dem Führungskräfte und Sachbearbeiter aus Industrie und Verwaltung zwecks beruflicher Weiterbildung versammelt sind, das hat gerade den Sinn, bei jedem Teilnehmer die natürlichen Widerstandskräfte gegen seelische Krankheiten zu entwickeln, zu formen, zu ‚stählen. Das „übliche" Sensitivity-Training hat den Sinn, den Schulungsteilnehmern die Hilfen zu geben, von sich aus mit den Spannungsfeldern und Konflikten fertig zu werden, ohne einen Psychotherapeuten und dessen Spezial-Seminar aufsuchen zu müssen.

Aus unseren Überlegungen zu Sinn und Grenzen des Sensitivity-Trainings wird erneut deutlich, daß der Trainer die eigentliche Schlüsselfigur ist. Letztlich liegt es an ihm, ob dieses Training als Methode der beruflichen Weiterbildung richtig oder verfehlt angewandt wird. Letztlich liegt es an ihm, ob er die anthropologische Grundhaltung hat, den Teilnehmern den Gang zum Psychotherapeuten zu ersparen, oder das Seminar als psychoanalytisches Experimentierfeld zu sehen.

Das heißt natürlich nicht, daß ein Psychotherapeut nur Arzt seiner Patienten und kein Trainer eines „üblichen“ Sensitivity-Trainings sein könnte. Das Gegenteil ist der Fall. Man kann es – zunächst jedenfalls – nur erfreut zur Kenntnis nehmen, wenn ein Mann mit seiner Vorbildung sich als Trainer zur Verfügung stellt. Er vermag wie kein anderer zu erkennen, wann psychoanalytisch qualifizierte Fragen und Faktoren hervorbrechen oder aufgedeckt werden und welche klärenden Worte jetzt notwendig sind. Er vermag am besten zu erkennen, wann psychische und soziale Prozesse mit therapeutischer Relevanz sichtbar werden; wann die Grenzen erreicht sind, jenseits denen labile Personen in die Nähe eines psychischen Zusammenbruchs gelangen und wann deshalb die entsprechenden Bremsen zu ziehen sind. Er vermag damit auch am besten den „Amateur-Analytikern“ beizukommen. Um auf unser Beispiel zurückzugreifen: Er wird den richtigen Zeitpunkt wissen, wann er durch steuernden Eingriff den Selbstregulierungsprozeß der Gruppe unterbricht, etwa indem er die „Amateur-Analytiker“ stoppt: „Was würden Sie empfinden, wenn man Ihnen solche Fragen stellte – im übrigen sollten Sie so fragen, daß der andere von sich aus, wenn er will, von seinem Elternhaus und von seinem Beruf erzählt“.

Freilich vermag man an der Sicht von Psychoanalytikern bisweilen schon zu zweifeln. Man lese folgende Darstellung:
„Ein Lehrer. Er weiß nicht mehr richtig, ob das Sinn hat, woran er glaubt. Deshalb will er unbedingt, daß seine Schüler ihn in seinen Idealen bestätigen. Er fühlt sich einsam und verloren. Also will er unbedingt, daß seine Schüler ihn benötigen und gern haben, um dadurch seine Vereinsamkeitsbefürchtungen beschwichtigen zu können. Er fühlt sich schwach und klein. Also will er unbedingt, daß seine Schüler ihn sehr ernst und wichtig nehmen, damit er wieder an seine Stärke glauben kann..... Irrationalerweise haßt er die Schüler dafür, daß sie ihm etwas abschlagen, worum er sie gar nicht offen gebeten hat (ihn in seinen Idealen bestätigen). Die Schüler wiederum ärgern sich über ihn, weil sie mit ihren Bedürfnissen zu kurz kommen. Sie spüren, daß der Lehrer unter dem Einfluß seines eigenen Problems mit ihnen nur irgend etwas machen will, was für ihn selber wichtig ist. Er verlangt, daß die Schüler sein Weltbild als objektiv richtig übernehmen, um seine Selbstzweifel zu beschwichtigen..... alle seine verdrängten Wünsche setzen sich in maskierter Form (über Strafe und Gehorsam) dennoch durch. Die Maskierung gibt ihnen aber eine ausgeprägte sadistische Färbung. Um so weniger fühlen sich die Schüler angesprochen, die eigentlichen Bedürfnisse des Lehrers zu erfüllen. Sie fühlen sich im Gegenteil gezwungen, sich gegen dessen irrationalen Druck auf die eine oder andere Art zu wehren“. (H.E.Richter, ‚Die Gruppe‘; Hoffnung auf einen neuen Weg, sich selbst und andere zu befreien, Reinbek bei Hamburg 1972 S. 21 f.)

Dies ist durchaus als eine interessante und aufschlußreiche tiefenpsychologische Analyse zu werten. Stutzig wird man jedoch, wenn man gleichzeitig erfährt, diese Situation sei „hier eben nicht als klinischer Spezialfall gedacht“, sie sei vielmehr „eine modellhafte Manifestation eines zeittypischen Grundkonfliktes der zwischenmenschlichen Interaktion.... Was dieser Lehrer probiert, haben außer ihm eine Vielzahl anderer Lehrer, Ausbilder und

Chefs, unzählige Väter und Mütter, hat die ältere Generation mit der jüngeren schlechthin versucht.... Die Tatsache, daß die Mächtigen in Wirklichkeit selber innerlich schwach sind und ihre Partner nur zur Niederhaltung ihrer eigenen Verzweiflung mißbraucht haben, mindert nicht die Verantwortung für ihr Scheitern. Die allenthalben durch Rationalisierung verdeckten sadomasochistischen Elemente in vielen Strukturen unseres Zusammenlebens sind aufgebrochen und haben fürs erste profunde Zweifel daran geweckt, ob und wie man miteinander überhaupt noch etwas positives anfangen kann" H.E. Richter, a.a. O., S. 21-23). Wenn ein Psychoanalytiker Vokabeln wie „eine Vielzahl", „unzählige", eine Generation „schlechthin" benutzt, meint er dann wirklich auch wie die „Amateur-Analytiker", daß „alle" Patienten des Psychotherapeuten sind? Wenn das so wäre, müßte er dann als Trainer im Sensitivity-Training nicht bestrebt sein, „allen" vor Augen zu halten, daß sie „einsam und verloren", „schwach und klein" sind, daß sie „unbedingt ernst und wichtig genommen werden" wollen, daß sie als Vorgesetzte ihre Mitarbeiter „irrationalerweise hassen", weil in ihren Beziehungen zu diesen Mitarbeitern „verdeckte sadomasochistische Elemente" stecken. Müßte ein solcher Psychotherapeut nicht bestrebt sein, „allen" ins Bewußtsein zu bringen, daß sie als Vorgesetzte ihre Mitarbeiter „nur zur Niederhaltung ihrer eigenen Verzweiflung mißbrauchen"? –

Man kann nur hoffen, daß ein Psychoanalytiker eine solche Verallgemeinerung mit den dann zwangsläufig folgenden Konsequenzen für ein Sensitivity-Training nicht will. Dennoch bekommt man angesichts solcher Charakterisierungen ein ungutes Gefühl. Wir sagten, daß man grundsätzlich erfreut sein muß, wenn Psychotherapeuten im Sensitivity-Training als Trainer fungieren wollen. Gleichzeitig muß man jedoch diese Psychotherapeuten zur Vorsicht mahnen. Ein Missionseifer, anstelle der natürlich dann gleichzeitig für abgesetzt erklärten Theologen den Menschen durch Provokationen zu beweisen, daß sie Sünder sind und daß sie nur durch die Psychotherapie als einer Heilsmethode zur Seligkeit (auf Erden) geführt werden können, der schadet mehr, als daß er helfen würde.

Verantwortlicher Trainer in einem Sensitivity-Training zu sein, das ist eine schwere Aufgabe. Mit Sicherheit sind solche Trainer gefragt, denen es letztlich „um den Menschen" im ethisch-humanitären Sinne geht. Zur Auswahl der Trainer – für ein Sensitivity-Training, das innerhalb der beruflichen Weiterbildung seinen Platz hat und entsprechend für „alle" offen sein muß – ist deshalb ihre Vorbildung zwar wichtig, entscheidend ist aber die in der Praxis nachgewiesene Qualifikation über den Umgang mit dem Menschen und das Engagement für den Menschen.

### 3.2.4. Übungen

Es ist nicht von vornherein garantiert, daß in einem Sensitivity-Training wirklich die Dynamik entsteht, die erforderlich ist, damit die Teilnehmer überhaupt zu lernen vermögen. Es kann durchaus eine gähnende und lähmende Langeweile aufkommen. Von hier aus hat sich die Notwendigkeit ergeben, daß der Trainer Übungen bereithalten muß, mit denen er den gruppendynamischen Prozeß zu aktualisieren und zu mobilisieren vermag. Offensichtlich hat sich in der Praxis das Interesse an Übungen laufend weiter verstärkt. Es lassen sich jedenfalls, über die Impulsgebung und Aktualisierung der Gruppendynamik hinaus, noch zwei weitere Grundtypen von Übungen erkennen; mit ihnen sollen einmal die Reflexion der Seminarteilnehmer angesprochen und zum anderen ihre emotionalen Erlebnisse intensiviert werden.

Es gibt eine Vielzahl von Übungen. Es ist dabei charakteristisch, daß jeder Trainer (was sehr verständlich ist) sich darum bemüht, „neues" zu bringen; was meist bedeutet, daß er Übungen, die er vorfindet bzw. die sich „herumsprechen", abwandelt oder auch kombiniert.

Es muß der Verantwortung des Trainers überlassen bleiben, welche Übungen er in welcher Situation und zu welchem Zeitpunkt verwenden will. Er muß sich jedoch dessen bewußt sein, daß er bei dem dritten Übungstyp, der auf die Intensivierung des Erlebnisses zielt, die Grenzen zum psychoanalytischen Experiment und zur Zumutbarkeit für den Teilnehmer zu beachten hat. In jedem Fall ist der Trainer gut beraten, wenn er darauf sieht, daß nach jeder Übung eine Besinnungspause eingelegt wird. In ihr ist dann in einem Gespräch unter der Überschrift „was haben wir gelernt? " die Übertragung des Emotional-Erlebten in die Sphäre der Ratio zu vollziehen. Dieses Gespräch soll dabei unter betonter innerer Lösung eines jeden von der Übung und von der Gruppendynamik überhaupt vor sich gehen.

Einige Übungen der drei genannten Grundtypen sind hier mit einigen Kommentaren zu beschreiben:

1. Übungen zur Mobilisierung und Aktualisierung der Gruppendynamik

Die hervorstechendste ist

a) *die Verwendung der Fallstudie*
Der Trainer bemüht sich darum, den Impuls zu den gruppendynamischen Vorgängen über die gemeinsame Lösung einer Sachaufgabe zu bekommen. Man verfährt dabei in der Regel so, daß die Gruppe in zwei Untergruppen gegliedert wird; jede erhält dann einen Fall zur Bearbeitung. Alle von uns bei der Besprechung der Fallstudie dargestellten sozialen Prozesse sollen hier gruppendynamisch ausgewertet werden. Dies gilt zunächst für die Frage, was denn in einer Untergruppe „passiert"; und dies gilt dann für die Diskussion des Berichtes, den der Gruppensprecher der einen Untergruppe dem Plenum (das von der zweiten Untergruppe repräsentiert wird) vorträgt. Anschließend präsentiert die zweite Gruppe ihre Lösung, die dann mit der ersten Untergruppe als kritisches Auditorium diskutiert wird.

Die Bearbeitung der Fallstudien in dieser Art der „Intergruppen-Experimente" zeigt nicht unbedingt „sensationelle" gruppendynamische Enthüllungen; sie erfüllt aber mit ihrem deutlichen Bezug zum beruflichen Alltag ihren Zweck. Es wird sichtbar, welche psychischen und sozialen Spannungen bestehen und welche Koordinations- und Kooperationserfordernisse notwendig erfüllt sein müssen, damit eine Sachaufgabe zum Erfolg gebracht werden kann. Speziell die Wettbewerbsvorgänge sowie das Sich-Bilden und Sich-Wandeln von Führerrollen sind zu erkennen. Es wird vor allem sichtbar, daß in einer (auch latent-) konfliktbelasteten Atmosphäre eine Sachaufgabe erst dann gelöst zu werden vermag, wenn die Agressionen abreagiert wurden, wenn die oppositionellen Meinungen zunächst einmal aufeinandergeprallt sind, wenn die Konflikte ausgetragen wurden. Die Atmosphäre muß also zunächst bereinigt sein, ehe eine zielorientierte Kooperation zustandekommen kann. In einer bereinigten Atmosphäre entsteht auch unter den Gruppenmitgliedern eine Übereinstimmung über die Gruppennormen; das wiederum bewirkt, daß die Gruppe bereit ist, denjenigen als Führer zu inthronisieren, der in dieser Situation der geeigneteste ist. Dieser wird dann seinerseits bereit sein, seine Führerrolle abzugeben, wenn eine neue Situation entstanden ist, in der ein anderer eine bessere Problemlösung anzubieten hat.

Eine Übung, in der unter Verzicht auf die Bindung an eine Sachaufgabe das Verhältnis zweier Gruppen zueinander in den Mittelpunkt der Gruppendynamik gerückt wird, das ist das

b) *„fish-bowl"-Experiment*
Die eine Hälfte des Seminars hält eine übliche „Sitzung" (session) ab. Die zu dieser Hälfte gehörenden Mitglieder setzen sich nach Art eines inneren Kreises, der dann von der zweiten Gruppe als äußerer Kreis umschlossen wird. Diese zweite Gruppe hört zu; sie beobachtet, wie sich in der ersten Gruppe die Kontakte gestalten und sie nimmt anschließend in einer „Manöverkritik" Stellung. Anschließend wechseln beide Gruppen ihre Rollen.

Bei dieser Übung treten die Wettbewerbs-Vorgänge zwischen Gruppen oft erstaunlich demonstrativ hervor. Die Schwierigkeit bei einer „session" ist stets, ein Thema zu finden, das alle engagiert und das deshalb Gesprächsstoff für eine Stunde bietet. Vor den Augen der kritischen Wettbewerbs-Gruppe pflegt jedes Mitglied der agierenden Gruppe einen positiven Beitrag zu liefern, damit ein interessantes Thema gewählt und durchgehalten wird. Man erlebt so, daß auch Außenseiter sich betont integrativ geben.
Ein Beispiel: Während der „Manöverkritik" springt ein solcher Außenseiter auf einmal auf und erklärt der anderen Gruppe: „Ihr wollt kritisieren, daß bei uns Spannungen zwischen Einzelnen erkennbar werden? Bei uns ist doch wenigstens noch was los, Ihr seid doch ein ganz ‚lahmer Haufen'; was tut ihr denn überhaupt in einem Sensitivity-Training? " Ein befreiendes Lachen überwindet auf einmal Konflikte und überwölbt die internen Rivalitäten durch den Impuls zur Kooperation. Ein „fishbowl"-Experiment fördert also die Bindung der Untergruppe, läßt aber auch den Gruppenegoismus erkennen.

Auch beim Sensitivity-Training (nicht nur bei der Gruppenarbeit) hat der Trainer zu beachten, daß sich in einer Gruppe Mitglieder befinden können, die, meist weil sie ihre Hemmungen nicht überwinden, nicht zu Wort kommen. Sie zu aktivieren ist

c) *über ein Gespräch (evtl. in Form eines Rollenspiels) in Verbindung mit „Teilnehmender Beobachtung“ möglich*

Der Trainer wählt zwei (evtl. bis vier) dieser Personen aus; sie sollen ein Thema besprechen, das ihnen entweder vom Trainer gestellt wird, oder das sie auch selbst wählen können. Sie erhalten jeweils einen Beobachter, der dann nach dem Gespräch bei seinem „Schützling“ eine Verhaltensanalyse vornehmen soll. Eine wohlwollende Beurteilung („überraschend aktiv“, „ihm steht das Wort zu Gebote; man sieht, er kann es, wenn er gefordert wird“, „er hat auf die Gegenargumente gut reagiert“ u. a.) vermag diesen Personen das Selbstvertrauen zu stärken und sie zur intensiveren Mitarbeit in der Gruppe zu veranlassen.

Diese Übung muß nicht der Aktivierung offensichtlich Gehemmter dienen. Sie kann generell als Impulsgebung der Gruppendynamik angesetzt werden. Es kann dann so verfahren werden, daß in einer zweiten Runde Akteure und Beobachter die Rollen tauschen. Es kann auch bestimmt werden, daß der Trainer die Beobachter zuteilt. Im letzteren Falle wird vermieden, daß der Beurteilende sich rückversichern will (nach dem Motto: wenn ich meinen „Schützling“ jetzt schlecht beurteile, dann revanchiert der sich, wenn er mich beurteilen soll....). Es zeigt sich hier dann in der Tat, daß die Kritik härter wird. Vor allem, wenn im Seminar zwischen dem Beurteilenden und dem von ihm zu beobachtenden Akteur schon „etwas vorgefallen“ ist, kann es recht bissige Urteile geben wie: „Sie werden ständig ironisch, provokativ, aggressiv“, „Sie suchen immer belehrend das Wort zu ergreifen, können selbst aber nie zuhören“, „Wenn Sie keine Antwort geben können, dann wechseln Sie das Thema“, „Wenn Sie keine Antwort geben wollen, dann weichen Sie aus“. Von einer wohlwollenden Beurteilung ist hier also nichts mehr zu merken, und diese Übung kann denn auch bereits die Stufe zum dritten Grundtyp überschreiten.
Impulsgebend ist auch eine Übung, die wir

d) *Gruppenbild*

nennen. Nachdem die Seminarteilnehmer sich schon einige Zeit kennen (bei einem 5-Tages-Seminar etwa am 3. Tag), veranlaßt der Trainer sie, ein Bild von der Gruppe, d. h. eine Art „charakteristisches Photo“ von jedem Einzelnen zu zeichnen. Jeder soll so dargestellt werden, wie die Mehrheit der Gruppe ihn sieht. Sind unter den Gruppenmitgliedern einige, die gut zeichnen können, so vermag das Bild recht ausdrucksstark zu werden. Da erkennt man den einen als „großen Redner“, den anderen als „verkniffenen Miesmacher“, den dritten als „lässig Unbeteiligten“, den vierten als „harmlosen Bubi“ und so fort. – Begreift einer, daß er als „Miesmacher“, „Radfahrer“, „Ringkämpfer“ u. a. gesehen wird, so muß er das schon erst einmal „verdauen". Auch diese Übung kann in den dritten Grundtyp hineinführen.

Hier ist aber zunächst auf den zweiten Grundtyp einzugehen.

2. Übungen zur Selbstreflektion

Die genannten Besinnungspausen werden hier zu einer Übung ausgebaut, deren Zweck es letztlich ist, daß jeder Teilnehmer rational überprüfen soll, ob er denn wirklich in diesem Training mehr über sich selbst und die anderen gelernt hat. Nachdem die halbe Seminarzeit abgelaufen ist, fragt der Trainer z. B.: „Welche Gruppennormen sind denn eigentlich bisher deutlich geworden? " Die Teilnehmer sollen darüber nachdenken und dieses Thema dann in einem Gespräch erörtern. Es ist sinnvoll, ihnen dabei die Auflage zu erteilen, möglichst zu einer Übereinstimmung über die bestehenden Verhaltensnormen und zu einer einheitlichen Bewertung derselben zu gelangen. Damit haben sie die Verpflichtung, den Integrationsprozeß in einer Gruppe in Gang zu setzen oder zu beschleunigen.

Die Bewertung der geltenden Normen wäre negativ, wenn die Gruppe zu der Auffassung gelangte, es herrsche die Einstellung: „Man darf hier nicht spontan sein", „Man darf hier kein Risiko eingehen", „Man darf nicht zu viel Initiative zeigen". Erfreulich wäre es dagegen, wenn die Gruppe zu dem Ergebnis käme, die dominierenden Normen seien u. a.: „Unterbreche nicht einen, der redet", „Toleriere keine Intoleranz", „Die Achtung vor der Auffassung des anderen ist immer deutlich gewesen und hat ungeachtet bestehender Meinungsverschiedenheiten zu einem ausgeprägten Gruppenzusammenhalt geführt". Der Trainer kann diese Übung erweitern, indem er die Teilnehmer anregt, sich Gedanken darüber zu machen, welche Normen in einem solchen Seminar gelten und welche eigentlich gelten sollten. Diese Übung läßt sich auch wiederholen, etwa zwei Tage später; es ist dann zu fragen, ob und mit welchen Tendenzen sich die Normen verändert haben.

3. Übungen zur Intensivierung der emotionalen Erlebnisse

Die Selbstreflexions-Übungen dienen als Hilfe zum nachträglichen oder zum gleichzeitigen Sich-Bewußt-Machen der von der Empfindungssphäre aufgenommenen Erlebnisse. Nun haben wir uns freilich zu erinnern, daß das Sensitivity-Training eine Methode ist, bei der diese Erlebnisse das wichtigste, nämlich die Basis des Lernprozesses selbst, sein sollen; und von hier aus muß man es verstehen, daß sich Übungen entwickelt haben, die diese Erlebnisse vertiefen, erweitern, intensivieren wollen. Wir sahen, daß Erlebnisse mehr oder weniger mit psychischen Härten verbunden sind; und es kann kein Zweifel entstehen, daß eine Intensivierung der emotionalen Erlebnisse auch eine Intensivierung dieser Härten bedeuten muß. Der Trainer ist hier vor allem aufgerufen, nach Schluß der Übung eine Besinnungspause einzulegen; im übrigen muß er bereit sein, jederzeit eine Übung zu unterbrechen, wenn Teilnehmer die Erlebnisse offensichtlich nicht „verkraften".

*a) Experimente zur persönlichen Einschätzung der Seminarteilnehmer*

Der Trainer gibt jedem Teilnehmer zehn oder zwanzig Blankokarten. Er sagt dann etwa: „Es soll jeder die Karten denjenigen Kollegen auf ihren Platz legen, die ihm am sympathischsten sind. Jeder kann dabei auch gewichten. Er kann die zehn (zwanzig) Karten auf die Kollegen verteilen, er kann auch alle Karten einem, oder einem mehr Karten als den anderen geben. Nach einer kurzen Pause stehen bitte auf ein Zeichen hin alle gemeinsam auf und verteilen die Karten." Wenn die Teilnehmer sich wieder hinsetzen, liegen vor ihnen einige oder auch keine Karten. Der Effekt ist verblüffend. Die einen, die viele Karten vor sich sehen, registrieren mit kaum verhohlener Freude, daß sie offensichtlich beliebt sind; die anderen, die keine oder nur wenige Karten erhalten haben, sitzen mit eingefrorenem Lächeln und ihr Gehirn beginnt bereits nach den Gründen zu suchen, warum dieser Test so ausgefallen ist. Dieses zweifellos harte Experiment kann eine noch härtere Form annehmen, wenn Karten mit zwei verschiedenen Farben ausgegeben werden und den Teilnehmern eröffnet wird, die grünen seien denjenigen zu geben, die ihnen sympatisch sind, die roten dagegen denjenigen, die ihnen unsympatisch sind.

Der Trainer muß gewärtig sein, sofort zur Entlastung eines oder einiger Benachteiligten einzugreifen. Er wird genau zu beobachten haben, wie diejenigen, die schlecht weggekommen sind, reagieren. Übrigens soll nicht versäumt werden, zu betonen, daß bei den „Beliebten" die Freude schnell einer betretenen Unsicherheit weicht; nämlich dann, wenn sie die gedrückte und eisige Stimmung der „Unterlegenen" empfinden. Sie werden dann dem Trainer beipflichten, wenn er auf die Grenzen der Aussagekraft dieses Experiments hinweist. (z. B.: „Es ist eine Augenblicksdiagnose, das Ergebnis kann bei einem zweiten Versuch völlig anders sein", „Eine Augenblicksdiagnose muß immer oberflächlich sein". „Bei diesem Verfahren kann nur das augenblickliche Verhalten, nicht der Kern der Person gemeint sein." „Die Teilnehmer müssen sich schnell entscheiden, wem sie die Karten geben wollen; ein Überrumpelungseffekt ist deshalb unverkennbar.")

Nimmt man diese Übung auf, dann ist es zweckmäßig, eine zweite ähnliche folgen zu lassen, in der diejenigen, die schlecht bewertet wurden, eine reelle Chance erhalten, besser abzuschneiden. Meist haben sich diejenigen, die als „unbeliebt" abgestempelt wurden, im Seminar bisher ohne Erfolg exponiert; sie haben dadurch aber den Gruppenprozeß in Gang gebracht und die anderen haben durch sie gelernt. Fragt der Trainer also: „Durch wessen Verhalten haben alle am meisten gelernt? ", oder: „Wer ist bereit gewesen, das größte Risiko einzugehen? ", so werden die Karten mit großer Wahrscheinlichkeit anders fallen und die „Unbeliebten" können aufatmen.

### b) *Non-verbale Übungen zur Frage von Kooperation und Führung*

Mit dem Begriff „non-verbal“ werden die Experimente bezeichnet, bei denen nicht gesprochen werden darf. Sie basieren auf der Vorstellung, daß wir heute im beruflichen und im privaten Bereich viel zu „intellektualisiert“ sind; und daß die Sprache nun einmal, ob der Einzelne das will oder nicht, stets vom Intellekt gesteuert wird und den Intellekt anspricht. Die Wortführer dieser non-verbal-Methode verkünden deshalb als Devise: Los von der „verbalen Kommunikation“! – Hin zu Übungen, in denen die Menschen ihre Sinne einsetzen und verfeinern müssen!

Mit einer solchen Übung hofft man, latente Gegensätze offenbar werden zu lassen. Nehmen wir an, es hat sich in einer Gruppe eine verdeckte Rivalität zwischen zwei Personen um die informelle Führung entwickelt; vielleicht ist eine echte Kooperation der Gruppe daran gescheitert, daß beide verschiedene Wege gesucht haben, um die Gruppe zu aktivieren. Der Trainer kann nun eine non-verbal-Übung ansetzen, indem er die beiden Rivalen in die Mitte des Raumes bittet, ihnen die Augen verbindet und ihnen dann – bei leichter Hintergrundmusik – einen Besenstil in die Hand drückt mit dem Hinweis, nach dem Rhythmus der Musik mit diesem Besenstiel Bewegungen auszuführen. Die Hoffnung ist nun, daß der Gegensatz der beiden Rivalen sich darin äußert, daß sie keinen Rhythmus finden, daß der eine z. B. den Besen nach oben und der andere ihn nach unten zerren will. Es wird berichtet, daß hier „dramatische Kämpfe“ stattfinden können. Verstummt die Musik, dann ist das das Zeichen für das Ende der Übung. Der Zweck ist, daß beide bei der nachfolgenden Reflexion betreten feststellen, in welchen „Kampf“ sie sich haben ziehen lassen.

Eine ähnliche Übung, bei der es aber feinnerviger zugeht, wird wie folgt durchgeführt: Zwei Schulungsmitglieder werden gebeten, in die Mitte zu treten. Sie bekommen die Augen verbunden. Sie werden dann animiert, sich die Innenflächen der Hände entgegenzustrecken; die Hände sollen sich nicht berühren, es soll so sein, daß jeder den Wärmeschild des anderen spürt. Bei dieser Haltung sollen beide zusammen Bewegungen durchführen. Der Trainer erhofft sich dabei, demonstrieren zu können, ob eine „Kooperation“ zustande kommt, ob einer und wer die Führung übernimmt, ob der andere anpassungsbereit ist oder durch eigene Bewegungsinitiativen einen Führungsanspruch erhebt.

Diese Übungen können bei vorsichtiger Handhabung in Verbindung mit der beruflichen Weiterbildung vertreten werden. Funktionieren sie, so erhalten sowohl die Akteure als auch die Zuschauer eine Anschauung von einem Sich-Aufeinander-Einstellen, von Führen und Folgen, von Anpassungsbereitschaft, aber auch vom Ringen um die Dominanz, um Vorteile, um Siege. Allerdings funktionieren sie nicht immer. Es tritt dann der Effekt, der gezeigt werden soll, nicht zutage. Es kann z. B. sein, daß die Rivalen, zwischen denen der Trainer einen „Kampf“ erwartet, mit dem Besen großartige Schwingungen ausführen. Der Trainer weiß dann nicht recht, wie er das deuten soll. Ernsthafte Schwierigkeiten ergeben sich dabei für ihn aber nicht; er hat Möglichkeiten genug, auf andere Experimente umzuschalten.

Wir sehen hier, daß die non-verbalen Experimente nicht einfach als Übungen im Rahmen der beruflichen Weiterbildung abzulehnen sind. Wenn sie Schwierigkeiten der Integration, Kooperation und Führung veranschaulichen, so sind sie zu bejahen. Wenn wir von „vorsichtiger Handhabung" sprechen, so heißt das freilich, daß in diesen non-verbalen Experimenten ein Element des Unberechenbaren und Unheimlichen stecken kann. In ihnen können die emotionalen Erlebnisse des Menschen sehr aufregend sein. Im übrigen werden sie speziell zum Aufdecken verborgener Ängste und zum Hinführen zu Befreiungserlebnissen benutzt – und dies geht dann für uns zu weit. Hier ist der Psychotherapeut am Platz, der derartige Experimente kritisch zu prüfen hat, ob er sie in seinen Übungen anwenden kann, in die seine Patienten und alle diejenigen, die sich so fühlen, kommen.

Um ein Bild davon zu geben, um welche Art es sich hier handelt, seien zwei Experimente kurz beschrieben:

### c) *Non-verbale Blickkontakt-Übung*

Es handelt sich bei diesem für uns als nicht geeigneten Experiment um folgende Situation: In einem größeren Raum stellen sich zwei Partner in den gegenüberliegenden Ecken auf. Sie sollen dann bei leichter Hintergrundmusik langsam Schritt für Schritt aufeinander zugehen und sich dabei fest in die Augen sehen. In der Mitte sollen sie in der Entfernung von etwa 1 1/2 m voneinander stehen bleiben und sich dann, während sie sich weiter ansehen, einmal im Kreis herumdrehen. Daraufhin soll jeder rückwärts, mit Blickkontakt also weiterhin, in die Ecke des anderen zurückgehen.

Je nach Situation kann eine solche Übung durchaus als eine humoristische Einlage betrachtet und entsprechend belacht werden. Nicht selten aber bringt sie die Ängste und Verkrampfungen der Partner zum Ausdruck. Psychisch labilen Partnern werden dann nach drei bis vier Schritten die Knie weich, sie bekommen Schweißausbrüche, starren sich u. U. so gebannt an, daß sie sich in der Mitte ständig im Kreis herumdrehen. Eine unheimliche Atmosphäre läßt dann keine entspannende humoristische Bemerkung zu.

### d) *Non-verbale „Befreiungs"-Übung*

Auch dieses Experiment ist für unseren Rahmen abzulehnen. Ein Teilnehmer erhält hier die Augen verbunden und die Schulungsgruppe stellt sich im Kreis um ihn herum. Er wird jetzt aufgefordert, sich einfach fallen zu lassen; man werde ihn schon sicher auffangen. Es soll gezeigt werden, daß diejenigen, die nicht wirklich in die Gruppe integriert sind, sich schwerer, steifer, verkrampfter fallen lassen. Hier kann sich ebenfalls die Angst eines Einzelnen deutlich zeigen; er erklärt dann dem Trainer, aufgeben zu wollen. Es wird berichtet, daß Effekte der Telepathie ins Spiel kommen können. Der Akteur wird nachher, noch bei verbundenen Augen, gefragt, in welche Richtung, in die er sich hat fallen lassen, er die meiste Angst gehabt habe. Es kam dann einwandfrei heraus, daß es die Richtung war, in der sich derjenige Seminarteilnehmer befand, mit dem er die meisten Schwierigkeiten hatte, bzw. der sich zu seinem „Gegner" entwickelt hatte.

Eigentliches Ziel ist freilich, daß der Akteur durch die Schwingungen des ständigen Sich-Fallen-Lassens in eine rhythmische Bewegung gerät, die ihm dann, verbunden mit dem Element des Sich-Geborgen-Fühlens in der Gruppe, das Gefühl der Befreiung von gesellschaftlichen und psychischen Hemmungen geben soll.

### e) *Weitere Übungen, Sinn und Grenzen des Sensitivity-Trainings*

Es liegt in der Natur der Sache, daß immer wieder neue Übungen entwickelt werden. Es ist aber dringend notwendig, daß diese von Psychologen und Psychotherapeuten daraufhin geprüft werden, ob sie wirklich geeignet sind; ob sie wirklich der Kombination von emotionalem Lernprozeß und Sich-Bewußt-Machen der existierenden Probleme, der Durcharbeitung dieser Probleme in der Gruppe unter Leitung des Trainers (die wiederum mit dem Ziel der Heilung oder doch der partiellen Heilung bzw. Dämpfung, Beruhigung von psychischen Konflikten durchgeführt wird) dienen. Es klingt ja sehr gut, wenn z. B. gesagt wird: Wir alle sind ja nie ehrlich; aber in einer Trainingsgruppe, da wollen wir nun wirklich ehrlich sein. Wir wollen ausdrücken, was wir fühlen. Wir wollen alle einengenden Tabus überwinden. Wir wollen von den Sinnen her lernen, d. h. auch vom Tastsinn. Warum sollten wir uns nicht berühren dürfen, wenn wir dadurch Geborgenheit, Liebe, Beschützt-Sein erleben? Bei derartigen Übungen fehlt aber doch jede Kontrolle, was hier im seelischen Bereich eines Menschen vor sich geht. Der eine mag durchaus eine „Befreiung" erleben, der andere aber wird vielleicht rasend eifersüchtig, weil derjenige, von dem er Beschützt-Werden erwartet, längst einen anderen Partner hat. Ehrlich-Sein, das umfaßt ja auch Zeigen von Antipathien. Wie wird denn der reagieren, dem ehrlich gesagt wird: Ich lehne dich ab! Bei mir kannst du keine Zuneigung, kein Verständnis erwarten? Wie wird man ihm sein Selbstvertrauen wiedergeben?

Letztlich geht es um das Vermeiden von Übertreibungen. In der Fachliteratur wird eine „Herr- und Sklave-Spiel (Sklavenmarkt)" betitelte Übung wie folgt beschrieben: „Jeder sollte einem Partner einmal ein guter Sklave, dann ein guter Herr sein und die Rollen auch wirklich prägnant spielen, d. h. ohne Gegenrede die Befehle des anderen ausführen. Zeit: 2 mal 5 Minuten. Ziel: Das Autoritäre bzw. Submissive einmal mehr oder weniger spielerisch ausleben; anschließend gegenseitiges

Feedback" (Svensson, A., Die Marathon-Methode nach Bach und Stoller, in Zeitschr. „Gruppendynamik" 1972, S. 412). Was soll man denn zu dieser Übung sagen, wenn aus zuverlässiger Quelle eine Realisierung geschildert wird: Es bilden sich Paare, in dem einer als „Herr", der andere als „Sklave" fungiert. Der „Sklave" soll alles tun, was der „Herr" sagt, sofern nicht etwas verlangt wird, was unmoralisch ist! In einem Fall fordert der „Herr" von seinem Sklaven – hier von einer „Sklavin" – einen der Teilnehmer zu schlagen. Die „Sklavin" folgt dieser Aufforderung, schlägt aber nur schwach. Der „Herr" betont daraufhin, so sei das nicht gemeint, sie müsse „richtig fest zuschlagen". Daraufhin schlägt sie „richtig fest zu". Der Geschlagene, so wird geschildert, registriert das Geschehene völlig fassungslos und zeigt Schockwirkung. Nun „befiehlt" der „Herr" der „Sklavin", sich ihren Pullover auszuziehen. Jetzt weigert sie sich. Daraufhin wird sie von einem großen Teil der Gruppenmitglieder diskriminiert. Sie ist, so wird kommentiert, in typisch „bürgerlicher Weise" autoritär fixiert. Brutal zu sein und hier ihre Aggression loszuwerden, das mache ihr (wie ja dem „Bürgertum" überhaupt) nichts aus; aber wenn sie ihren Busen zeigen soll, da offenbare sich die verlogene Moral des Bürgertums...

Der Leser möge sich sein Urteil über eine weitere Übung selbst bilden, die in der Fachliteratur als „Primal Scream (Urschrei)" bezeichnet wird.

„Ein Gruppenmitglied liegt inmitten der Gruppe auf der Matte und hat ums sich zu schlagen, zu strampeln und dabei ‚Nein' zu schreien (immer lauter werdend). Keine Aktion der übrigen Gruppenmitglieder, der Trainer konzentriert sich auf den Einzelnen. ‚Nein', später erweitert zu Vater- bzw. Mutter-Nein, setzte stärkere Emotionen frei. Theoretischer Hintergrund: Nachgeholtes kathartisches Nein zu frühkindlich erfahrenen, entwicklungsverformenden Forderungen der Eltern." (Svensson, A., a.a.O.S. 411).

Die Journalistin Angelika Grunenberg berichtet in der „Zeit" unter dem Titel „Und Eva sollte ihre Bluse öffen" (Die Zeit vom 9.2.1973) aus einem 36-Stunden Marathon-Seminar, in dem diese Übung verwendet wird: „Für den Urschrei stellt sich Max zur Verfügung. Max ist ein ziemlich düsterer Mensch, etwa Mitte 30, von kleiner Statur, mit breitem Kreuz. Er wirkt gehemmt und brutal. Angeblich ist er Psychoanalytiker. Er muß sich rücklings über den Schemel legen, laut stöhnend ein- und ausatmen, bis ihm schwindlig wird. Dann schreit er, auf der Matraze liegend, abwechselnd ‚nein', ‚ja', ‚Vater', ‚Mutter', ‚Vater, ich will nicht'. Er brüllt, von Alex (Trainer Alex Vilumsons, laut A. Grunenberg „genannt Alex, eine Mischung aus Dr. Mabuse und alterndem Gigolo, schlank, graumeliert, positiv. Er trägt ein gelbes Hemd") angestachelt, so laut, daß sich seine Stimme hysterisch überschlägt. Er soll sich mit seinem toten Vater und seiner Mutter auseinandersetzen. Das hört sich an wie ein Auszug aus einer oberbayrischen Schulfibel: Vater, du warst gut und streng. Mutter, ich danke dir, daß du mich geboren hast usw. Alex sagt, Max soll seinen Vater verprügeln, während er mit ihm hadert..."

Gibt das Sensitivity-Training „Hoffnung", zu einem befreiteren und effektiveren Zusammenleben zu kommen, oder ist es „Humbug"; so fragt Edith Zundel, Mitarbeiterin der „Zeit" (Die Zeit vom 10.2.1972), in der Überschrift eines Artikels. Die Hoffnung dürfen wir haben; aber wir müssen darauf achten, daß kein Humbug mit dieser Methode angestellt wird. Wir müssen den Sinn dieses Trainings erkennen und die Grenzen wahren. Der Einsatz guter Trainer mit Verantwortung für den Menschen und mit Respekt vor der Individualität eines jeden Einzelnen ist das wichtigste. Dies ist zum Schluß nicht zuletzt deshalb noch einmal herauszustellen, weil es in der Praxis keineswegs immer so ist, daß nur sie die Übungen ansetzen. Die Übungen werden oft genug aus dem Teilnehmerkreis genannt, teilweise von den „Amateur-Analytikern". Hier gilt es für den Trainer dann, vorsichtig zu sein; er muß bei aller Pflege der Selbstregulierung der Gruppe den Mut haben, ungeeignete Übungsvorschläge abzulehnen.

## 3.3. Strukturierte gruppendynamische Übungen

Das Sensitivity-Training ist eine Schulungsmethode, die im Prinzip gerade als unstrukturiertes Schulungsmodell gedacht ist. Es soll „alles von selbst laufen". Im Extremfall (der Begriff T-group wird teilweise speziell dafür gebraucht) verhält der Trainer sich völlig passiv; und im Normalfall soll er nur dann eingreifen, wenn die Gruppe sich offensichtlich festgefahren hat; oder wenn die Teilnehmer bei gleichzeitiger Unterbrechung der eigentlichen Sitzungen zu einem rationalen Sich-Bewußt-Werden der im Training erlebten psychologischen Vorgänge zu bringen sind. Gruppendynamische Übungen innerhalb des Sensitivity-Trainings, wie wir einige dargestellt haben, sind stets begrenzte „Eingriffe"; es sind eigentlich „Krücken", es sind Aktivierungs-Spritzen, mit denen man den halt vielfach lahm werdenden gruppendynamischen Gaul wieder auf Trapp zu bringen hofft. Stets kehrt man nach einer solchen Übung wieder zur charakteristischen Situation zurück, nach der die Gruppe ohne jeden Anstoß aus sich selbst gruppendynamische Prozesse entwickeln soll.

Strukturierte gruppendynamische Übungen weisen demgegenüber andere Züge auf. Auch hier haben wir es mit Schulungen zu tun, in denen sich die Teilnehmer über emotionale Lernprozesse („Spüren", was im zwischenmenschlichen Bereich geschieht) rational bewußt werden sollen, welche Bedeutung die Gruppenzusammenhänge haben. Auch in diesen Schulungen sollen die Teilnehmer sich die Fragen stellen, die unter den 9 Punkten (3.1) formuliert sind. Die Gruppenmitglieder erhalten aber von vornherein durch den Trainer Aufgaben gestellt. In der Arbeit an diesen Aufgaben wird die Gruppe vom Trainer strukturiert; oder der Trainer überläßt es der Gruppe, sich hieran eine Struktur zu geben. Damit vollziehen sich auch die gruppendynamischen Lernvorgänge über die Lösung der Aufgaben.

Es muß darauf hingewiesen werden, daß diese Art der gruppendynamischen Schulung gerade unter organisationspsychologischer und organisationssoziologischer Sicht einen eindeutigen Vorzug aufweist. Es geht immer um diejenige Gruppendynamik, die mit der Lösung an Aufgaben entsteht. Der Einzelne hat damit unter Reflexion auf seine Aufgaben, die ihn im Beruf erwarten, zu diesem Training einen besseren Zugang. Gleichzeitig wird damit die angesprochene Problematik stärker sozialpsychologisch und weniger tiefenpsychologisch akzentuiert. Daß wir das begrüßen, versteht sich aus unserem (in 3.1 dargestellten) Ansatz. Freilich muß zugegeben werden, daß die Erlebnisse für den Einzelnen nicht so intensiv sind wie im Sensitivity-Training. Dies liegt aber nur zum Teil an dem schwächeren tiefenpsychologischen Moment; es ergibt sich vielmehr primär aus der wesentlich kürzeren Schulungszeit. Während ein Sensitivity-Training mindestens 2 Tage dauern sollte, läßt sich eine gruppendynamische Übung (wie z. B. das Quadrate-Spiel) schon in einer Stunde abwickeln; und mehr als ein halber Tag wird generell nicht benötigt.

Wegen dieser relativ kurzen Dauer kann man eine gruppendynamische Übung gut mit anderen Schulungsmethoden verbinden. Unter dem Begriff „Motivationstraining“ haben wir am Schluß dieses Buches Hinweise auf derartige kombinatorische Schulungen gegeben. Im übrigen wird ein Trainer, der in der Schulungspraxis Erfahrung hat, letztlich stets „sein“ Seminar gestalten wollen. Er pflegt im Blick auf den Schulungszweck des gerade vor ihm sitzenden Kreises die Übungen und Fälle zusammenzustellen; und er wird dann auch die Nuancen und Schwerpunkte hereinbringen, die ihm aus seiner Sicht wesentlich erscheinen.

Sicher ist, daß der Trainer durch gruppendynamische Übungen genug „Material“ erhält, um in anschließenden Gesprächen psychologische und soziologische Fragen vertiefend erörtern zu können. Sicher ist vor allem, daß noch mehr als beim Sensitivity-Training der pädagogische Erfolg bei der Verwendung gruppendynamischer Übungen vom Verhalten des Trainers abhängt. Wir haben uns deshalb bemüht, bei den in diesem Buch beschriebenen Übungen unter der Überschrift „Problemaufriß für den Trainer“ einen Katalog der wichtigsten sozialpsychologischen und gruppendynamischen Fragen aufzustellen. Von diesem Katalog aus vermag der Trainer die Übung auszuwerten; von ihm aus hat er einen Überblick darüber, welche Probleme auftreten bzw. auftreten können, wie er sie für den Lernprozeß nutzen und wie er sie möglichst nicht ohne Humor entschärfen muß.

Bei der Auswahl, Bearbeitung und (oder) Entwicklung der sechs dargestellten Übungen bin ich von folgenden Überlegungen ausgegangen:

(1) Wiedergabe von zwei „gängigen“, in Schulungsveranstaltungen verwendeten Übungen, die betont einfach sind, die aber dennoch wirklich demonstrativ den Kern der Gruppendynamik zeigen. Es sind dies das Quadrate-Spiel und das Turmbau-Spiel.

(2) Ergänzung dieser Übungen durch andere, die speziellere Aspekte der Gruppendynamik ansprechen. Sie sind im Vergleich zu den beiden ersten

komplizierter, zeigen aber dafür die Gruppenvorgänge reichhaltiger und breiter. Hierunter fällt das Kommunikationskettenspiel. Es geht auf H.J. Leavitt zurück und wurde in der vorliegenden Fassung von R. Faul und mir bearbeitet. Dazu gehört dann das Fünfeckspiel, das ich gemeinsam mit Chr. Maul entwickelt habe.

(3) Das Fünfeckspiel ist die einzige dieser Übungen, die, obgleich der Spielcharakter bleibt, eindeutig Beziehung zur Praxis hat. Dabei ist hier zu wiederholen, was wir unter Praxis verstehen: Die Konfrontation betriebswirtschaftlich-organisatorischer Anforderungen und die in den sozialpsychologischen Bereich fallenden Reaktionen der Mitarbeiter generell – auch der Führungskräfte. Chr. Maul und ich waren uns des Fehlens gerade dieser Perspektive in den angebotenen gruppendynamischen Übungen bewußt.

(4) In dem für jede Übung erstellten „Problemaufriß für den Trainer“ sind die Gesichtspunkte so zusammengefaßt, daß der Trainer auch von den nicht-praxisbezogenen Spielen her doch Vergleiche, bis zum gewissen Grade Übertragungen zur Praxis vornehmen kann.

(5) Freilich ist nicht zu übersehen, daß die Frage der „echten“, „wirklichen“ Bedeutung der gruppendynamischen Übungen für die Praxis noch der Diskussion harrt. Mit Martin C.R. Krüger habe ich das „Verkaufsstrategie-Spiel, Fa. Frischluft AG“ und den Fall „Die neue Büroorganisation“ entwickelt, in denen die Konferenzen in der Praxis veranschaulicht werden. Sie sind als Demonstration der Erweiterung gruppendynamischer Übungen, bzw. der Verbindung des vom Konferenzfall bestimmten Rollenspiels (Spiel mit verteilten und vorgegebenen Rollen) und der Gruppendynamik zu betrachten.

(6) Man wird verstehen, daß ich in den für den Trainer gegebenen Hinweisen immer wieder auf dasjenige Phänomen der Gruppendynamik komme, das ich innerhalb der Gruppenaktivitäten im praktisch-politischen Leben für das dominierende halte: Den Wettbewerb um die besseren, bzw. um die als besser betrachteten oder behaupteten Konzeptionen (Konzeptions-Konkurrenz, vgl. H. Wiedemann, Das Unternehmen in der Evolution).
In diesem Zusammenhang ist ein Hinweis zum Verhalten des Trainers wesentlich: Die Konzeptions-Konkurrenz zwischen Personen und Sub-Gruppen belebt die Dynamik. Das bedeutet aber, daß der Trainer um Vergleiche der konkurrierenden Personen und Gruppen nicht herumkommt. Diese Aufgabe ist stets mit großem Takt vorzunehmen. Der Trainer muß dafür sorgen, daß jeder „Mitspieler“ sein Gesicht zu wahren vermag.

### 3.3.1. Das Quadrate-Spiel

Charakteristik

Dieses Spiel ist von uns aus drei Gründen aufgenommen worden:

Erstens ist es die in der Praxis am häufigsten verwendete gruppendynamische Übung.
Zweitens besticht es immer wieder durch seine einfache Handhabung, durch seinen geringen Zeit- und Arbeitsaufwand und durch seine gerade im Vergleich dazu überraschend nachhaltige psychologische Wirkung.
Drittens handelt es sich bei ihm um das Erkennen von Denk- und Verhaltensweisen innerhalb einer Gruppe, die ohne Führung zur Problemlösung gelangen muß. Damit ergibt sich für den Trainer sofort der Anlaß, die Frage Gruppe und Führung (geht es wirklich ohne Führung; bzw. wie weit und wie lange geht es ohne Führung? ) zu erörtern.

Thomas Brocher hat dieses Quadrate-Spiel im deutschen Sprachraum bekannt gemacht. Er führt es am Schluß seines Buches „Gruppendynamik und Erwachsenenbildung“ (Braunschweig 1969, S. 169) auf; es geht, so Brocher, auf Experimente zurück, die von A. Bavelas, D. Cartwright und A. Zander publiziert wurden.

Das Spiel ist für 5 Personen berechnet, zu dem dann 1 oder 2 Beobachter kommen. Die Zahl der Beobachter richtet sich letztlich nach der Größe der Gruppe. In einer Schulungsgruppe von ca. 20 Personen wird man also 3 Untergruppen bilden und den Rest als Beobachter einsetzen. Im Gegensatz zu der sonst üblichen Gepflogenheit, und auch zu den sonst noch zu besprechenden gruppendynamischen Übungen, können die Untergruppen hier in einem Raum bleiben.

Jeder der 5 Personen einer Spiel-Gruppe erhält einen Umschlag, in dem sich verschieden geschnittene Pappteile befinden. Jeder soll ein Quadrat von gleicher Größe herstellen; dabei vermag keiner aus seinem Material allein ein vollständiges Quadrat in der genormten Größe zu legen, er ist auf den Austausch mit den anderen Teilnehmern angewiesen. Die Übung ist dann beendet, wenn die Gruppe 5 gleich große Quadrate erstellt hat.

Die Pappteile erhält man, indem man zunächst 5 Pappquadrate von 10 $cm^2$ ausschneidet und diese dann nach einem bestimmten Muster (Abb. 9) weiter in Einzelteile aufschneidet. Diese Einzelteile werden dann nach Abb. 10 in die 5 Umschläge gesteckt.

Zweckmäßigerweise verwahrt man die fünf Umschläge, auf denen jeweils die Buchstaben A bis E (für die Mitspieler) notiert sind, in einem größeren Umschlag.

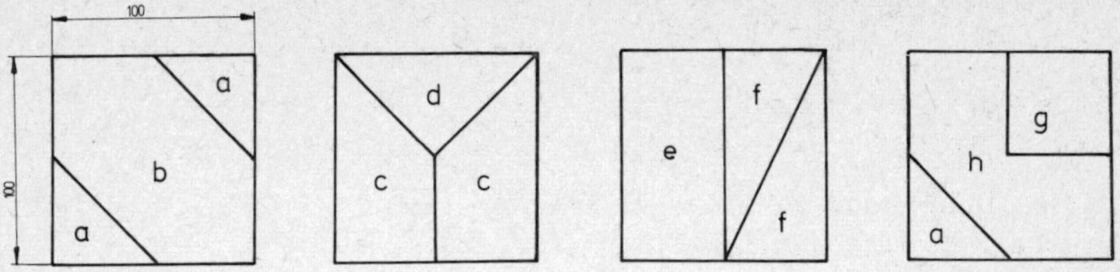


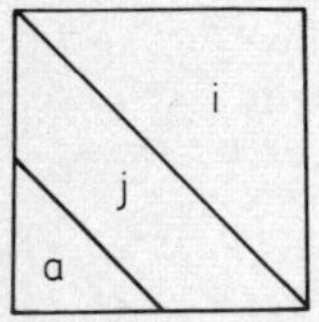


**Abb. 9**

Die Quadratteile sind in 5 Umschläge verteilt.

Der Umschlag für Person A hat folgende Stücke: i, h, e

Der Umschlag für Person B hat folgende Stücke: a, a, a, c

Der Umschlag für Person C hat folgende Stücke: a, j

Der Umschlag für Person D hat folgende Stücke: d, f

Der Umschlag für Person E hat folgende Stücke: g, b, f, c

**Abb. 10**

Dieses Quadrate-Spiel ist eine Übung, in der jede den anderen direkt orientierende und dadurch aktivierende Kommunikation ausgeschaltet werden soll. Der Sinn ist der, daß jeder Spieler selbst auf die Notwendigkeit teamorientierten Verhaltens kommen soll. Deshalb gibt der Trainer vor Beginn folgende Richtlinien bekannt:

1) Kein Mitspieler darf sprechen

2) Kein Mitspieler darf andere Spieler um ein Teilstück bitten oder nonverbal (durch Mimik und Gestik) zu verstehen geben, daß er ein bestimmtes Teilstück braucht.

3) Jeder Mitspieler kann, wenn er will, Teilstücke in die Mitte des Tisches legen. Alle anderen Mitspieler können diese dann für ihr Quadrat nehmen.

4) Kein Mitspieler darf in die Figur eines anderen eingreifen; er darf also weder von einem anderen ein Teil wegnehmen, noch ihn bei der Gestaltung seiner Figur unterstützen.

Trainer und Beobachter haben dafür zu sorgen, daß diese Spielregeln eingehalten werden. Die Übung beginnt, wenn auf Geheiß des Trainers alle gleichzeitig die Umschläge öffnen.

Die Dauer des Spiels kann auf 20 Minuten limitiert werden. Der gesamte Zeitbedarf mit der „Manöverkritik" ist etwa 1 Stunde.

Problemaufriß für den Trainer

## I. Einführung in das Spiel

1. Die Übung kann nur dann den erwarteten Lernerfolg haben, wenn die genannten Regeln eingehalten werden. Jedes Signalisieren, daß es sich hier offensichtlich um ein Gruppenexperiment handelt, führt zu schnell dazu, daß der andere begreift. Er soll aber von sich aus begreifen!

2. Aus diesem Grund darf der Trainer auch nicht von vornherein sagen, daß „gleich große Quadrate“ verlangt werden. Er wird sagen: „Jeder von Ihnen soll zu einem Quadrat kommen“. Er kann dabei getrost in Kauf nehmen, daß man ihm nachher vorwirft, er habe nicht richtig orientiert, oder man habe ihn (mindestens) falsch verstehen müssen. Diese Erschwerung des Spiels ist erforderlich. Freilich muß der Trainer sehen, daß damit zwei Spieler (B und E) „in Versuchung geführt“ werden. Beide haben ein kleines Quadrat und können damit zunächst annehmen, für sie sei „die Welt in Ordnung“. Es gilt aber nur eine einzige Kombinationsform, in der 5 Quadrate gelegt werden können; und das ist die, in der alle Quadrate gleichen Umfang haben. Bleiben B und E bei ihren kleinen Quadraten, dann sitzen die drei anderen Mitspieler etwas ratlos vor ihren Quadratteilen. Erst wenn B und E über einige Zeit hinweg nichts „merken“, kann der Trainer die Hilfe geben: „Es sind gleich große Quadrate zu formen“. Zunächst sollte er auch dahingehende Fragen abwehren.

   Detaillierter ist zwischen gruppenorientiertem und egozentrischem Verhalten zu unterscheiden.

## II. Gruppenorientiertes Verhalten.

1. Wer legte Quadratteile, die er nicht benötigte, in die Mitte des Tisches?

   | sofort | bald |
   |---|---|
   | O | O |

2. Wer öffnete eigene Quadrate, um den Austausch zu fördern; bzw. wer gab eigene Quadratteile ab?

   | sofort | bald |
   |---|---|
   | O | O |

III. Egozentrisches Verhalten

1. Wer saß vor seinem Quadrat, ohne auf die Lage der anderen Gruppenmitglieder zu achten? (Oft: mit typisch zufriedenem Gesicht).

2. Wer arbeitete (meist: verbissen) an einem eigenen Quadrat, ohne auf die Lage der anderen Gruppenmitglieder zu achten?

3. Wie 2., dazu: mit gleichzeitigem starken Drang, möglichst viel Quadratteile für sich zu bekommen?

IV. „Durchbruch" zur Zielerreichung

Es ist typisch in diesem Spiel, daß auf einmal „der Groschen fällt", daß auf einmal mehrere entdecken, um was es geht. Dieser Augenblick soll „Durchbruch" genannt werden.

1. Wann erfolgte der „Durchbruch"?

| sofort | bald | spät | erst nach einer eingelegten Pause |
|---|---|---|---|
| O | O | O | O |

2. Wodurch erfolgte der „Durchbruch"?

a) Die Teilnehmer erkannten von sich aus den Weg zur Problemlösung.

b) Durch verbale Kommunikation (die eigentlich nicht sein soll).

c) Durch non-verbale Kommunikation (die eigentlich nicht sein soll).

d) Durch zusätzliche Information, die der Trainer gab. Wichtig wurde vor allem der Hinweis: „Jeder muß ein gleich großes Quadrat haben". Ein sanfter Anstoß ist die Bemerkung: „Denken Sie daran, daß wir uns in einer Schulung über Gruppenverhalten befinden".

V. Inter-Gruppenorientiertes Verhalten

1. Entstand zwischen allen Gruppen ein Wettbewerbs-Bewußtsein?

| nein, die anderen interessierten nicht | ja, schwach | ja, stark |
|---|---|---|
| O | O | O |

2. Entstand bei einer Gruppe (oder: bei einigen Gruppen) ein Wettbewerbs-Bewußtsein und bei anderen (oder: bei einer anderen) nicht?

| nein, die anderen interessierten nicht | ja, schwach | ja, stark |
|---|---|---|
| O | O | O |

VI. Verhalten der Untergruppen, die ihr Quadrat gelegt haben und denen der Trainer sagte: „Ihr könnt jetzt die anderen Gruppen beobachten".

1. abwartend, beobachtend

2. helfend eingreifend (obwohl das eigentlich nicht sein soll)

3. störend

4. diskriminierend (lachend, höhnische Bemerkungen machend)

VII. Reaktionen der Gruppe nach dem Spiel

1. Der Trainer fragt die Mitspieler, was sie während des Spiels empfunden haben.

   a) Er wird dabei zweckmäßigerweise zunächst diejenigen auffordern, die sich egozentrisch verhalten haben. Vielfach rechtfertigen sich diese, indem sie dem Trainer die „Schuld" geben (er habe falsche oder nicht vollständige Informationen gegeben. Im übrigen sei es unnatürlich, daß man nicht habe sprechen dürfen und dgl.).
   Der Trainer wird gegenüber den Rechtfertigungen mit Humor reagieren (etwa: „Es ist ja ein Spiel; wenn Sie sich nicht so interessant verhalten hätten, dann könnten wir doch gar nicht darüber diskutieren").

   b) Es ist nicht notwendig, daß jeder Mitspieler Stellung nimmt. Sind einige, die den Gruppenprozeß blockiert haben, zu Worte gekommen, dann ist es ratsam, daß der Trainer generell fragt, wer sich noch äußern möchte.

2. Der Trainer fragt die Beobachter, wie sie die Reaktionen der Mitspieler beurteilen.

3. Der Trainer stellt Übereinstimmungen und (oder) Abweichungen der Sichtweisen (Mitspieler und Beobachter) heraus.

VIII. Besprechung der unter I bis IV sichtbar werdenden Unterschiede zwischen den drei Untergruppen unter Leitung des Trainers

IX. Der Trainer schließt die Besprechung unter dem Gesichtspunkt ab: Was wollten wir lernen?

1. Schwerpunkt: In der Gruppendynamik sollen wir emotional lernen.

2. Schwerpunkt: Es ist keine Schande, wenn man merkt, daß man zuerst an sich selbst gedacht hat. – Man muß nur lernbereit sein und sehen, wie man reagiert und wie man im Interesse der Zielerreichung einer Gruppe reagieren soll.

3. Schwerpunkt: Verhaltensweisen der Gruppenmitglieder kennenlernen.

4. Schwerpunkt: Die Schwierigkeiten kennenlernen, die dann entstehen, wenn Gruppenmitglieder ein Problem lösen müssen, ohne daß eine formelle Führung möglich ist. Der Trainer muß darauf hinweisen, daß eine der wesentlichen Kriterien dieses Spiels gerade in der Sensibilisierung der Teilnehmer auf eine Kooperation ohne Führung hin besteht!

### 3.3.2. Das Fünfeck-Spiel

Das Fünfeck-Spiel als Erweiterung des Quadrate-Spiels

Diese Übung wurde von uns gemeinsam mit Christian Maul erarbeitet. Sie ist als Erweiterung und Vertiefung des Quadrate-Spiels gedacht. Sie gehört in ein Folgeseminar und sollte erst dann benutzt werden, wenn das Quadrate-Spiel schon bekannt ist. Im Vergleich zum Quadrate-Spiel fällt vor allem auf:

– Erstens gibt es Kooperationsvorgänge zwischen Gruppen.

– Zweitens wird das Thema Führung mit erörtert.

– Drittens wird das Thema Führung in Verbindung mit der heute deutlich hervortretenden Problematik des hierarchischen Organisationsmodells erörtert; die Teilnehmer sollen gerade hierfür sensibilisiert werden.

– Viertens wird in Verbindung damit das Verhältnis zwischen dem Management und den Experten betrachtet. Die Übung ist so aufgebaut, daß speziell die häufig bestehende kritische Haltung der Experten gegen das Management hervortritt.

– Fünftens ist das Spiel erheblich komplizierter im Ablauf; als Zeit hat man 1/2 Tag zu veranschlagen.

Ein Vorspann als Beginn des Fünfeck-Spiels

Der Trainer wählt aus einer Schulungsgruppe von 20 Personen 8 Mitglieder aus (oder: er fragt nach freiwilligen Meldungen). Er bittet diese Untergruppe, sich nach dem Modell der Podiumsdiskussion vorne vor der übrigen Gruppe zu formieren. Daraufhin zeichnet er folgendes organisatorische Schema an die Tafel:

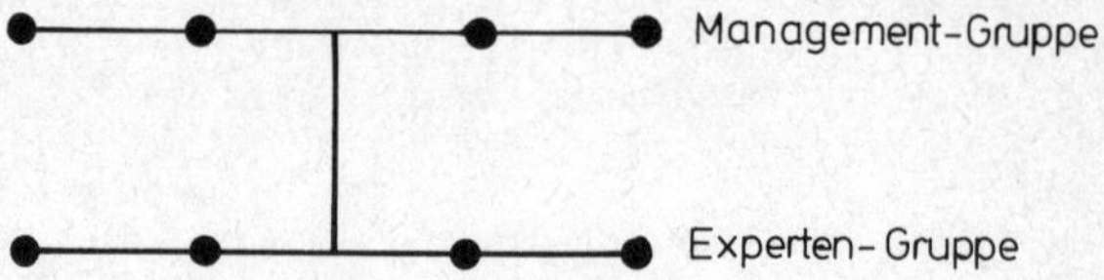


Abb. 11

Er gibt dann dieser Untergruppe zwei Aufgaben.
Sie soll feststellen:

(1) Welche psychologischen und organisatorischen Probleme werden hier entstehen?

(2) Welche Maßnahmen sind zu ergreifen, damit diese Probleme gelöst werden können?

Die Zeit zur Bearbeitung dieser Aufgaben wird auf etwa 30 Minuten festgesetzt. Die Diskussion wird mit Videorecorder aufgenommen und sofort anschließend mindestens in den Schwerpunkten abgespielt.

Mit der Diskussion und der Reproduktion der Diskussion soll erreicht werden, daß sich alle Schulungsteilnehmer in den hier vorliegenden sozialpsychologischen Problemkreis hineindenken. Im Anschluß an diesen bis zum Ende der Video-Wiedergabe gehenden Vorspann ist keine Plenumsdiskussion und keine Stellungnahme durch den Trainer vorgesehen. Der Trainer setzt vielmehr die Schulung mit der eigentlichen Übung fort.

Konstituierung der Management-Gruppe und der Projektgruppen

Der Trainer knüpft an den Aufgaben des Vorspanns an. Er erinnert daran, daß die „Podiumsgruppe" grundsätzlich die Probleme diskutiert hat, die in dem von ihm angegebenen organisatorischen Modell entstehen können (und wahrscheinlich entstehen werden).

Der Trainer erinnert ferner daran, daß die „Podiumsgruppe" darüber hinaus prinzipiell erörtert hat, was getan werden kann, um diese Probleme zu lösen bzw. nicht aufkommen zu lassen. Genau das, so fährt der Trainer jetzt fort, bietet einen hervorragenden Ausgangspunkt, diese im Abstrakten gebliebenen Überlegungen an einem Objekt beispielhaft zu konkretisieren.
Dieses Objekt ist der Bau eines großen Fünfecks, das wiederum aus 4 kleine-

ren Fünfecks zusammengesetzt werden muß. Um dieses Objekt in Angriff zu nehmen, wird die Schulungsgruppe nach dem im Vorspann gegebenen Schema folgendermaßen konstituiert:

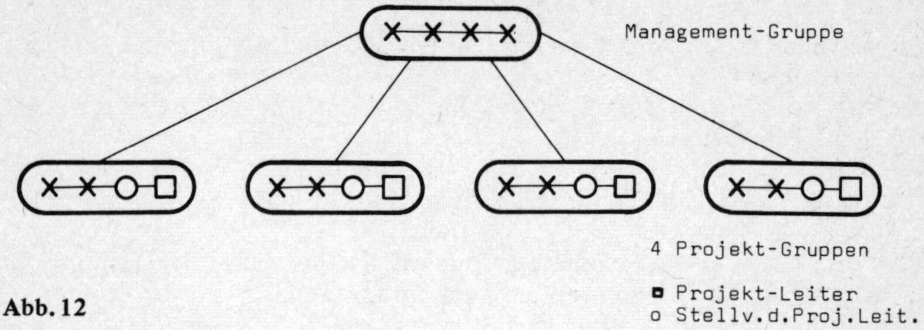


Abb. 12

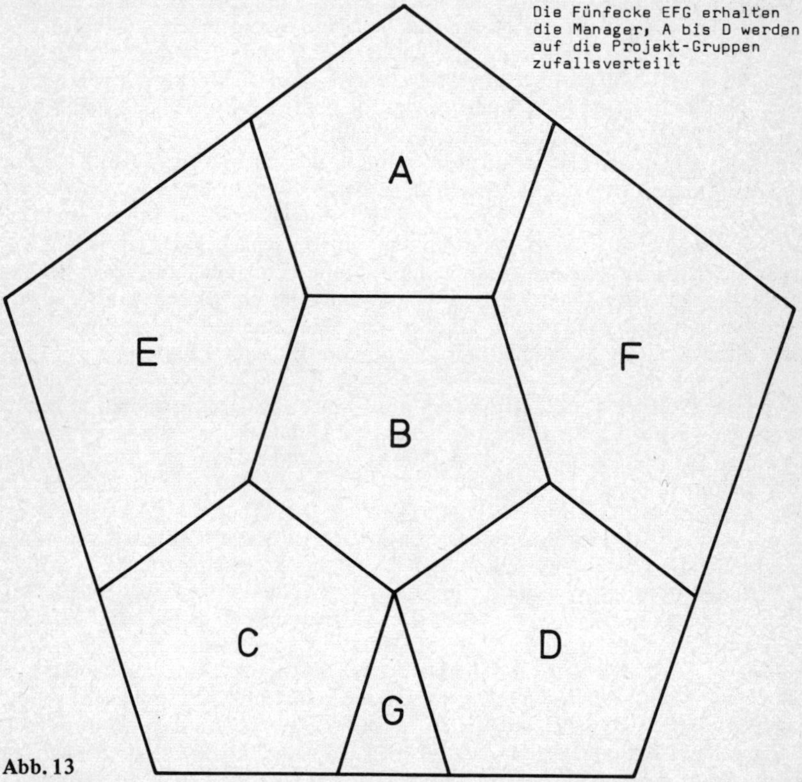


Abb. 13

Nach diesem Plan, so erläutert der Trainer weiter, braucht man offensichtlich eine Management-Gruppe und vier Projektleiter. Die 8 Personen, die bisher die Diskussionsgruppe gebildet haben, das sind jetzt die gegebenen Personen für diese Positionen – Es bleibt dann auch hier wieder dem Trainer überlassen, ob er

(1) bestimmt, wer von den 8 Personen Manager und wer Projektleiter wird; ob er diese Wahl

(2) den 8 Personen oder

(3) der übrigen Schulungsgruppe überträgt.

Weitere 8 Personen der Schulungsgruppe werden den vier Projektteams zugeordnet, der Rest übernimmt die Beobachterfunktion.

## Aufbau und Verlauf des Fünfeck-Spiels

Abb. 13 zeigt den Grundriß des Fünfecks. Aus ihm ist ersichtlich, daß das große Fünfeck aus den gleich groß und gleich geschnittenen vier Fünfecken A,B,C,D sowie aus zwei weiteren Fünfecken E,F und einem kleinen Dreieck G besteht. In Abb. 14 ist dargestellt, wie die vier Fünfecke A bis D (nach dem Muster des Quadrate-Spiels) in die Elemente a bis o gegliedert sind. Die Stücke E,F und G sind nicht weiter unterteilt.
Die ganze Fünfeck-„Konstruktion“ wird in der nach Abb. 13 und 14 gezeigten Gliederung (ebenfalls nach dem Muster des Quadrate-Spiels) in Pappe gefertigt und dann aufgeschnitten. Die Pappteile werden dann nach der in Abb. 15 wiedergegebenen Anordnung in fünf Umschläge gesteckt; jeder Umschlag erhält die Kennzeichnung der Gruppe. Entsprechend dieser Kennzeichnung gibt der Trainer die (geschlossenen) Umschläge den Projektleitern der vier Gruppen und einem Mitglied der Management-Gruppe. Im Gegensatz zum Quadrate-Spiel erhält also nicht jeder Einzelne Pappteile.
Der Trainer erklärt jetzt die Aufgabe näher. Er hat dabei zu akzentuieren, daß jede Projektgruppe ein Fünfeck des Typs A bis D zu formen hat. Dabei sind nach Abb. 15 die Elemente aller dieser Fünfecke auf die vier Projektgruppen gestreut. Es geht also um den Ausgleich, bzw. um den Tausch unter den Gruppen.
Die Management-Gruppe erhält den Auftrag, die Arbeit der Projektgruppen zu leiten und zu koordinieren. Diesen Managern ist der Grundriß des Fünfecks und die Art der Verteilung der Elemente (Klein-Teile) nicht bekannt. Sie finden in ihrem Umschlag die Stücke E,F,G; der Trainer sagt ihnen, daß diese Stücke und die vier in den Projektgruppen zu bauenden Fünfecke zusammen das große Fünfeck ergibt. Wie die Management-Gruppe ihre Aufgabe lösen will, das bleibt ihr überlassen. Jedes Mitglied kann sich überall frei bewegen, kann also zu jeder Projektgruppe gehen und Kontakt aufnehmen. Den Projektleitern wird mitgeteilt, daß sie entsprechend dem Abb. 12 der Management-Gruppe berichten und deshalb von dort Anweisungen entgegennehmen müssen. Gleichzeitig bleibt ihnen unbenommen, von sich aus

aktiv zu werden und im Kontakt mit den anderen Gruppen den Tausch der Elemente herbeizuführen. Sie können auch ihren Stellvertreter mit dieser Aufgabe betrauen. Einer von ihnen muß aber in der Projektgruppe anwesend sein, schon um den Kontakt mit der Management-Gruppe aufrechthalten zu können. Die anderen beiden Mitglieder einer jeden Projektgruppe müssen während des Spiels an ihrem Platz bleiben.

Das Spiel enthält eine Reihe gewollter Erschwernisse.

(1) Die Existenz einer Manager-Funktion rechtfertigt sich aus der Notwendigkeit, eine Strategie zur Lösung der Aufgabe zu entwickeln – Gleichzeitig können in den Projektgruppen Strategien entwickelt werden. Da eine Koordination der vier Manager über ihr Vorgehen notwendig ist, brauchen sie Zeit; und in dieser Zeit sind die Projektleiter schon in der Lage, von sich aus Kontakt über das zweckmäßige Austausch-Verfahren aufzunehmen.

(2) Wie bei dem Quadrate-Spiel sind die Fünfecke A bis D nicht gleich geschnitten. Das bedeutet hier, daß eine Gruppe nicht weiß, welche Elemente zu welchem Fünfeck gehören und welches Fünfeck sie nun selbst zusammenstellen soll.

(3) Auch den Projektleitern ist der Grundriß und damit der Umfang des großen Fünfecks nicht bekannt. Sie wie die Manager müssen von ihrem jeweiligen Ausgangsmaterial her den Grundriß zu rekonstruieren suchen.

(4) Da die Fünfecke in sich nicht gleich gegliedert sind, hat man dann, wenn eines der Fünfecke A bis D zusammengestellt ist, die Lösung der anderen drei Fünfecke noch nicht gefunden. Analog zum Quadrate-Spiel gibt es nur eine Gesamtlösung.

(5) Die Kontakt-Personen der Management-Gruppe sind die Projektleiter. Es kann sich ergeben, daß die letzteren zu Besprechungen mit der Management-Gruppe gerufen werden, aber gerade – zum eigenen Sich-Informieren bei anderen Gruppen – abwesend sind. In diesem Falle hat der Stellvertreter der Management-Anordnung Folge zu leisten.

Die Übung beginnt damit, daß der Trainer die Leitung an die Management-Gruppe überträgt und gleichzeitig dieser Management-Gruppe und jeder Projektgruppe einen eigenen Raum anweist. Als Zeit für diesen Hauptteil der Übung wird etwa 1 Stunde empfohlen. Der Trainer ist natürlich frei, sie einzuschränken oder sie zu erweitern. Eine Zeitlimitierung (ein Zeitdruck) verstärkt das Entstehen gruppendynamischer Faktoren und gibt damit mehr Lern- und Veranschaulichungs-Chancen.

Nachdem die Projekte abgeschlossen sind, d. h. nachdem die Projektgruppen je ein Fünfeck gelegt haben und die Management-Gruppe damit das große Fünfeck bauen kann, tritt eine neue Phase ein. Die Management-Gruppe setzt sich auf Geheiß des Trainers zusammen und hat zu beurteilen, welche Projektgruppe die beste war, bzw. eine Rangreihe

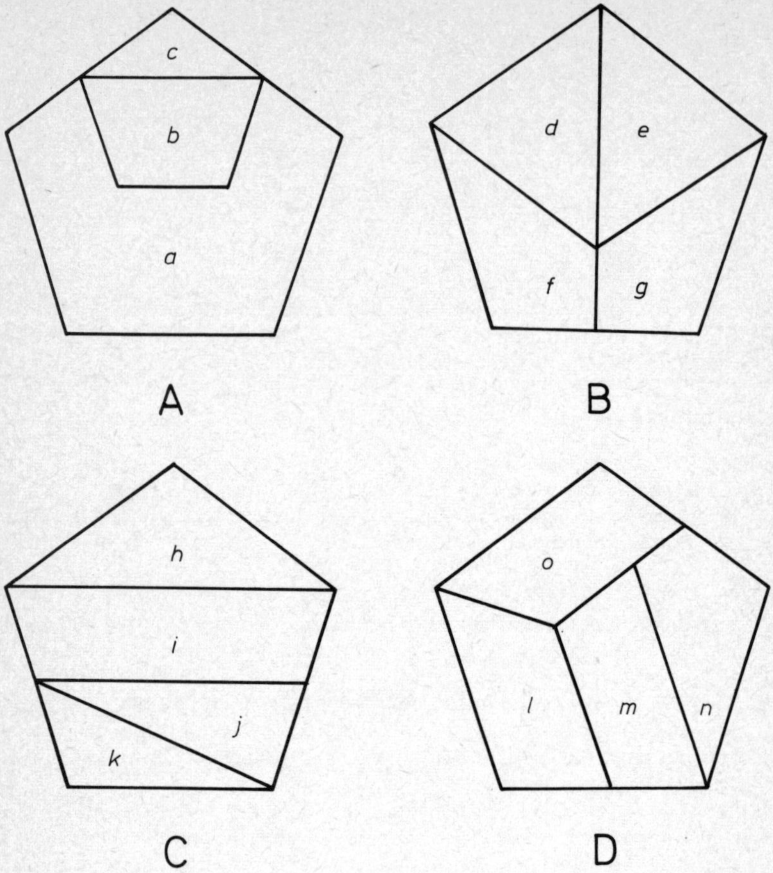


Abb. 14

| GRUPPE I | GRUPPE II | GRUPPE III | GRUPPE IV | MANAGEMENT-GRUPPE |
|---|---|---|---|---|
| a | b | c | d | E |
| e | f | g | h | F |
| i | j | k | l | G |
| m | n | o | – | – |

Abb. 15

aufzustellen und die Qualifikation der Leistung in den Gruppen I bis IV zu bewerten. Während dieser Zeit bespricht der Trainer mit allen übrigen Mitarbeitern, wie diese das Verhalten der Management-Gruppe während des Spiels sehen und beurteilen. Anschließend tragen beide Seiten im Plenum ihre Beurteilung vor und es wird darüber diskutiert.

In der Schlußbesprechung muß der Trainer darauf hinweisen, daß diese Übung sehr stark darauf angelegt ist, bei den Teilnehmern die Beziehung des Menschen zur Organisation zu sensibilisieren. Gelegenheit dazu findet der Trainer, indem er jetzt die Ergebnisse der zwei Aufgaben, die im Vorspann erarbeitet worden sind, den organisatorischen Problemen des Spiels gegenüberstellt. So ist es vielfach typisch, daß in der Eingangsdiskussion (im „Podiumsgespräch") vorgeschlagen wird, von der Management-Gruppe loszukommen („drei Manager zu Experten befördern", „drei Managern andere Projekte zuteilen"); daß dann im Fünfeck-Spiel aber keiner der Manager an ein Ausscheiden oder an eine Umorganisation denkt. Es kann auch sein, daß man sich in der vorausgehenden Podiumsdiskussion für ein solches organisatorisches Experiment entscheidet. Wird es nun konkretisiert, so sind alle gleichzeitig auch mit den Problemen konfrontiert; es zeigt sich dann, ob man es für unmöglich oder auch möglich oder für besser, bzw. für geeignet zum weiteren Ausbau, hält.

Problemaufriß für den Trainer

I. Die Management-Gruppe

1. Wie gestaltete sich der Entscheidungs-Prozeß?

   a) Dominierte und entschied einer unangefochten?

   b) Gelangte die Gruppe zu einem echten Konsens?

   c) Entstand ein Konsens erst nach einer Konzeptions-Konkurrenz?

   d) Blieb eine Konzeptions-Konkurrenz, die zu differierenden oder sogar rivalisierenden Aktivitäten führte?

2. Wie konstituierte sich die Management-Gruppe im Verhältnis zu den Projektgruppen?

   a) Trug die Managementgruppe als Ganzes die Verantwortung gegenüber den einzelnen Projektgruppen?

   b) Wurde die Verantwortung auf- und zugeteilt, was in den meisten Fällen bedeutet: gliederte die Management-Gruppe sich so auf, daß ein Manager für eine Projektgruppe zuständig wurde?

c) Wurde die Verantwortung (z. B. die jeweiligen Zuständigkeiten) von den Mitarbeitern in den Projektgruppen wahrgenommen? Anders gesagt: Erfuhren oder merkten die Mitarbeiter, wie die Managergruppe ihre Verantwortlichkeit festgelegt hatte?

3. Wie verhielt sich die Management-Gruppe zu den Projektleitern?

a) Versuchten die Manager zu dominieren?

b) Wurden die Projektleiter in das Management-Team aufgenommen?

c) Entstand zwischen den Management- und den Projektleitern eine Konzeptions-Konkurrenz oder gar eine Rivalität?

d) Dominierte die Gruppe der Projektleiter?

e) Dominierte ein Manager?

f) Dominierte ein Projektleiter?

4. Wie verhielten sich die Manager zu den Projektgruppen?

a) Tauchten mehrere Manager in einer Gruppe (als Gesprächspartner des Projektleiters) auf?

| häufig | selten | nicht |
|---|---|---|
| O | O | O |

b) Tauchte ein Manager in der Gruppe (als Gesprächspartner des Projektleiters) auf?

| häufig | selten | nicht |
|---|---|---|
| O | O | O |

c) Griffen mehrere Manager (über den Kopf eines Projektleiters) in die Gruppenarbeit ein?

| häufig | selten | nicht |
|---|---|---|
| O | O | O |

d) Griff ein Manager (über den Kopf des Projektleiters) in die Gruppenarbeit ein?

| häufig | selten | nicht |
|---|---|---|
| O | O | O |

e) War dieser Kontakt für den Fortgang des Projekts nützlich?

| nützlich | wenig nützlich | kein Kontakt |
| --- | --- | --- |
| O | O | O |

f) Wie war die Art des Kontakts?

| freundlich partnerschaftlich | amtlich distanziert | autoritär | kein Kontakt |
| --- | --- | --- | --- |
| O | O | O | O |

5. Wie vollzog sich die rangmäßige Bewertung der Projektgruppen?

a) Gab es schnell eine einhellige Meinung mit Einigung in der rangmäßigen Bewertung?

b) Hielt – bei Aufgliederung der Verantwortung der Manager auf je eine Projekt-Gruppe – der jeweils zuständige Manager mit seiner Gruppe und einigte man sich dennoch?

c) Hielt der zuständige Manager mit seiner Gruppe und einigte man sich erst nach einer Kampfabstimmung?

d) Hielt der zuständige Manager mit seiner Gruppe, und entstand dadurch eine Uneinigkeit, die der Gesamtgruppe gegenüber sichtbar wurde?

e) Wurde eine rangmäßige Bewertung abgelehnt?

6. Wie sah die Management-Gruppe sich nach dem Spiel selbst, und wie wurde sie von den Projekt-Gruppen gesehen?

a) Die Management-Gruppe sah sich positiver als sie von den Projektgruppen gesehen wurde.

b) Die Managergruppe sah sich negativer als sie von den Projektgruppen gesehen wurde.

c) Die Sicht war gleich, das positive Moment überwog.

d) Die Sicht war gleich, das negative Moment überwog.

II. Die Projekt-Gruppen intern

1. Mit Bezug zum Projektleiter und Stellvertreter

   a) Wie faßte der Projektleiter seine Rolle auf, war er partnerschaftlich oder autoritär?

   b) Wie faßte der Stellvertreter seine Rolle auf, war er partnerschaftlich oder autoritär?

   c) Hatte die zeitweilige Abwesenheit des Projektleiters einen Einfluß auf die Kooperation?

2. Mit Bezug zur Management-Gruppe

   a) Wirkte das Management fördernd oder hemmend auf die Gruppenarbeit?

   b) Entwickelte die Gruppe eine Konzeption, die mit derjenigen der Managementgruppe in Konkurrenz trat?

3. Mit Bezug zum Team-Charakter

   a) Gab es in der Gruppe ein zielorientiertes Engagement?

   b) Ordnete sich die Kooperation von selbst?

   c) Konnte ein Einzelner seine Idee zur Geltung bringen?

   d) Gab es interne Konzeptions-Konkurrenz?

III. Die Projektgruppen untereinander

1. Wann fand ein Austausch von Informationen statt?

| bald | nach einiger Zeit | spät | gar nicht |
|---|---|---|---|
| O | O | O | O |

2. Wer setzte den Austausch in Gang?

Der Projektleiter

Der Stellvertreter des Projektleiters

Ein Manager

Eigenaktivität der Gruppe

3. Wann fand ein Austausch von Fünfeck-Stücken statt?

| bald | nach einiger Zeit | spät | gar nicht |
| --- | --- | --- | --- |
| O | O | O | O |

4. Wer setzte den Austausch in Gang?

Der Projektleiter
Der Stellvertreter
Ein Manager
Eigenaktivität der Gruppe

5. Art und Grad der Kooperation

a) Arbeiteten die Gruppen kooperativ nach einer gemeinsamen Zielsetzung?

b) Arbeiteten die Gruppen nebeneinander her?

c) Dominierte eine Gruppe?

d) Bestand eine Konzeptions-Konkurrenz, die sich nicht zur Kooperation, sondern in Richtung Rivalität entwickelte?

IV. Das Verhalten gegenüber der vorgegebenen Organisation

1. Die Einordnung in das vorgegebene organisatorische Modell

a) Wurde das Modell akzeptiert?

b) wenn ja, warum?

c) wenn nein, warum nicht?

2. War die Rolle des Managements für den organisatorischen Ablauf der Übung erforderlich? –aus der Sicht der Projektgruppen.

a) ja, unbedingt

b) ja, nicht so unbedingt, aber letztlich doch besser als ohne Management

c) nein, das Management hätte die Rolle anders sehen müssen (Wie? )

d) nein, das Management war überflüssig, es war nur eine Belastung.

3. War die Rolle des Managements für den organisatorischen Ablauf der Übung erforderlich? – aus der Sicht der Management-Gruppe.

   a) ja, unbedingt

   b) ja, nicht so unbedingt, aber letztlich doch besser als ohne Management

   c) nein, das Management hätte die Rolle anders sehen müssen (Wie? )

   d) nein, das Management war überflüssig, es war nur eine Belastung.

4. Wurden Vorschläge zur Optimierung der Organisation gemacht?

   a) Solche, die sich am herkömmlichen hierarchischen Modell orientieren und konservativ sind.

   b) Solche, die sich zwar am herkömmlichen hierarchischen Modell orientieren, die aber einen Ausbau in Hinsicht auf Systemtheorie und funktionaler Organisation (sachbezogene, horizontale Arbeitsabläufe berücksichtigende Organisation) suchen. Typisches Beispiel: organisatorische Probleme, die mit der Einführung eines Projektmanagements entstehen, werden erkannt und diskutiert.

   c) Solche, die außerhalb eines hierarchischen Modells ansetzen. Hier wird etwa die Systemtheorie und die funktionale Organisation ohne Bindung an die herkömmliche Organisation konzipiert. Beispielhaft ist die Vorstellung von Problemgruppen, die sich nach Lösung ihrer Aufgaben wieder umgruppieren bzw. die Bildung anderer Gruppen ermöglichen.

   d) Vorschläge, die auf Mitbestimmung der Gruppenmitglieder abgestellt sind.

Der Trainer wird bei Anwendung dieses auf einen halben Tag zu veranschlagenden Spiels schnell merken, daß es ihm viele anschauliche Beispiele liefert, von denen aus er in der Schlußbesprechung einhaken kann. Der Vorzug ist, daß er stets „auf die Sache“ Bezug zu nehmen vermag.

Einige Beispiele:

Die Tatsache, daß die Management-Gruppe sich zunächst einen Plan ausdenken muß, blockiert sie zeitlich für eine geraume Weile. Diese Zeit wird in den Projekt-Gruppen zur Entwicklung eigener Konzeptionen genutzt. Holt die Management-Gruppe dann die Projektleiter zum Meeting, werden die letzteren aus ihren Überlegungen herausgerissen; die Projekt-Gruppen tagen unter Leitung des Stellvertreters weiter. Befinden sich in den Projekt-Gruppen einige recht aktive Mitarbeiter, so werden sie schnell von sich aus Kontakt mit den jeweiligen anderen Gruppen aufnehmen und gemeinsam versuchen, ihre Informationen mit dem Ziel des Erkennens des Grundrisses zu ergänzen und zu erweitern. Sie werden Zeichnungen anfertigen, um das schneller erreichen zu können. Inzwischen kommt der Projektleiter mit einer neuen (anderen) Strategie, mit neuen Anweisungen; oder ein Vertreter des Managements sucht die Gruppen auf und will Informationen und seinen Weg zur Lösung „durchsetzen". (Er will ihnen „die Ziele setzen", die diese längst selbst sehen und angehen). Interessante Beispiele gibt es auch in Hinsicht auf die Eigen- und Fremdbeeinflussung. So ist es etwa charakteristisch, daß sich in der größeren Gruppe (der Nicht-Manager) die Auffassung bildet, die Manager wären heillos zerstritten, während die letzteren in einer mustergültigen demokratischen Weise sich einigen – was freilich wieder Zeit kostet.

### 3.3.3. Kommunikationsketten-Spiel

Kommunikation als hergestellte Nachrichtenverbindung

Bekanntlich ist heute die Information, die Nachricht über Fakten und Geschehnisse, sehr in den Mittelpunkt getreten; es wird schon davon gesprochen, wir würden uns nicht mehr im Industriezeitalter, sondern vielmehr im Informationszeitalter befinden. Freilich muß die Information erst einmal gegeben und dann aufgenommen werden; es muß also eine Nachrichtenverbindung entstehen. Genau das ist eine Kommunikation.

In dieser Übung soll die Problematik der Kommunikation innerhalb einer festgelegten hierarchischen Struktur veranschaulicht werden. Gerade hier nämlich treten Fragen auf wie: Sind Informationen weitergegeben worden oder nicht? Gehört es zum Status, Anspruch auf einen Informationsvorsprung zu haben? Wie oft tritt man in Kommunikation miteinander?

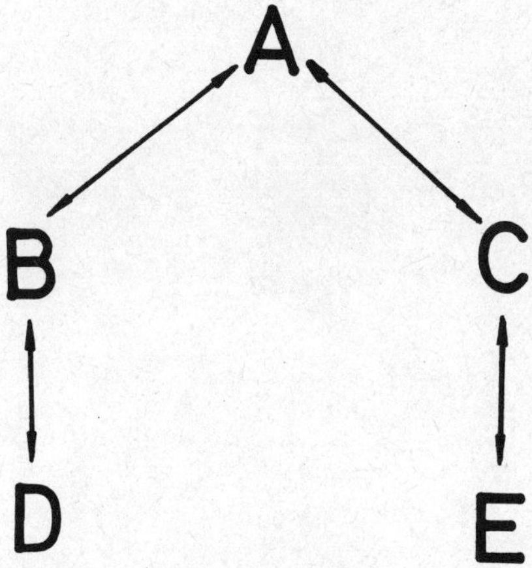


A, B, C, D, E = Teilnehmer
Hierarchie und ⟷ erlaubte Kommunikationswege

**Abb. 16**

Ausgangssituation:

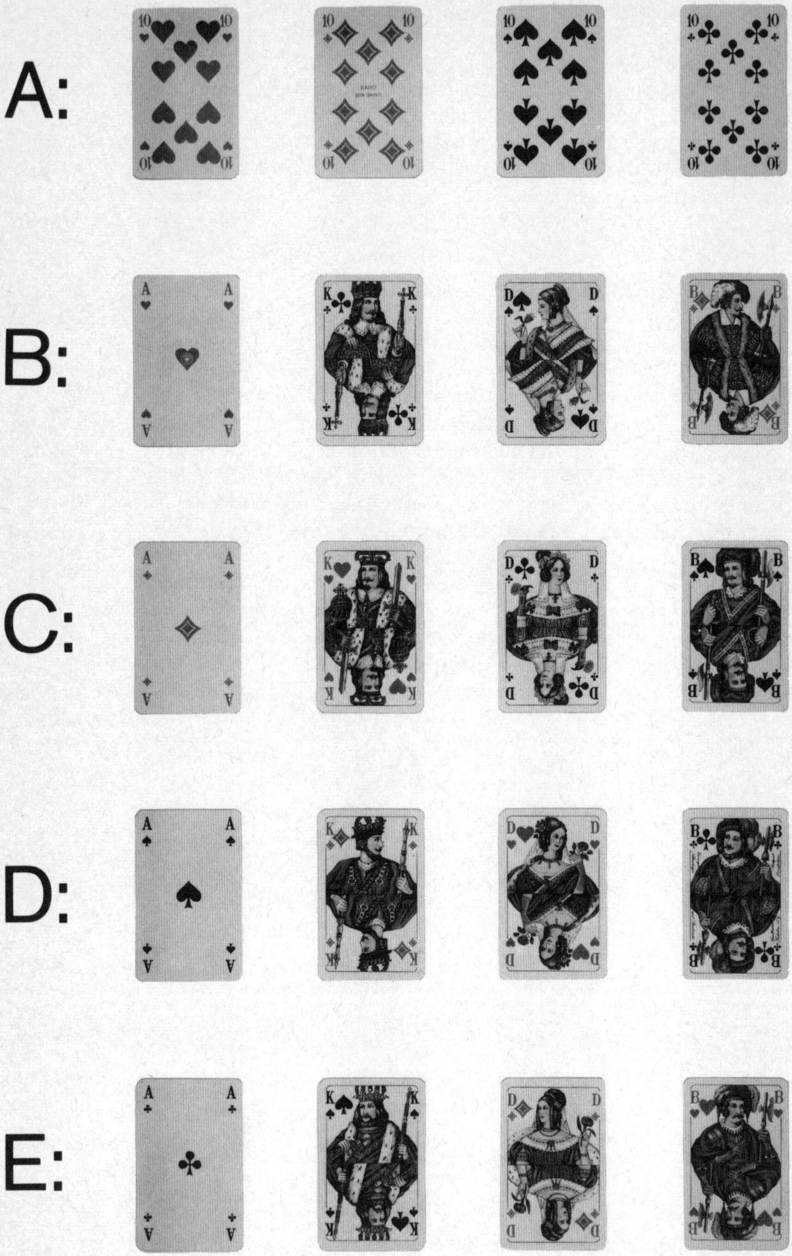


**Abb. 17**

Charakteristik

Diese Übung geht auf einen Aufsatz von H.J. *Leavitt* (Some effects of certain Communication patterns on group performance, 1951) zurück. Die vorliegende Fassung wurde in Zusammenarbeit mit R. Faul gestaltet.
Fünf Teilnehmer werden benötigt. Sie gruppieren sich nach beigefügter Sitzanordnung (Abb. 16). Diese Anordnung zeigt ein hierarchisches Modell, in dem A die Führungsrolle erhält. Ihm „unterstehen" B und C, denen wiederum D und E nachgeordnet sind. Wer von den Teilnehmern die 5 Rollen erhält, kann am besten durch Losentscheid festgelegt werden.

Jeder Spieler erhält einen geschlossenen Briefumschlag, in dem, nach Position A – E festgelegt, 4 verschiedene Spielkarten enthalten sind (Abb. 17). Das Ziel des Spiels – das aber nur dem Manager A mitgeteilt wird – besteht darin, diese Karten so auszutauschen, daß am Schluß jeder Teilnehmer 4 Karten „mit gleichem Symbol" hat. Hierunter wird meist der Kartenwert verstanden; d. h. die „Symbole" Zehn, As, König, Dame und Bube (davon gibt es ja jeweils 4) sind auf die 5 Mitwirkenden verteilt. Es wird aber auch als gültige Lösung angesehen, wenn ein Spieler 4 Exemplare eines Kartenwertes hat und die anderen Teilnehmer über vier gleiche Farben (Herz, Karo, Pik und Kreuz) verfügen.

Die Kommunikation in dieser Übung hat nur schriftlich zu erfolgen. Diese Erschwerung, so muß man sich das vorstellen, soll die Wirklichkeit (aus demonstrativen Zwecken pointiert herausgestellt) simulieren, in der jede Position im Instanzenweg eingespannt ist und persönliche Kontakte häufig genug schwierig zu erhalten und zu gestalten sind. Damit in diesem Spiel die Teilnehmer schriftlich miteinander in Kommunikation treten können, hat der Trainer ihnen ausreichend Papier (am besten Zettel im DIN-A-6-Format) zur Verfügung zu stellen. Für eine Gruppe ist pro Spiel mit 160 Zetteln zu rechnen.

Mit dem die Spielkarten enthaltenden Briefumschlag bekommt jeder Spieler persönlich eine schriftliche Instruktion, in der unter der Überschrift „Erläuterungen zum Spiel" etwa folgendes gesagt wird:

> „In diesem Spiel sollen alle Kommunikationen schriftlich gegeben und ausgetauscht werden. Sie dürfen also nicht sprechen und sich auch nicht durch Gestik zu verständigen suchen. Die Informationslinien sind auf Abb. 16 festgelegt. Es ist also nur gestattet, Nachrichten an diejenigen Mitspieler zu schicken, mit denen Sie eine direkte Verbindung haben. Für Ihre Mitteilungen verwenden Sie bitte die Ihnen gegebenen Zettel und beachten Sie dabei, auf jeder Mitteilung Absender und Empfänger zu kennzeichnen. (Wir empfehlen das Muster B→D). Wichtig ist ferner, daß die einmal erhaltene Post bei Ihnen liegen bleibt. Jede Mitteilung muß immer auf einen neuen Zettel geschrieben werden. Wenn Sie eine erhaltene Information einfach weitergeben wollen, so müssen Sie diese also erneut aufschreiben.
>
> Jeder Spieler kann den Informationsaustausch nur über einen Kurier vornehmen. Zeigen Sie ihm durch Handaufheben an, wenn Sie eine Mit-

teilung haben. Der Kurier wird sie dem Empfänger zuleiten. Jeweils eine oder zwei Karten geben Sie nur an Ihren ‚Vorgesetzten', allerdings erst dann, wenn er Sie danach fragt und Ihnen dieselbe Anzahl eigener Karten aushändigen läßt. Kein Teilnehmer darf mehr als vier Karten haben, ausgenommen im Augenblick des Kartentausches."

Der Teilnehmer A ist der Manager. Er bekommt als einziger das Ziel des Spieles mitgeteilt. Er erhält etwa die folgende zusätzliche schriftliche Instruktion:

„B und C stehen (entsprechend Abb. 16) mit Ihnen in Kommunikation. Mit beiden hat je ein Teilnehmer Nachrichtenverbindung. D kommuniziert mit B,E mit C. Jeder Teilnehmer hat einen Umschlag mit vier Karten. Auf jeder Karte ist eines von insgesamt fünf verschiedenen Symbolen.

Ihre Aufgabe ist beendet, wenn jeder Teilnehmer alle Karten desselben Symbols hat, d. h. wenn jeder vier Karten mit einem gleichen Symbol besitzt.

Sie können schriftliche Mitteilungen nur an B und C geben und nur von diesen beiden entgegennehmen. Der Austausch geht über einen Kurier, zeigen Sie ihm durch Handaufheben an, wenn Sie eine Mitteilung geben wollen. Sie dürfen Ihre Karten keinem anderen Mitspieler zeigen; niemand darf Ihnen seine Karten zeigen.

Sowohl B als auch C können Ihnen jeweils eine oder zwei Karten geben, vorausgesetzt, Sie haben einen der beiden darum gebeten und geben ihm genau so viele eigene Karten ab. Kein Teilnehmer darf mehr als vier Karten haben, ausgenommen im Augenblick des Kartentausches."

Zu einer Gruppe gehören 1 oder 2 Beobachter. In der Praxis kann die Zahl davon abhängig gemacht werden, daß sich alle Teilnehmer der Schulungsgruppe einteilen lassen. Auch bei diesem Spiel hat man davon auszugehen, daß ca. 20 Personen trainiert werden; damit würden sich 3 Gruppen ergeben, die restlichen 5 Personen sind dann als Beobachter einzusetzen. Im Notfall kann der Trainer eine Beobachter-Rolle übernehmen.

Die Beobachter erhalten ebenfalls eine zusätzliche Anweisung. Sie lautet etwa:

Sie haben in diesem Spiel drei Aufgaben:

(1) Sie sind Kurier. Immer wenn ein Spieler es wünscht, geben Sie bitte den Zettel an den Empfänger weiter. Achten Sie darauf, daß die „Berichtswege" eingehalten werden, andernfalls sind die Mitteilungen zurückzuweisen. Achten Sie auch darauf, daß jeder Zettel nur einmal verwendet wird.

(2) Sie sehen damit schon, daß Sie gleichzeitig die Spielbedingungen kontrollieren sollen. Sorgen Sie damit auch dafür, daß die Spieler nur

schriftlich in Kommunikation treten. Achten Sie ferner darauf, daß der Kartenaustausch zwischen zwei Spielern so erfolgt, daß jeder von ihnen sofort wieder 4 Karten hat.

(3) Beobachten Sie das Spiel. Sie können alle Nachrichten lesen, die Sie überbringen. Sie werden nachher gebeten, Ihre Eindrücke vor dem Plenum wiederzugeben.

Chronologisch betrachtet gibt der Trainer zunächst eine kurze Einführung in die Übung. Er gliedert dann die Schulungsgruppe in drei Gruppen (mit dem jeweiligen Manager, den weiteren Spielern und den Beobachtern) auf. Er bittet dann die Gruppen, in die von ihm vorgesehenen drei Räume zu gehen, in denen die Sitze nach Abb. 16 angeordnet sind. Er gibt dann die allgemeinen Instruktionen an jeden und die zusätzlichen Mitteilungen an den Manager sowie an die Beobachter aus. Als Dauer des eigentlichen Spiels ist maximal die Zeit von 45 Minuten anzusetzen. Meist gelingt den Gruppen die Lösung nach etwa 30 Minuten. Einschließlich der „Manöverkritik" ist der Zeitbedarf demnach auf 1 1/2 Stunden zu veranschlagen.

In der anschließenden Besprechung ist den Beobachtern und den Gruppen das Wort in eigener Sache zu geben. Der Trainer hat dann u. a. einen Verhaltens- und Leistungsvergleich zwischen den Gruppen nicht zu scheuen.

Problemaufriß für den Trainer

I. Kommunikationsmatrix

Dadurch, daß jede Mitteilung auf einem Zettel festgehalten ist, kann der Trainer auszählen, wie oft ein Spieler eine Information erhalten und wie oft er eine gegeben hat. Es ist bei der Aufstellung dieser Daten zweckmäßig, daß die für das Spiel verwendete Zeit mit aufgeführt wird (Abb. 18).

| Gruppe 1 | | Gruppe 2 | | Gruppe 3 | |
|---|---|---|---|---|---|
| Zeit für die Durchführung | | Zeit für die Durchführung | | Zeit für die Durchführung | |
| Min. | | Min. | | Min. | |
| Häufigkeit der Kommunikation | | Häufigkeit der Kommunikation | | Häufigkeit der Kommunikation | |
| abgesendet | empfangen | abgesendet | empfangen | abgesendet | empfangen |
| A = | A = | A = | A = | A = | A = |
| B = | B = | B = | B = | B = | B = |
| C = | C = | C = | C = | C = | C = |
| D = | D = | D = | D = | D = | D = |
| E = | E = | E = | E = | E = | E = |
| Summe | Summe | Summe | Summe | Summe | Summe |

**Abb. 18**

Interessant für eine weitere quantitative Auswertung ist dann die Erstellung einer Kommunikationsmatrix (Abb. 19). In ihr wird für jeden Spieler eingetragen, wie viele Mitteilungen er von wem erhalten hat. Der Empfänger, bei dem die Zettel liegen, wird in der Kopfseite aufgesucht. Nach unten ist dann die Zeile zu finden, in der (jeweils mit Blick nach links) der entsprechende Absender aufgeführt ist. Zum Beispiel werden die Mitteilungen, die bei B am Schluß des Spiels eingesammelt werden, in der Spalte B eingetragen. Dabei kann B nach seiner hierarchischen Stellung nur Informationen von A und D erhalten. Die Informationen von A sind dann im ersten Feld von oben, die von D im vierten Feld von oben zu notieren. Nach diesem Verfahren kann dann in der unteren Summenspalte festgehalten werden, wie viele Mitteilungen jeder Spieler empfangen hat; in der rechten Summenspalte ist dann abzulesen, wie viele Nachrichten jedes Gruppenmitglied abgesendet hat.

Wenn man die 5 Zahlen der rechten Summenspalte addiert, erhält man die Gesamtzahl aller Kommunikationen in der Gruppe. Die Summe der 5 Zahlen in der unteren Summenzeile muß genauso groß sein. Den Wert kann man in das Feld ganz unten rechts eintragen.

Die Zahlen in der rechten Summenspalte der Matrix (für A bis E) sind stets identisch mit den Zahlen, die in Abb. 18 unter „abgesendet" (für A bis E) stehen. Die Zahlen in der unteren Summenzeile müssen analog in Abb. 18 unter „empfangen" aufgeführt sein.

Kommunikationsmatrix nach R. Faul (anzufertigen für jede Spielgruppe)

| Empfänger / Absender | liegt bei A | liegt bei B | liegt bei C | liegt bei D | liegt bei E | Summe abgesendet |
|---|---|---|---|---|---|---|
| kommt von A | | | | | | |
| kommt von B | | | | | | |
| kommt von C | | | | | | |
| kommt von D | | | | | | |
| kommt von E | | | | | | |
| Summe empfangen | | | | | | |

**Abb. 19**

Die qualitative Analyse der Nachrichten (Zettel) gibt dem Trainer ein aufschlußreiches Material für die Analysen, die mit den folgenden Punkten gekennzeichnet werden:

II. Die Integration von A in seine Aufgabe

1. Hat er begriffen, daß er die Managerposition besaß und daß von ihm die eigentliche Aktivität verlangt wurde?

2. Hat er begriffen, daß er über mehr Informationen verfügte als die anderen; daß offensichtlich nur er über den Sinn des Spieles orientiert war?

3. Fand er sich leicht oder schwer mit seiner Sachaufgabe zurecht? (Kannte er sich in den Skatkarten etwa nicht richtig aus? ...)

III. Die Qualität der Sachentscheidung von A

1. Entschied A sofort richtig?

2. Entschied A nicht sofort richtig?

   a) Merkte er von sich aus, daß er falsch entschieden hatte und entschied er daraufhin richtig?

   b) Erhielt er Informationen von B oder C, die ihn auf seine Fehler aufmerksam machten; und entschied er daraufhin richtig?

3. Blieb A bei einer Entscheidung, die nicht zum Ziel führte?

4. Wurde er durch ein Gruppenmitglied zur Änderung seiner Entscheidung gezwungen? (In Verbindung mit VI,4).

IV. Die Schnelligkeit der Sachentscheidung von A

1. Gelangte A schnell zur richtigen Entscheidung?

2. Verzögerte sich die richtige Entscheidung – mit der Konsequenz, daß die Gruppe in dieser Zeit nicht wußte, was zu tun war?

V. Informationsweitergabe durch A

1. Orientierte A die Gruppe über den Sinn des Spiels; was gleichzeitig hieß: Gab er seine Informationen an die Gruppe weiter?

2. Orientierte A die Gruppe nicht; was gleichzeitig hieß: Das Verhalten von A mußte so aufgefaßt werden, daß A es als zu seinem Status gehörig ansah, einen Informationsvorsprung zu besitzen?

VI. Führungsverhalten von A

1. Trugen die Nachfragen und Anweisungen autoritären Charakter oder wurden sie so empfunden?

2. Trugen die Nachfragen und Anweisungen partnerschaftlichen Charakter; d. h. merkten die Mitspieler ein Eingehen auf die ihnen übersandten Informationen? Wollte A Impulse und Ideen haben?

3. Zeigte sich in der Führung eine Unsicherheit, die toleriert oder ohne Reaktion registriert wurde?

4. Zeigte sich in der Führung eine Unsicherheit, die bewirkte, daß ein anderer oder eine Untergruppe die Führung de facto übernahm?

VII. Die Rolleninterpretation von B und C

1. Sahen sie sich miteinander als im Wettbewerb oder als im Team befindend?

2. Wie verhielten sie sich zu D und E?

   a) Geben sie ihnen ihre (von A erhaltenen) Informationen weiter oder nicht (wollten sie mehr Informationen haben als D und E)?

   b) Zeigten sie D und E, daß sie einen höheren Status haben, oder strebten sie von vornherein eine Teambildung an?

3. Wie sahen sie ihre Rolle gegenüber A?

   a) problemorientiert, sachlich, zielfördernd

   b) es bestanden emotionale Barrieren oder wurden während des Spiels aufgebaut

   c) Aktive Aufwärtskommunikation bei Passivität von A (vor allem: wenn sich die Entscheidungen bei A verzögern)

   d) Passivität bei Passivität von A und bei Verzögerungen in der Abwärtskommunikation.

VIII. Die Rolleninterpretation von D und E

1. Sahen sie sich miteinander als im Wettbewerb oder als im Team befindend?

2. Wie sahen sie ihre Rolle gegenüber B, C und A?

a) Aktive Aufwärtskommunikation, wenn für sie nichts geschah. (Es dauerte ja zunächst eine Zeit, bis auch bei schnellem Entschluß von A die Kommunikation von oben nach unten durchging)

b) Passivität, solange keine Abwärtskommunikation erfolgte

c) problemorientiert, sachlich, zielfördernd

d) es bestanden emotionale Barrieren oder wurden während des Spiels aufgebaut

e) wie d), mit besonderem Akzent: sie fühlten sich isoliert und benachteiligt.

IX. Kommunikation und Interaktionen

Es ist günstig, wenn der Trainer diese Übung mit einem Abriß über die grundsätzliche Bedeutung der Kommunikation (Nachrichtenverbindung) in der modernen Organisation erörtert. Dabei ist auf die Notwendigkeit der persönlichen Bereitschaft eines jeden Mitarbeiters zur horizontal und vertikal bezogenen Informationsweitergabe einzugehen.

### 3.3.4. Das Turmbau-Spiel

Charakteristik

Wer wollte daran zweifeln, daß Gruppendynamik eine ernste Sache ist? Wenn sie zusätzlich den Teilnehmern Spaß macht, wäre sie dennoch viel wirksamer zu trainieren. Das Turmbau-Spiel pflegt vom Trainer jedenfalls deshalb gerne verwendet zu werden, weil er weiß, daß es den Teilnehmern – in Verbindung mit der Aktivierung der planerischen und gestalterischen Qualifikation – auch oder zunächst einmal Spaß macht. Dieser Spaß entsteht speziell, wenn die Gruppe ihren Turm „wachsen" sieht und wenn nach Schluß der Arbeitsphase an den Türmen die drei (oder:vier) Türme nebeneinanderstehen.

Die Herkunft dieser Übung ist nicht feststellbar. Sie wird auch von K. Antons („Praxis der Gruppendynamik") gebracht und bei ihm sind weitere Vorlagen angegeben. Sie kann (wie bei diesen Spielen generell) in verschiedenen Fassungen verwendet werden. Die hier aufgezeigte Variante mit dem Einbau des „Spions" verdanken wir H. W. Dörner und Claus Theede. Man hat diese Turmbau-Übung in die Reihe der „Sandkastenspiele" einzuordnen, bei denen dann zusätzlich auf gruppendynamische Effekte geachtet wird. An die Stelle des Bauens eines Turmes könnte man also Aufgaben stellen wie: Bau einer Stadt, eines Flughafens, einer Fabrik, einer Brücke, einer Industriesiedlung, oder etwa auch die Konstruktion eines Papier-Flugzeugs, mit dem die spielerische Phantasie des Kindes angeregt werden soll.

Bei allem Spaß steht doch der Wettbewerbsgedanke im Vordergrund. Es ist deshalb nicht nur wünschenswert (wie bei den anderen Übungen), sondern erforderlich, daß aus einer Schulungsgruppe Untergruppen von mindestens 5 Personen (besser wäre noch 6 Personen, es können auch 7 sein) gebildet werden. Jede Untergruppe muß einen Turm bauen und benötigt dazu einen separaten Raum.

Es ist günstig, wenn jeder Gruppe ein offizieller Beobachter zugeteilt wird. Dieser hat dann dort als Vertreter des Trainers die gruppendynamischen Vorgänge zu beobachten und am Schluß vor dem Plenum darüber Bericht zu erstatten. Ob offizielle Beobachter „ernannt" werden (oder auf freiwilliger Basis sich melden), hängt von der Zahl der Seminarteilnehmer ab.

Wichtig für den Verlauf des Spiels ist nun folgende Variante: Jede Gruppe soll einen Beobachter („Spion") bestimmen, der – das wird vom Trainer vorher vor der Seminargruppe deutlich betont – berechtigt ist, in die anderen Gruppen zu gehen und dort zu beobachten. Seine Aufgabe ist dann, die eigene Gruppe zu informieren, was bei der Konkurrenz geschieht und ihr möglicherweise Impulse über Bauprinzip und Bautechniken zu geben!

Vor Beginn der Übung erhält jeder Teilnehmer das Formular „Turmbau"; und jede Untergruppe erhält die auf diesem Blatt bezeichneten Materialien. Jede Untergruppe baut dann ihren Turm. Als Zeit wird etwa eine Stunde angesetzt, die je nach dem Fortgang der Arbeiten an den Türmen verlängert zu werden vermag. Der Trainer kann auch, wenn er will, mit der Bemerkung „genau eine Stunde" das Moment des Zeitdrucks mit hineinbringen.

Nach Fertigstellung des Turmes bzw. nach Ablauf der vorgesehenen Bauzeit läßt jede der drei Gruppen durch einen von ihr bestimmten Sprecher den Turm vorstellen und von ihrer Arbeit berichten. Dabei sollen auch die gruppendynamischen Prozesse dargestellt werden. Die offiziellen Beobachter (wenn sie eingesetzt waren) haben diese Präsentation dann zu ergänzen.

Bevor die Präsentation durch die Gruppensprecher beginnt, weist der Trainer darauf hin, daß eine Jury darüber zu befinden hat, welcher Turm der beste ist.

Diese Jury wird aus je 2 Personen einer Gruppe gebildet. Sie tagt in Form einer Podiumsdiskussion; was heißt, daß die übrigen Seminarmitglieder Zeuge dieser Konferenz werden. Der Reiz liegt natürlich darin, daß jedes Mitglied der Jury normalerweise die Vorzüge des Turms der eigenen Gruppe – gerade vor den kritischen Zuhörern – herauszustellen sucht. Es wird deshalb zunächst über die Maßstäbe zu sprechen sein; der eine will, so zeigt die Praxis, z. B. die Zweckmäßigkeit, der andere die Schönheit höher bewerten. Dabei orientiert er sich an den jeweiligen Vorzügen und Schwächen des Turmes seiner Gruppe.

Eine solche Podiumsdiskussion kostet Zeit (etwa 1/2 Stunde); gleichzeitig ist das Risiko gegeben, daß beim Plenum die Aufmerksamkeit relativ schnell nachläßt. Es ist deshalb eine Alternative möglich: Nach etwa einer 1/2 Stunde Bauzeit bittet der Trainer aus jeder Gruppe 2 Personen (oder bei mehr als drei Gruppen auch: 1 Person), sich gemeinsam als Bewertungskommission zu konstituieren. Diese tagt von jetzt ab in einem eigenen Raum und sucht die Bewertungsmaßstäbe bzw. die Gewichtung der angegebenen Kriterien. Bei diesem Vorgehen ist es interessant, festzustellen, ob die Mitglieder dieser Kommission sich primär als zu ihrer Arbeitsgruppe gehörend fühlen oder sich zur neuen Gruppe „bekennen". Dies kann in der Abschlußdiskussion deutlich gemacht werden.

Die Gesamtdauer der Übung mit Abschlußdiskussion beläuft sich etwa auf 2 1/2 Stunden. Steht dem Trainer noch mehr Zeit zur Verfügung, so ist eine Aufnahme der Planungs-, der Bau- und der Jury-Phase auf Videorecorder empfehlenswert. Eine teilweise Wiedergabe der Vorgänge (der Trainer wird die Schwerpunkte auswählen) ist sehr demonstrativ. Damit würde als Zeit für die Übung ein halber Tag anzusetzen sein.

Übung : PROJEKT „TURMBAU"

Sie sind ein Projektteam.

Bauen Sie in dem Ihnen zugeteilten Raum einen „Turm", der ausschließlich aus dem Material, das Ihnen zur Verfügung gestellt worden ist, konstruiert werden soll.

Das Material besteht aus:

4 Bögen Kartonpapier
1 Tube Klebstoff
1 Rolle Tesafilm
1 Schere
1 Lineal
4 Bögen Papier für Entwürfe, Skizzen, dazu Bleistift, Radiergummi u. ä.

Der „Turm" muß auf seinem eigenen Fundament stehen können, d. h. er darf weder gegen die Wand oder irgendeinen anderen Gegenstand im Raum gelehnt sein, noch darf er aufgehängt oder an der Decke angebracht sein. Er muß standfest genug sein, so daß man ein Lineal darauf legen kann, ohne daß er umfällt.

Die Gruppen stehen untereinander im Wettbewerb, die einen gewinnen, die anderen verlieren.
Die „Türme" werden nach fünf Kriterien beurteilt:

1. Höhe
2. Standfestigkeit
3. Schönheit
4. Materialverbrauch (Kosten)
5. Bauzeit

Sie können Ihr Material in jeder beliebigen Art und Weise zuschneiden, biegen, kleben, zusammenfügen usw.

Jedoch ist zu beachten:

1. Kein Streifen darf länger als 50 cm bzw. breiter als 15 cm sein.
2. Wie die Streifen miteinander verbunden werden, bleibt ganz Ihnen überlassen.

Damit sind Ihnen sowohl die Ziele als auch die zur Verfügung stehenden Mittel genannt. Es bleibt Ihnen überlassen, welche Wege Sie einschlagen, um als erfolgreichstes Projektteam beurteilt zu werden.

Problemaufriß für den Trainer

I. Wie konstituierte sich die Gruppe und wer entschied in der Planungsphase?

1. Dominierte und entschied einer unangefochten?

2. Gelangte die Gruppe zu einem echten Konsens?

3. Entstand ein Konsens erst nach einer Konzeptions-Konkurrenz? (Unterschiedliche Konzeptionen. Es standen sich z. B. „Theoretiker" und „Praktiker" gegenüber; oder der eine stellte etwa die Höhe, der andere die Standfestigkeit als Leit-Kriterium in den Vordergrund).

4. Wie 3., dabei Akzent: Der Konsens war nur äußerlich; latent blieb eine Konzeptions-Konkurrenz, daher Uneinheitlichkeit und Wandlungen im Bauprinzip und in der Arbeit.

II. Wie gestaltete sich die Planungsphase?

1. Es wurde sinnvoll geplant.

2. Es kam zu keiner echten Planung; Einzelne und Untergruppen experimentierten sofort.

III. Wie vollzog sich der Turmbau?

1. Es wurde nach einer klaren Konzeption mit klarer Rollenverteilung in einem Zusammenhang gearbeitet.

2. Es wurde in mehreren Phasen gearbeitet, die durch Wandlungen bzw. durch Brüche in den Konzeptionen bedingt waren.
Damit entstanden aber keine Nachteile; die neuen Konzeptionen wirkten eher befruchtend (z. B. die „Theoretiker" wurden, was positiv war, während der Arbeit von den „Praktikern" abgelöst).

3. Wie 2., aber: Der Bruch der Konzeption brachte Nachteile; etwa Verzögerung, Zersplitterung in der Zielrichtung (ob z. B. unter Betonung der Höhe oder der Schönheit weitergebaut werden sollte).

IV. Charakteristische Verhaltensweisen

1. Gruppenorientiertes Verhalten

a) Mitglieder, die den Arbeitsanfall beobachteten und da mit zugriffen, wo Mitarbeit gebraucht wurde.

b) Mitglieder, die merkten, daß andere schlecht mit der Handhabung des Materials fertig wurden, halfen aus.

2. Nicht-gruppenorientiertes Verhalten

a) Mitglieder, die experimentierten und fleißig arbeiteten, die aber sehr egozentrisch waren und sich schlecht oder nicht in die Gruppe eingliederten.

b) Mitarbeiter, die nicht arbeiteten, weil sie keine fachliche Qualifikation für die Arbeit (Umgang mit dem Material) besaßen.

c) Mitarbeiter, die nicht arbeiteten, da sie sich frustriert fühlten (vor allem: wegen abgelehnter eigener Konzeption).

3. Gruppen-dominierendes Verhalten

a) Mitarbeiter, die nach Übersicht und zielorientierter Methodik strebten. Die sachliche Argumentation überwog; sie waren bereit, sich im Interesse der Zielerreichung in eine gleichrangige oder bessere Konzeption einzugliedern.

b) Mitarbeiter, die nach Übersicht und zielorientierter Methodik strebten. Sie waren nicht oder nur schwer bereit, sich im Interesse der Zielerreichung in gleichrangige oder bessere Konzeptionen einzugliedern – Im Vergleich zu 2 c) preschten sie immer wieder mit neuen Konzeptionen und dem sich darauf gründenden Anspruch vor.

V. Gab es eine klare Führungsrolle in der Gruppe?

1. Es gab einen Gruppenführer, der von der Konstituierung bis zum Schluß in seiner Rolle blieb.

2. Es gab eine Führungsrolle, wobei aber die Personen, die diese Rolle einnahmen, wechselten.

3. Es gab eine Führungsgruppe, die von der Konstituierung bis zum Schluß in ihrer dominierenden Stellung blieb.

4. Es gab Führungsgruppen, die wechselten.

5. Es gab keine Führungsrollen. Die Gruppe arbeitete ohne Führung.

VI. Wie war das Verhältnis der Zeit für die Planungsphase zur Zeit für die Bauphase?
(Angabe der ungefähren Prozentzahl)

VII. Wie wurde der „Spion" in der anderen Gruppe betrachtet?

1. Die Gruppe kümmerte sich nicht um ihn und ließ sich in ihrer Arbeit nicht aus dem Konzept bringen.

2. Die Gruppe suchte ihn zu gewinnen, zu überzeugen, zu integrieren und ließ sich in ihrer Arbeit nicht aus dem Konzept bringen.

3. Die Gruppe fühlte sich gestört.

4. Die Gruppe fühlte sich gestört und zeigte dem „Spion" an, daß er störe und daß er sich entfernen könne.

5. Die Gruppe fühlte sich gestört; sie suchte ihre Arbeit dem „Spion" gegenüber zu tarnen. (Der „Spion" geht ja in die anderen Gruppen und soll dann in seiner eigenen Gruppe berichten; vom Standpunkt der fremden Gruppen aus ist er also nicht immer anwesend. Eine Tarnung kann so vorgenommen werden, daß die Gruppe bei Auftauchen des „Spions" das wichtigste Material verschwinden läßt, sich Nebenarbeiten oder einem zweiten Bau zuwendet, der aber nur zur Irreführung des „Spions" in Angriff genommen wird. Geht der „Spion" wieder, so kommt der richtige Plan wieder auf den Tisch.)

VIII. Wie wurde der „Spion" in der eigenen Gruppe betrachtet?

1. Die Gruppe akzeptierte ihn grundsätzlich, und er hatte eine starke Position, (was vor allem heißt: Man hörte auf ihn.)

2. Die Gruppe akzeptierte ihn, aber offensichtlich nur oder vorwiegend deshalb, weil er seiner Gruppe (aus Kenntnis der Turm-Konzeptionen der Wettbewerbsgruppen) Lob zollte. („Ihr seid viel weiter als die anderen".)

3. Die Gruppe akzeptierte ihn nicht mehr, weil sie seine Kritik nicht hören wollte (wenn er etwa sagte: „Die andere Gruppe hat ein besseres Bauprinzip, mit dem man mehr Höhe gewinnen kann".)

4. Die Gruppe akzeptierte ihn nicht mehr, weil er zu lange weg blieb. Seine Ideen kamen zu spät, man wollte die Konzeption nicht mehr ändern. Er fühlte sich dadurch nicht integriert.

5. Die Gruppe akzeptierte ihn nicht mehr aus Mißtrauen, er sei ein „Doppelagent" geworden. Man fürchtete, er würde den anderen Gruppen ebenfalls Informationen aus seiner Gruppe geben.

IX. Wie sah der „Spion" selbst seine Rolle?

1. Als Berater seiner Gruppe.

2. Als Berater und Schiedsrichter seiner Gruppe.

3. Primär als Berater seiner Gruppe, aber auch als Berater der anderen Gruppen.

4. Als „Spion". (Es ist z. B. vorgekommen, daß ein „Spion" sich den allgemeinen Aufbruch der Seminarmitglieder, während jeder in den Raum seiner Untergruppe strebt, zu- nutze gemacht hat und in eine fremde Gruppe gegangen ist. Während des ganzen Spiels hat diese Gruppe angenommen, er sei einer der ihren. Es ist auch nicht aufgefallen, daß er einige Male hinausgegangen ist, um seine eigene Gruppe zu informieren.....).

5. Als „Doppelagent".

X. Einigte sich die Jury auf ein Urteil?

1. Sie kam schnell zu einem einhelligen Urteil.

2. Es gab eine Einigung nach schwierigen Meinungsverschiedenheiten.

3. Es gab einen Mehrheitsentscheid, dem sich eine Minderheit nicht anschloß.

XI. Wurden die 5 Kriterien gleich hoch bewertet oder kam man zu einer unterschiedlichen Bewertung dieser Kriterien?

1. Berechenbare Kriterien wurden bevorzugt (Höhe, Kosten des Materials, Zeit).

2. Wie 1., zusätzlich: Schwer oder nicht berechenbare Kriterien suchte man durch Verwendung mathematischer und statistischer Verfahren berechenbar zu machen (Standfestigkeit, Schönheit).

3. Nicht berechenbare Kriterien wurden bevorzugt. Der Berechenbarkeit wurde kein so großer Wert zugeschrieben.

XII. Wurde von der Jury kontrolliert, ob bei den Türmen kein Streifen länger als 50 cm und breiter als 15 cm sein durfte?

1. nein

2. ja, die Vorschrift war eingehalten worden.

3. ja, die Vorschrift war (von einer Gruppe oder von zwei Gruppen) nicht eingehalten worden; die Jury kritisierte nicht.

4. ja, die Vorschrift war (von einer Gruppe oder von zwei Gruppen) nicht eingehalten worden; die Jury „bestrafte" die entsprechende(n) Gruppe(n) durch Punktabzug (oder fand ähnlichen Kompromiß).

5. ja, die Vorschrift war (von einer Gruppe oder von zwei Gruppen) nicht eingehalten worden; die Jury „bestrafte" die entsprechende(n) Gruppe(n) durch Disqualifikation.

XIII. Nach welchen Argumenten und Motiven wurde in der Jury entschieden?

1. Nach sachlichen Argumenten

2. Vorwiegend nach gruppenegoistischen Motiven; sie wurden aber als sachliche Motive getarnt,

   a) dabei überzeugend vorgebracht (man konnte an die sachlichen Motive glauben)

   b) nicht überzeugend vorgebracht (man konnte nicht an die sachlichen Motive glauben)

3. Nach Argumenten, die sich aus dem gruppendynamischen Prozeß in der Jury-Gruppe ableiteten.

Ein Beispiel zu 3.: Der Turm der Gruppe A ist eindeutig der beste. Das wissen auch die 4 Vertreter der Gruppen B und C. Die Abgeordneten der Gruppe A in der Jury treten aber so arrogant auf („was sollen wir uns hier lange unterhalten....", „Nun macht mal keinen Wind", „Eine Diskussion ist doch wohl völlig zwecklos, die Fakten sprechen für sich"!), daß die Vertreter der anderen Gruppen sich gegen sie stellen und einen der von B und C gefertigten Türme durchbringen.

XIV. Wurde aus der Jury eine echte neue Gruppe?

1. ja, aus dem gruppendynamischen Prozeß heraus.

2. ja, aus Verantwortung für die neue Aufgabe der Bewertung der Türme.

3. ja, weil die Jury-Mitglieder in ihrer Arbeitsgruppe nicht oder nur sehr begrenzt integriert waren.

4. nein, die Bindung an die Arbeitsgruppen überwog und ließ ein echtes neues Team nicht zustandekommen. Es entstand eine Verhandlung von Delegierten der Gruppen

### 3.3.5. Das Verkaufsstrategie-Spiel „Fa. Frischluft AG"

Diese Übung ist in Gemeinschaft mit Martin C. R. Krüger entstanden.
Es handelt sich um eine Kombination von Konferenzfall und gruppendynamischer Übung. Arbeitsgruppen eines Unternehmens tagen unabhängig voneinander; sie haben neben den allen zugängigen Daten besondere, nur jeweils ihre Gruppe betreffende Informationen. Charakteristisch ist dann, daß die Konferenz, in der sich jede Arbeitsgruppe befindet, einige Male (mit teilweise personeller Umstrukturierung der Gruppen) unterbrochen wird.

Mit Martin C. R. Krüger bin ich der Auffassung, daß in Übungen dieser Art der Weg zur stärkeren Praxisbezogenheit der Gruppendynamik gewiesen wird.

Gliederung

A. Der Fall „Frischluft AG"

1. Die Marktsituation der Frischluft AG

2. Leitlinien zur Umsatzplanung
   a) Umsatz-Statistik 1962–1974
   b) Budgetbemessung des Verkaufsdirektors
   c) Bezahlung der Filialdirektoren

3. Brief des Verkaufsdirektors

4. Die Jahresabschluß-Konferenzen
   a) Management-Gruppe
   b) Filiale Nord
   c) Filiale West
   d) Filiale Süd
   e) Die neue Information

B. Verlauf des Seminars

1. Phase: Die Jahresabschluß-Konferenzen beginnen
2. Phase: Die veränderte Situation
3. Phase: Neue Planungsüberlegungen
4. Phase: Planabstimmung im Management
5. Phase: Strategie-Präsentation in den Filialen

C. Problemaufriß für den Trainer

## A. Der Fall „Frischluft AG"

### 1. Die Marktsituation der Frischluft AG

Die Firma Frischluft AG stellt Klimaanlagen her. Der Verkauf an die Bedarfsträger erfolgt durch Akquisition bei Architekten und Baugesellschaften, die neue Bauvorhaben oder große und größere Umbauten durchführen. Vertragsabschluß und Abrechnung erfolgen aber mit dem Bauherrn selbst.

Die geschäftliche Lage am Schluß des Jahres 1974 wird, wie die beigefügte Umsatz-Statistik (siehe 2. Leitlinien zur Umsatzplanung, a) Umsatzstatistik) detailliert veranschaulicht, durch folgende wesentliche Daten charakterisiert:

Das Unternehmen ist das größte in seiner Branche. Es befindet sich in einem expandierenden Markt und expandiert auch selbst.
Im Vergleich zum Wachstum des Marktes hat es aber einen Rückgang zu verzeichnen.

Die Verkaufsorganisation der Frischluft AG gliedert sich in 3 Filialen, Nord, West und Süd, deren Leiter jeweils ein Filialdirektor ist. An jeden Filialdirektor berichten 3 Bezirksleiter.
(Anmerkung zum Seminar: Je nach Zahl der Seminarteilnehmer können die Bezirksleiter auf 4 erhöht werden.)

Am Ende eines Jahres pflegt in jedem Filialbereich eine Abschlußkonferenz stattzufinden, auf der die Verkaufsergebnisse des vergangenen Jahres besprochen und Planvorschläge für das neue Jahr erarbeitet werden. Der Verkaufsdirektor liefert hierfür seine generellen Vorstellungen zur Umsatzausweitung.

Diese Planvorschläge der Filialen bilden dann für die Verkaufsdirektion des Unternehmens eine wichtige Unterlage zur Festlegung des Umsatzplans und der Verkaufsstrategie im neuen Jahr.

Zur Konkurrenz-Situation ist ein wichtiger Hinweis erforderlich:

Die Umsatz-Strategie ergibt, daß die Firma Klimatex große Markterfolge verzeichnen kann. Sie ist erst 1970 auf dem Markt erschienen, hat in 2 Jahren einen Marktanteil von 10 % errungen und diesen in den nächsten Jahren über 16 % auf 21 % steigern können.

Sie verdankt diesen Erfolg sicher primär der Tatsache, daß sie Klimaboxen anbietet; das sind Kleingeräte, die einzeln im Zimmer (bzw. in Büroräumen) aufgestellt werden können. Klimatex bietet seine Geräte in Moduln an, die je nach Bedarfsfall nur Luft umwälzen oder Frischluft ansaugen, diese kühlen oder anwärmen und gegebenenfalls sogar anfeuchten. Sie sind einfach zu montieren und leicht zu handhaben.

Klimatex verkauft diese kleinen Geräte über eine Händlerorganisation, also nicht wie die Frischluft AG über Architekten und Baugesellschaften. Diesen Händlern ist es offensichtlich gelungen, in den Markt der Umbauten einzudringen, darüber hinaus hat man einen neuen Markt durch Aufstellung dieser Geräte in nicht klimatisierten Alt- und Neubauten geschaffen. Es ist anzunehmen, daß sie mit dem Argument Erfolg haben, der Einsatz der Klimaboxen sei erheblich leichter und unkomplizierter zu realisieren und darüber hinaus auch noch billiger; bei Klimaanlagen müsse man z. B. für Luftschächte und für die Kombination von Heizung und Lüftung viel investieren und habe dazu noch Nachteile, wie nicht zu öffnende Fenster, in Kauf zu nehmen.

2. Leitlinien zur Umsatzplanung

a) Umsatz-Statistik 1962 – 1974 (Abb. 20)

b) Budgetbemessung des Verkaufsdirektors

Das Budget des Verkaufsbereichs (alle Aktivitäten der Filialen und des Verkaufsstabs) richtet sich nach dem Umsatzplan. Bei Steigerung des geplanten Umsatzes für 1975 um 20 % auf DM 106 Mio. stellt sich das Budget auf 23 %; das sind rd. DM 24 Mio.

Bei Planüberschreitung ist eine entsprechende Budgeterhöhung im Laufe des Jahres nur sehr schwer zu erreichen. Bei Planunterschreitung im Laufe des Jahres (entsprechend dem saisonalen Trend der Vorjahre) wird dagegen das Budget spätestens ab Mai rigoros entsprechend gekürzt.

c) Bezahlung der Filialdirektoren

Die Bezahlung der Filialdirektoren setzt sich aus einem Fixum und verkaufsabhängigem „Incentive" zusammen, der sich am Umsatzplan orientiert. Das Zieleinkommen für 100 %ige Planerfüllung wird jedes Jahr neu festgesetzt.

| | | |
|---|---|---|
| Zieleinkommen 1975 | = | 100 % |
| daran Fixum | = | 30 % |
| bei 100 % Planumsatz | =+ | 70 % Incentive |

| | | |
|---|---|---|
| bei Planüberschreitung | bis 15 % | Erhöhung um 2fachen Incentive %-Satz (je 1 % Steigerung über 100 % Plan = 1,4 % vom Zieleinkommen) |
| | 16 bis 20 % | 1 1/2facher Incentive %-Satz (= 1 % vom Zieleinkommen) |
| | darüber | 1facher Incentive %-Satz (=0,7 % vom Zieleinkommen) |
| bei Planunterschreitung | bis 10 % | Kürzung um 2fachen Incentive %-Satz |
| | 11 bis 15 % | Kürzung um 1 1/2fachen Incentive %-Satz |
| | darunter | Kürzung um 1fachen Incentive %-Satz |

Beispiel: aa) 117 % Umsatzplan erfüllt

| | | |
|---|---|---|
| Fixum | | 30 % vom Zieleinkommen |
| 100 % Plan | + | 70 % vom Zieleinkommen |
| 15 % über Plan | + | 21 % vom Zieleinkommen |
| + 2 % über Plan | + | 2 % vom Zieleinkommen |
| GESAMT: | | 123 % vom Zieleinkommen |

bb) 87 % Umsatzplan erfüllt

| | | |
|---|---|---|
| Fixum | | 30 % vom Zieleinkommen |
| 100 % Plan | + | 70 % vom Zieleinkommen |
| 10 % unter Plan | ./. | 14 % vom Zieleinkommen |
| + 3 % unter Plan | ./. | 3 % vom Zieleinkommen |
| GESAMT: | | 83 % vom Zieleinkommen |

Die unter 2. b) und c) fixierten Regelungen sollen den Verkaufsdirektor und die Filialdirektoren zwingen, eine möglichst reale Planung vorzunehmen.
Um ein möglichst großes Budget zur Verfügung zu haben, sollte der Umsatz möglichst optimistisch geplant werden, da eine Budgeterhöhung bei Planüberschreitung nur schwer zu erreichen ist.
Vom eigenen Einkommen her ist eine Umsatzplanung an der unteren Grenze interessant, da Planüberschreitungen das Einkommen erhöhen und Planunterschreitungen eine drastische Kürzung bedeuten. Diese beiden gegenläufigen Interessen sollen eine möglichst objektive Planung sicherstellen.

Abb. 20

UMSATZ-STATISTIK

| | 1962 | | 1967 | | 1972 | | | 1973 | | | 1974 | | |
|---|---|---|---|---|---|---|---|---|---|---|---|---|---|
| | Umsatz Tsd. DM | % vom Markt | Umsatz Tsd. DM | % vom Markt 3) | Umsatz Tsd. DM | % Zuwachs | % vom Markt 3) | Umsatz Tsd. DM | % Zuwachs | % vom Markt 3) | Umsatz Tsd. DM | % Zuwachs | % vom Markt 3) |
| Filiale Nord | keine Aufteilung vorhanden, da andere Gebiets-grenzen | | 16.800 | 39 | 26.600 | 58 | 38 | 30.000 | 13 | 38 | 34.400 | 15 | 39 |
| Filiale West | | | 14.200 | 33 | 24.400 | 72 | 34 | 27.600 | 13 | 35 | 30.800 | 11 | 35 |
| Filiale Süd | | | 12.200 | 28 | 19.800 | 62 | 28 | 21.800 | 10 | 27 | 23.000 | 5 | 26 |
| Frischluft AG | 30.600 | ca. 40 | 43.200 | ca. 40 | 70.800 | 64 | 36 | 79.400 | 12 | 33 | 88.200 | 11 | 31 |
| Bellinger | - | ca. 25 | - | ca. 25 | 41.200 | - | 21 | 36.600 | 13 | 15 | 37.000 | 3 | 13 |
| Klimatex 1) | - | - | - | - | 19.800 | - | 10 | 38.600 | 95 | 16 | 59.800 | 55 | 21 |
| Multitemp | - | ca. 10 | - | ca. 10 | 19.600 | - | 10 | 28.800 | 47 | 12 | 31.400 | 9 | 11 |
| Proair 1) | - | - | - | - | 9.600 | - | 5 | 14.400 | 50 | 6 | 11.400 | 30 | 4 |
| WTK 2) | - | - | - | ca. 5 | 15.600 | - | 8 | 21.600 | 38 | 9 | 25.600 | 18 | 9 |
| Sonstige | - | ca. 25 | - | ca. 20 | 19.400 | - | 10 | 21.200 | 9 | 9 | 30.600 | 45 | 11 |
| | ca. 80.000 | 100 | ca. 110.000 | 100 | 196.000 | 78 | 100 | 240.000 | 22 | 100 | 284.000 | 18 | 100 |

ANMERKUNGEN:

1) = nur Klimaboxen

2) = seit 1971 gemischtes Programm

Rest = Klimaanlagen

3) % vom Markt = bei den 3 Filialen Anteil am Umsatz der Frischluft AG
= bei den Firmen Anteil am geschätzten Gesamtumsatz der Branche

### 3. Brief des Verkaufsdirektors

Unter dem Eindruck des ständigen Rückgangs des Marktanteils der Frischluft AG hat der Verkaufsdirektor jedem Filialdirektor den nachstehend wiedergegebenen Brief zugeschickt.

An die Herren Filialdirektoren

Unser Umsatz ist in diesem laufenden Jahr abermals um 11 % gestiegen. Hierfür möchte ich mich bei Ihnen und Ihren Mitarbeitern bedanken.

Leider muß ich aber auch feststellen, daß der Marktanteil unseres Unternehmens erneut zurückgegangen ist. Die von meinem Stab ermittelten Marktdaten, die in der Ihnen hiermit zugeschickten Umsatz-Statistik zusammengefaßt sind, zeigen dies sehr deutlich. Zusätzlich ist darauf hinzuweisen, daß sich dieser Rückgang des Marktanteils fast gleichmäßig auf alle Produktgruppen verteilt.

Ich bin sicher, daß Sie mit mir darin übereinstimmen, daß es höchste Zeit ist, diesen ständigen Marktverlust zu stoppen. Es muß uns mindestens gelingen, im kommenden Jahr diesen Anteil zu halten, um in den folgenden Jahren unsere Marktführung weiter auszubauen.

Bitte nutzen Sie Ihre Abschlußkonferenz in diesem Jahr, um die Umsatzzahlen auf dieses Ziel hin zu planen. Um unseren Marktanteil zu halten, muß die Steigerungsrate für 1975 mindestens auf 20 % festgelegt werden. Ich ersuche Sie, mir Vorschläge vorzulegen, wie Sie das in Ihrem Filialbereich zu erreichen gedenken. Mein Stab steht Ihnen jederzeit bei der Entwicklung Ihrer Konzeption mit Rat und Tat zur Verfügung.

Bitte geben Sie den Inhalt dieses Briefes und die Umsatz-Statistik Ihren Bezirksleitern bekannt.

Mit freundlichem Gruß

Der Verkaufsdirektor

Die Filialdirektoren haben diesen Brief mit der Statistik kopieren und an die Bezirksleiter weitergeben lassen. Der Inhalt ist zu Beginn der Konferenz jedem bekannt.

### 4. Die Jahresabschluß-Konferenzen

Der Trainer gliedert die Schulungsteilnehmer in vier Gruppen, die in verschiedenen Räumen konferieren.

Die Gruppe 1 ist die Management- oder Stabsgruppe. Sie besteht aus dem Verkaufsdirektor sowie aus den Leitern seiner 3 Stäbe; dem Leiter Budget, dem Personalleiter Verkauf und dem Produktmanager.

Die Gruppen 2 bis 4 repräsentieren die 3 Filialen Nord, West und Süd. Zu Ihnen gehören jeweils der Filialdirektor mit den 3 (oder, je nach Zahl der Schulungsteilnehmer, 4) ihm berichtenden Bezirksleitern.

Jede Seminargruppe findet auf ihrem Konferenztisch noch einige zusätzliche, speziell auf ihre Situation zugeschnittene Informationen.

a) Management-Gruppe

Die Management-Gruppe trifft sich, um die längerfristige Strategie des Unternehmens zu erörtern.

Zur Position des Produktmanagers ist noch anzumerken, daß sie erst im Laufe dieses vergangenen Jahres neu gegründet wurde. Nach amerikanischem Vorbild soll von ihr aus die Koordination der produktbezogenen Aktivitäten aller Unternehmensbereiche wie Produktentwicklung, Produktion, Absatz und Finanzen erfolgen. Der Inhaber der Position war vorher Assistent beim Direktor Produktion. Aus diesen besonderen Erfahrungen ist er an einer möglichst realistischen Umsatzvorausschau interessiert, um eine optimale Produktionsauslastung unter Berücksichtigung der vom Markt geforderten Lieferfristen sicherzustellen.

Aus der Budget-Abteilung und aus der Marktforschung des Unternehmens liegen der Management-Gruppe folgende zusätzliche Informationen vor:

aa) Im neuen Jahr muß aufgrund der gestiegenen Materialpreise und der wirksam werdenden Lohnerhöhungen mit um 12 % höheren Produktionskosten gerechnet werden.

bb) Die Hersteller von Klimaboxen werden voraussichtlich ihre Preise halten oder nur geringfügig erhöhen. Klimaboxen werden in Serie hergestellt und in der Serienproduktion stecken erhebliche Rationalisierungsreserven.

Hieraus würden sich nachstehende Konsequenzen ergeben: Wenn die Frischluft AG auf dem Markt der Umbauten nicht völlig aus dem Geschäft kommen will, wird sie nur im Durchschnitt um ca. 5 % höhere Verkaufserlöse erzielen können.

cc) Da die Differenz keinesfalls in der Gewinnspanne aufgefangen werden kann, hat der Verkaufsdirektor zu entscheiden, wie er seine Vertriebskosten bereits im neuen Jahr dieser Situation entsprechend senken will.

b) Filiale Nord

Die Filiale hat im laufenden Jahr die gesteckten Ziele (15 % Umsatzsteigerung) erreicht. Allerdings bleibt zu bemerken, daß man auch hiermit unter dem für die Branche ermittelten Bundesdurchschnitt (18 %) geblieben ist.

Im einzelnen kann gesagt werden, daß der Konkurrent Bellinger mehr und mehr an Boden verloren hat; es ist sogar zu vermuten, daß er einen eindeutigen Umsatzrückgang verzeichnen muß.

Gegenüber der Firma Multitemp ist ebenfalls ein erhebliches Feld gewonnen worden.

Schwierigkeiten bereitet der Konkurrent Klimatex. Er hat der Frischluft AG viele Altbauten weggenommen, bei denen die Filiale ins Geschäft zu kommen hoffte. Die Frischluft AG kann unter technologisch-organisatorischem Aspekt eindeutig die besseren Problemlösungen anbieten; diese werden von dem potentiellen Kundenkreis aber als zu teuer angesehen.

Die Strategie, im Jahre 1975 auf 20 % Umsatzsteigerung zu kommen, wird in der Filiale Nord als realistisch beurteilt. Man hält die augenblickliche Preissituation unter dem Aspekt der Umsatzsteigerung für recht problematisch; um den Markt erfolgreicher bearbeiten zu können, müßte den Kunden ein noch besserer Service geboten werden können. Dieses Thema ist bisher nicht ausdiskutiert; es besteht eine starke Meinung, sich auf den Aufbau von Experten- und Berater-Stäben zu konzentrieren.

c) Filiale West

Die Filiale hat die ihr gegebenen Ziele, im Jahre 1974 15 % Umsatzsteigerung zu erreichen, nicht erfüllt. Sie kann aber immerhin eine Umsatzsteigerung verzeichnen, die genau dem Durchschnitt des Unternehmens entspricht (11 %). Der Unterschied dieses Zuwachs-Prozentsatzes zum Durchschnitt der Branche (18 %) fällt natürlich ins Auge.

Im einzelnen ist zu sagen, daß die Firma Proair, die der Frischluft AG im Jahre 1973 viele Schwierigkeiten gemacht hat, wieder „abgefangen" werden konnte. Die Filiale hält sich zugute, zu dem absoluten Umsatzrückgang bei Proair den entscheidenden Anteil geliefert zu haben. Das heißt für die Filiale West, daß man den Wettbewerb mit den Klimaboxen erfolgreich bestanden hat.

Es ist bekannt, daß ein Großteil des Verkäuferstabes von Proair zu Klimatex gegangen ist und einen Teil der Kunden mit dorthin genommen hat. Von daher sind 1975 harte Marktauseinandersetzungen mit Klimatex zu erwarten.

Aus dieser Kenntnis haben die Bezirksleiter der Filiale West in letzter Zeit mehrfach diskutiert, was zu tun sei. Die Entwicklung der Strategie zur Erreichung der geforderten 20 % Umsatzsteigerung wird u. a. folgende Punkte aufnehmen:

Ein größerer Verkäuferstab und eine bessere Verkaufsschulung (die nur möglich ist, wenn mehr Verkäufer zur Verfügung stehen); nur geschulte Verkäufer – hiervon sind die Bezirksleiter fest überzeugt – können die Kunden, denen Klimaboxen angeboten werden, zu Klimaanlagen überzeugen.

Die Filiale wird außerdem darauf hinweisen, daß sie von der Verkaufsdirektion mehr Unterstützung durch Marktanalysen erwartet. Sie will genauer wissen, woran sie wirklich ist; wo wirklich die Gründe liegen, die zur Abnahme des Marktanteils führen.

d) Filiale Süd

Die Filiale kann nur 5 % Umsatzsteigerung buchen, bleibt damit weit hinter ihrem Ziel, 15 % mehr zu schaffen und hinter dem Bundesdurchschnitt der Branche (18 %) zurück.

In dieser Filiale hat sich das Vordrängen der Händlerorganisationen, die Klimaboxen anbieten, besonders nachdrücklich gezeigt. Der Markt wurde im Jahre 1974 dadurch gekennzeichnet, daß der Anteil der Neubauten zurückgegangen und damit der Anteil der Umbauten gestiegen ist. Bei diesen Umbauten ist der Firma Klimatex über ihre Händlerorganisationen ein Einbruch mit ihren Klimaboxen gelungen. Der Absatz an Klimaanlagen stagniert.

Die Entwicklung einer Strategie, die von der Verkaufsdirektion geforderten 20 % Umsatzsteigerung zu erzielen, wird u. a. auf folgenden Überlegungen aufbauen:

Angebot neuer Produkte im Bereich der Klimaanlagen, die sich den Klimaboxen annähern.
Finden neuer Vertriebswege, etwa Nutzung von bestehenden oder Aufbau eigener Händlerorganisationen.

Man bezweifelt in der Filiale Süd allerdings, daß die Erwartung einer Steigerung um 20 % überhaupt realistisch ist.

e) Die neue Information

Kurz nachdem die Management-Gruppe zusammengetreten ist und sich in ihre Unterlagen eingearbeitet hat, wird sie mit folgender zusätzlicher Information konfrontiert:

Die beiden Konkurrenten, Klimatex und Multitemp, haben soeben fusioniert; hierbei hat Klimatex die Firma Multitemp – den einzigen echten Konkurrenten auf dem Gebiet der Klimaanlagen – „geschluckt". Klimatex ist als finanzkräftiges und auf dem Markt als „aggressives" Unternehmen bekannt.

Die Frischluft AG steht damit vor der Situation, daß Klimatex nicht nur über Händlerorganisationen mit Klimaboxen in den Markt einzudringen versucht, sondern jetzt auch mit Klimaanlagen „kommen" und die gleichen Vertriebswege wie die Frischluft AG (Akquisition bei Architekten und Baugesellschaften) benutzen wird.

Die Management-Gruppe steht damit natürlich vor der Frage, diese neue Lage in ihre Überlegungen, wie man den Markt halten und vergrößern kann, einzubeziehen. Die Fusion von Klimatex und Multitemp ist nicht zuletzt deshalb für die Frischluft AG ein Schock und eine Herausforderung, weil sie jetzt von ihrer bisher marktführenden Position verdrängt worden ist.

B. Verlauf des Seminars

1. Phase: Die Jahresabschluß-Konferenzen beginnen

Die *Management-Gruppe* tritt mit dem Ziel zusammen, die längerfristige Strategie des Unternehmens zu beraten, eventuell sogar festzulegen.

Sie hat in diesem Zusammenhang die von der Budget-Abteilung und der Marktforschung erhaltenen Nachrichten zu berücksichtigen. Sie hat zu überlegen, wie sie die um 12 % höheren Produktionskosten „verdauen" kann. Ist – entgegen den Vorschlägen der Budget-Abteilung – eine Weitergabe im Verkaufspreis möglich? Wenn nicht insgesamt, welcher Anteil? Was kann am Budget des Verkaufsbereichs eingespart werden? Oder muß ein Gewinnrückgang hingenommen werden?

Ca. 10 – 15 Minuten nach Konferenzbeginn der Management-Gruppe – je nachdem wie schnell sie zur „eigentlichen" Diskussion kommt – gibt der Trainer die zusätzliche Information über die Fusion der Firmen Klimatex und Multitemp herein. Damit erhalten alle strategischen Überlegungen eine völlig neue Basis.

Die *Filialgruppen Nord, West und Süd* haben die Aufgabe, für ihre Filialen eine kurzfristige Strategie für das Jahr 1975 zu entwickeln. Zu Beginn der Konferenz stehen ihnen hierfür einmal die im Brief des Verkaufsdirektors und in der Umsatzstatistik gegebenen, zum anderen die genannten zusätzlichen Informationen zur Verfügung. Jede Filiale hat somit neben den allgemein bekannten Informationen noch besondere, sich auf ihren eigenen Markt beziehende Nachrichten.

Es ist offen, ob zwischen den Filialen ein Austausch dieser zusätzlichen Informationen stattfindet. Ein solcher Austausch ist nicht ausdrücklich „verboten"; er wird aber vom Trainer auch nicht angeregt. „Verboten" ist allerdings, daß die Gruppen gemeinsam konferieren, da in der Praxis erhebliche Entfernungen zwischen den Konferenzorten liegen.

Die Zeit für diese erste Phase ist auf mindestens 30 Minuten anzusetzen. Den Gruppen muß ausreichende Gelegenheit gegeben werden, sich kennenzulernen und sich in das Material einarbeiten zu können.

2. Phase: Die veränderte Situation

Offensichtlich ist es erforderlich, daß die Management-Gruppe den 3 Filialgruppen die auch für die kurzfristige Planung wesentliche Information von der Fusion weitergibt.

Es ist zu „hoffen“, daß die Management-Gruppe bzw. der Verkaufsdirektor dies merkt. Es kann sein, daß der Verkaufsdirektor spontan an eine solche Informationsübermittlung denkt. Der Trainer greift dann ein und ersucht ihn, solange zu warten, bis die Filialgruppen ca. 30 Minuten konferiert haben und dann die Filialdirektoren zu einer Besprechung in seine Stabsgruppe zu bitten.

Wenn der Verkaufsdirektor bis zu einer Zeit von 30 Minuten keine Anstalten macht, die Nachricht von der Fusion weiterzugeben, dann geht der Trainer in die Filialgruppen und „streut“ diese Nachricht als Gerücht aus. („Man munkelt in der Branche davon, daß Klimatex und Multitemp fusioniert haben“).

Wenn ca. 10 Minuten nach Weitergabe dieses Gerüchts noch kein entsprechender Kontakt von seiten des Verkaufsdirektors oder der Filialdirektoren zustande gekommen ist, dann unterbricht der Trainer die Sitzung der Stabsgruppe und veranlaßt den Verkaufsdirektor, die 3 Filialdirektoren zu einer Besprechung zu rufen. Wenn die Filialdirektoren sich der Management-Gruppe zugesellt haben und der Verkaufsdirektor die Nachricht bekanntgegeben und entsprechend kommentiert hat, bittet der Trainer den Verkaufsdirektor heraus. Er erklärt ihm mündlich oder überreicht ihm eine schriftliche Notiz, wie die 2. Phase weitergehen soll:

Den Filialgruppen muß jetzt eine Hilfe gegeben werden, ihren Plan für 1975 aufzustellen. Je besser dieser Plan wird, desto leichter ist es für das Unternehmen, die längerfristige Strategie zu entwickeln.

Die Filialgruppen werden also „sozusagen“ in die Entwicklung der langfristigen Planung einbezogen. Dazu benötigen sie aber („wie gesagt“) eine Hilfe; und diese wird ihnen durch die Leiter der Stäbe gegeben, nämlich durch den Leiter Budget, durch den Personalleiter Verkauf und durch den Produktmanager.

Die Konferenz der Management-Gruppe wird somit unterbrochen; die 3 Stabs-Leiter werden den Filialgruppen „als Koordinatoren“ und (oder) „als Berater“ zur Verfügung gestellt. Wie die Stabsgruppe diese Koordinations- oder Beratungsaufgabe sieht und wie sie vorgeht, bleibt offen.

Die Zeit, in der die Filialgruppen zum Ergebnis kommen sollen, wird auf eine 3/4 Stunde festgesetzt.

Der Verkaufsdirektor geht nach Erhalt und „Speicherung“ dieser Nachricht wieder in die Stabs-Gruppe; er erklärt den Filialleitern, daß „die 3 Herren“ ihnen von nun an „helfen“, daß sie „an den Konferenzen teilnehmen“ und „mitberaten“ können, „ganz wie Sie wollen“.

An diese Darstellung des Verkaufsdirektors kann sich (muß sich aber nicht) eine Diskussion anschließen; weitere Entscheidungen zur Sache sind nicht zu treffen. Die Filialdirektoren werden wieder zu ihren Filialgruppen „geschickt"; und der Verkaufsdirektor beendet diese Phase etwa mit den Worten: „Ich bitte jeden der Herren Filialleiter, nach 45 Minuten seinen Plan vorzustellen, wie er im Jahre 1975 auf dem Markt erfolgreich sein will.

3. Phase: Neue Planungsüberlegungen

Die Filialgruppen setzen ihre in der 1. Phase begonnene Arbeit zur Entwicklung einer Strategie für 1975, bezogen auf ihre jeweilige Filiale, fort. Sie haben dabei speziell die voraussichtliche Auswirkung der Fusion von Klimatex und Multitemp auf ihren Filialbereich zu berücksichtigen.

Die 3 Stabsleiter „stehen als Berater zur Verfügung"; sie werden sich normalerweise in einer der Filialgruppen aufhalten. Vom Trainer wird nicht eingegriffen, um dieses Thema zu regeln. Es bleibt den Mitgliedern der Stabsgruppe überlassen, ob sie von sich aus an den Filialkonferenzen teilnehmen oder ob sie auf Abruf durch die Filialdirektoren warten.

Für die Filialkonferenzen gilt das zur 1. Phase Gesagte: Es können Informationen ausgetauscht werden, eine gemeinsame Konferenz ist allerdings nach wie vor „verboten".

Kurz nach Beginn dieser 3. Phase gibt der Trainer bei einem seiner „Routineaufenthalte" in den Filialgruppen noch mündliche Informationen zum Ablauf der 4. und 5. Phase des Seminars (indem er den Inhalt der beiden folgenden Abschnitte sinngemäß weitergibt).

Zeit: Bis zu 1 Stunde

4. Phase: Planabstimmung im Management

Jeder Filialdirektor hat seine Vorstellungen über die Verkaufsstrategie seiner Filiale in einem Vortrag vor dem Verkaufsdirektor und seinen Stabsleitern zu präsentieren. Alle anderen Seminarmitglieder nehmen als stumme Zuhörer teil.

Anschließend an die 3 Vorträge wird nach dem Muster einer Podiumsdiskussion in einer Besprechung (mit Wertung der in den Vorträgen dargelegten Punkte) eine gemeinsame Strategie gesucht, die vom Verkaufsdirektor zu genehmigen bzw. letztlich festzulegen ist.

Jeder Filialdirektor soll mit dem festen Willen in die Konferenz gehen, seine Konzeption „durchzubringen". Folglich ist er auch berechtigt, in dieser Diskussion seine Strategie zu verteidigen. Freilich muß er sachlich sein, und auch mit der Absicht diskutieren, einen für alle akzeptablen Kompromiß zu finden.

Jeder Filialdirektor darf sich während dieser Sitzung mit den Mitgliedern seiner Gruppe besprechen („Augenblick, ich muß mal eben mit meinen Mitarbeitern telefonieren"), um sich abzustimmen und bessere Argumente zu haben oder an sie erinnert zu werden. Die Bezirksleiter dürfen aber nicht von sich aus aktiv werden und ihren Filialdirektoren Informationen geben; „In praxi" sind sie bei dieser Präsentation ihrer Filialdirektoren ja gar nicht dabei.

Zeit: Bis zu 1 Stunde

5. Phase: Strategie-Präsentation in den Filialen

In dieser letzten Phase ist jeder Filialdirektor „verpflichtet", die in der Abschlußkonferenz festgelegte Strategie seinen Mitarbeitern zu präsentieren und ihnen die neuen Umsatzziele zu „verkaufen".

Dies ist nicht zuletzt deshalb besonders schwierig, weil die Mitarbeiter (die Bezirksleiter) die Vorträge „ihrer" Filialdirektoren sowie deren Einsatz in der Diskussion mit dem Verkaufsdirektor, seinen Stabsleitern und den „Kollegen" Filialdirektoren miterlebt haben. Sie müssen gewärtig sein, daß sie harte Fragen gestellt bekommen, wenn sie in dieser Abschlußkonferenz, d. h. in der für die Entwicklung der Strategie entscheidenden Besprechung, nicht entschieden und überzeugend genug für das Durchsetzen der in der eigenen Filialgruppe entwickelten Konzeption „gekämpft" haben.

Der Trainer sollte diese Diskussionen in den Filialkonferenzen nicht ausufern lassen und spätestens nach 30 Minuten zur Abschlußbesprechung abbrechen.

Gesamtzeit: Etwa 1/2 Tag

C. Problemaufriß für den Trainer

Zur Phase 1:

I. Willensbildung und Entscheidungsprozeß in der Management-Gruppe

1. Dominierte und entschied der Verkaufsdirektor allein – bei Passivität der Gruppe?

2. Dominierte und entschied der Verkaufsdirektor gegen den Widerstand der Gruppe?

3. Entstand eine echte Konferenz auf partnerschaftlicher Grundlage, nach der aber doch der Verkaufsdirektor entschied?

4. Entstand eine echte Konferenz auf partnerschaftlicher Grundlage mit einem Gruppenkonsens, den der Verkaufsdirektor akzeptierte?

5. Dominierte und entschied („in Wirklichkeit") einer der Stabsleiter – bei Passivität oder Unentschiedenheit des Verkaufsdirektors und der anderen Stabsleiter?

6. Dominierte und entschied („in Wirklichkeit") die Gruppe der Stabsleiter – bei Passivität oder Unentschiedenheit des Verkaufsdirektors?

II. Willensbildung und Entscheidungsprozeß in den Filialgruppen (jede Gruppe ist gesondert zu betrachten)

1. Dominierte und entschied der Filialdirektor allein – bei Passivität der Gruppe?

2. Dominierte und entschied der Filialdirektor gegen den Widerstand der Gruppe?

3. Entstand eine echte Konferenz auf partnerschaftlicher Grundlage, nach der aber doch der Filialdirektor entschied?

4. Entstand eine echte Konferenz auf partnerschaftlicher Grundlage mit einem Gruppenkonsens, den der Filialdirektor akzeptierte?

5. Dominierte und entschied („in Wirklichkeit") einer der Bezirksleiter –bei Passivität oder Unentschiedenheit des Filialdirektors und der anderen Bezirksleiter?

6. Dominierte und entschied („in Wirklichkeit") die Gruppe der Bezirksleiter – bei Passivität oder Unentschiedenheit des Filialdirektors?

III. Inter-Gruppen-Kontakte

1. Wurden zwischen den Filialgruppen Kontakte hergestellt?

2. Wenn ja; wurden Informationen ausgetauscht oder weigerte sich die angesprochene Gruppe („in Wirklichkeit"), Informationen zu geben?

Zur Phase 2:

I. Die Informierung der Filialgruppen über die Fusion der Konkurrenzfirmen

1. Wollte der Verkaufsdirektor die Filialdirektoren sofort („spontan") informieren?

2. Wollte der Verkaufsdirektor die Filialdirektoren nach einer gewissen Zeit, etwa nach 10, 15 oder 20 Minuten informieren?

3. Ging die Initiative zur Informierung (spontan oder nach einiger Zeit) von einem der Stabsleiter oder von der Gruppe der Stabsleiter aus, und der Verkaufsdirektor stimmte zu?

4. Mußte der Trainer eingreifen, weil keine Initiative zur Informierung zu erkennen war?

5. Mußte der Trainer eingreifen, weil zwar die Initiative zur Informierung von einem Stabsleiter oder von der Gruppe der Stabsleiter ausging, der Verkaufsdirektor diese aber ablehnte oder jedenfalls nicht aufgriff?

6. Wurde einer der Filialdirektoren aktiv, nachdem das „Fusionsgerücht" in Umlauf gesetzt war?

II. Die Art der Informierung der Filialdirektoren über die Beratungsfunktion der Stabsleiter

1. Der Verkaufsdirektor verstand es, die Filialdirektoren „echt zu motivieren", d. h. zu überzeugen, daß die Stabsleiter „wirklich helfen sollen".

2. Es ergab sich in der um die Filialdirektoren erweiterten Management-Gruppe eine „vertrauensvolle Atmosphäre", nach der man – ohne daß der Verkaufsdirektor „groß zu motivieren brauchte" – erwarten konnte, daß die Filialdirektoren und die Stabsleiter zu einer guten Zusammenarbeit kommen würden.

3. Der Verkaufsdirektor verstand es nicht, die Filialdirektoren „echt zu motivieren". Die Folge war, daß die Filialdirektoren demotiviert (unzufrieden, ratlos oder auch „belustigt") wieder in ihre Filialgruppe gingen.

4. Es ergab sich in der um die Filialdirektoren erweiterten Management-Gruppe keine „vertrauensvolle Atmosphäre"; sie blieb vielmehr befremdend, distanzierend. Der Verkaufsdirektor unternahm keinen Versuch, über eine Motivation die Atmosphäre zu verbessern. Man konnte keine gute Zusammenarbeit erwarten.

5. Analog 4; der Verkaufsdirektor versuchte zwar, zu motivieren, hatte aber keinen Erfolg. Man konnte keine gute Zusammenarbeit erwarten.

6. Aus der Art der Informierung und der Reaktion der Filialdirektoren war nicht zu entnehmen, ob die Motivation überzeugt hatte und (oder) eine „vertrauensvolle Atmosphäre" vorherrschte.

III. Das Verhalten der Filialgruppen bei Abwesenheit des Filialdirektors (jede Gruppe ist gesondert zu betrachten)

1. Setzte die Gruppe die Arbeit am Verkaufsplan für ihren Filialbereich fort?

2. Setzte die Gruppe die Arbeit am Verkaufsplan für ihren Filialbereich fort, und suchte sie gleichzeitig Kontakt zu den anderen Filialgruppen („wie weit seid ihr"; „wie macht ihr das"? )

3. Unterbrach die Gruppe ihre Arbeit?

4. Unterbrach die Gruppe ihre Arbeit, und suchte sie Kontakt mit den anderen Filialgruppen („Ist euer Filialdirektor auch weg? “, „was ist denn wohl los? “)

5. Gab es eine Initiative, bei der Management-Gruppe nachzufragen? („Was sollen wir denn jetzt machen? “), und wurde sie realisiert?

6. Für den Fall, daß der Trainer die Nachricht von der Fusion als Gerücht „ausgestreut“ hat, war dann ein Einfluß auf 1–5 zu erkennen?

Zur Phase 3:

I. Die Art der Informierung der Filialgruppen durch den Filialdirektor über die Beratungsfunktion der Stabsleiter und über ihre mögliche Anwesenheit in ihrer Filialgruppe (jede Gruppe ist gesondert zu betrachten).

1. Der Filialdirektor gab zu erkennen, daß er sich hinter diese Entscheidung des Verkaufsdirektors stellt.

2. Der Filialdirektor gab zu erkennen, daß er sich nicht hinter diese Entscheidung des Verkaufsdirektors stellt.

3. Der Filialdirektor gab nicht zu erkennen, ob er hinter dieser Entscheidung des Verkaufsdirektors steht (was eher als Nicht-Einverständnis ausgelegt werden konnte).

II. Wie konstituierte sich die Beratergruppe (Gruppe der drei Stabsleiter)?

1. Vereinbarung einer Arbeitsteilung, wonach sich je ein Stabsleiter einer Filialgruppe als Beobachter und Berater zugesellt. Austausch der Beobachtungen später, bei wichtigen Fragen sofort.

2. Vereinbarung einer Arbeitsteilung, nach der jeder Stabsleiter von Gruppe zu Gruppe geht und Stellung nimmt zu Problemen, die seinen Fachbereich betreffen (von sich aus oder auf Anfrage).

3. Analog 2. Gleichzeitig Festlegung einer Speicherung der Beobachtungen, die später (bei wichtigen Fragen auch sofort) ausgetauscht werden sollen.

4. Vereinbarung, auf Abruf zu warten, bis sich die Filialdirektoren melden und Unterstützung/Beratung anfordern.

5. Keine Vereinbarung. Jeder verhält sich entsprechend seiner Intuition.

III. Welche Aufgaben setzte sich die Beratergruppe (Gruppe der Stabsleiter)?

1. Beratung und „Hilfe“ für die Filialdirektoren (Informationen werden gegeben).

2. Über 1 hinausgehend: Koordination zwischen den Filialgruppen; die Filialdirektoren sollen zu besser aufeinander abgestimmten Plänen (und Vorträge vor dem Verkaufsdirektor) im Sinne einer optimalen Strategie gelangen (Informationen und Konzeptionen werden gegeben).

3. Analog 2; aber: Die eigenen Konzeptionen sucht man den Filialdirektoren aufzuoktroyieren.

4. Informationen werden gesucht, um ihre eigenen Konzeptionen im Sinne einer optimalen Strategie zu verbessern.

IV. Wo hielt sich die Beratergruppe (Gruppe der Stabsleiter) am meisten auf?

1. Auf die Filialgruppen verteilt.

2. Betont in einer Filialgruppe.

3. Mehr in einem eigenen Besprechungsraum.

V. Wie wurden die Berater (die Stabsleiter) von den Filialgruppen gesehen? (jede Gruppe ist gesondert zu betrachten)

1. Als Berater empfunden, aber nicht integriert.

2. Als Berater empfunden und in die Gruppe integriert.

3. Als überflüssig empfunden, ihre Anwesenheit wird aber toleriert.

4. Als überflüssig und störend empfunden.

5. Als überflüssig empfunden und bewußt „geschnitten“.

VI. Wie verhielt sich der Verkaufsdirektor?

1. Er arbeitet für sich an einer eigenen Konzeption.

2. Er arbeitet für sich, vielleicht an einer eigenen Konzeption; er ist gelangweilt oder er fühlt sich isoliert.

3. Er beobachtet die Arbeit der Filialgruppen. Er will sich ein Bild machen, er greift nicht ein; er informiert bestenfalls, wo er es für sinnvoll hält.

4. Er beobachtet die Arbeit der Filialgruppen. Er greift aktiv ein, indem er eine Rahmenkonzeption setzt, die Freiheiten läßt.

5. Er beobachtet die Arbeit der Filialgruppen: Er will Einfluß ausüben; er gibt Weisungen oder Richtlinien, er sucht im Detail Vorschriften zu machen.

VII. Willensbildung und Entscheidungsprozeß in den Filialgruppen (jede Gruppe ist gesondert zu betrachten)

1. Dominierte und entschied der Filialdirektor allein – bei Passivität der Gruppe, einschließlich der Berater (Stabsleiter)?

2. Dominierte und entschied der Filialdirektor allein – bei Passivität seiner Gruppe (Bezirksleiter), aber gegen den Widerstand der Berater?

3. Dominierte und entschied der Filialdirektor allein – bei Passivität der Berater, aber gegen den Widerstand seiner Gruppe?

4. Dominierte und entschied der Filialdirektor in partnerschaftlicher Verbindung mit seiner Filialgruppe – bei Passivität der Berater?

5. Dominierte und entschied der Filialdirektor in partnerschaftlicher Verbindung mit seiner Filialgruppe – gegen den Widerstand der Berater?

6. Dominierte und entschied der Filialdirektor in partnerschaftlicher Verbindung mit den Beratern – bei Passivität seiner Gruppe?

7. Dominierte und entschied der Filialdirektor in partnerschaftlicher Verbindung mit den Beratern – gegen den Widerstand seiner Gruppe?

8. Entstand eine echte Konferenz auf partnerschaftlicher Grundlage mit einem Konsens der Gruppe (einschließlich der Berater), den der Filialdirektor akzeptierte?

9. Dominierte und entschied („in Wirklichkeit“) einer der Bezirksleiter – bei Passivität oder Unentschiedenheit des Filialdirektors und der Berater?

10. Dominierte und entschied („in Wirklichkeit") die Gruppe der Bezirksleiter – bei Passivität oder Unentschiedenheit des Filialdirektors und der Berater?

11. Dominierte und entschied („in Wirklichkeit") die Beratergruppe?

12. Dominierte und entschied letztlich der Verkaufsdirektor durch seinen Eingriff?

VIII. Wie vollzog sich die Arbeit am Verkaufsplan in den Filialgruppen? (jede Gruppe ist gesondert zu betrachten)

1. Nach sinnvoller Planung und Arbeitsteilung, man kam zeitlich gut oder „einigermaßen" hin.

2. Nach sinnvoller Planung und Arbeitsteilung, man kam mit der zeitlichen Limitierung (bis zum Vortrag durch den Filialdirektor) „nicht hin".

3. Man gelangte nicht zu einer sinnvollen Planung und Arbeitsteilung; es wurde stets improvisiert. Man kam mit der zeitlichen Limitierung „nicht hin".

4. Man gelangte nicht zu einer sinnvollen Planung und Arbeitsteilung; es wurde stets improvisiert. Man hatte jedoch mit der zeitlichen Limitierung keine Schwierigkeiten.

Zur Phase 4:

I. Die Berichte der Filialdirektoren über ihre Verkaufskonzeption (jeder Filialdirektor ist gesondert zu betrachten)

1. Starke Konzeption überzeugend vorgetragen.

2. Starke Konzeption nicht überzeugend vorgetragen.

3. Nicht sehr starke Konzeption recht gut („wirkungsvoll") vorgetragen.

4. Nicht sehr starke Konzeption mittelmäßig („nicht so besonders") vorgetragen.

5. Schwache Konzeption recht gut („respektabel") vorgetragen.

6. Schwache Konzeption ohne Wirkung auf die Zuhörer vorgetragen.

II. Wie verlief die Diskussion der Berichte der Filialdirektoren (die zu einer Verkaufskonzeption für das neue Jahr führen sollte)?

1. Offene Diskussion; alle diskutierten mit dem Willen zur Koordination und mit dem Willen, zur sachlich besten Verkaufskonzeption für das Unternehmen zu kommen.

2. Offene Diskussion; man redete aber aneinander vorbei, da jeder nur seine Interessen oder die Interessen seiner Gruppe sah.

3. Relativ offene Diskussion; Einzelne blieben reserviert.

   a) Relativ offene Diskussion; die Filialdirektoren blieben reserviert.

   b) Relativ offene Diskussion; die Stabsleiter (Beratergruppe) blieben reserviert.

4. Keine offene Diskussion, obwohl der Verkaufsdirektor sich darum bemühte.

5. Keine offene Diskussion. Der Verkaufsdirektor ließ keinen zu Worte kommen oder unterbrach ständig, bzw. er bevormundete alle.

III. Gab es Gruppenbildungen, zwischen denen eine Konkurrenz um die beste Verkaufskonzeption entstand?

1. Man konnte nicht von einer Konzeptions-Konkurrenz sprechen; es entstand vielmehr sofort eine Kooperation mit Konsens innerhalb der Gesamtgruppe. Der Verkaufsdirektor arbeitete an diesem Konsens mit oder er akzeptierte ihn.

2. Es zeigte sich eine Konzeptions-Konkurrenz zwischen der Management-Gruppe (der Verkaufsdirektor mit seinen Stabsleitern) und den Filialdirektoren.

3. Es zeigte sich eine Konzeptions-Konkurrenz zwischen dem Verkaufsdirektor in Verbindung mit den Filialdirektoren und den Stabsleitern.

4. Es zeigte sich eine Konzeptions-Konkurrenz, die quer durch die genannten Gruppen verlief.

5. Es zeigte sich eine Konzeptions-Konkurrenz zwischen dem Verkaufsdirektor und der Gesamtgruppe.

6. Es zeigte sich eine Konzeptions-Konkurrenz zwischen einem Einzelnen bzw. einer Minderheit und der Gesamtgruppe bzw. der Mehrheit (einschließlich dem Verkaufsdirektor).

7. Es zeigte sich eine Konzeptions-Konkurrenz zwischen einer Minderheit (einschließlich dem Verkaufsdirektor) und der Mehrheit.

IV. Blieben oder wechselten die Gruppenbildungen während der Diskussion?

1. Die Gruppenbildungen und die Wettbewerbsvorgänge blieben.

2. Die Gruppenbildungen und die Wettbewerbsvorgänge wechselten.

3. Analog 2; auffallend von III, 2 zu 3 bzw. von 3 zu 2

4. Analog 2; auffallend von III, 2 oder 3 zu 4 bzw. von 4 zu 2 oder 3.

5. Analog 2; auffallend von III, 5 zu einer der anderen Konstellationen oder umgekehrt.

6. Analog 2; auffallend von III, 6 oder 7 zu 2 oder 3 bzw. umgekehrt.

V. Wer dominierte und entschied letztlich („in Wirklichkeit")?

1. Der Verkaufsdirektor entschied partnerschaftlich, überzeugend.

2. Der Verkaufsdirektor entschied autoritär, aber überzeugend.

3. Der Verkaufsdirektor entschied willkürlich, ohne echtes Bemühen um Koordination und sachliche Argumente der anderen.

4. Die Stabsleiter entschieden; sie überzeugten den Verkaufsdirektor.

5. Ein Stabsleiter entschied; er überzeugte den Verkaufsdirektor.

6. Die Filialdirektoren entschieden; sie überzeugten den Verkaufsdirektor.

7. Ein Filialdirektor entschied; er überzeugte den Verkaufsdirektor.

8. Eine quer durch die Gruppen sich bildende Mehrheit entschied; sie überzeugte den Verkaufsdirektor.

9. Eine quer durch die Gruppen sich bildende Minderheit entschied; sie überzeugte den Verkaufsdirektor.

VI. Wurde eine Verkaufsstrategie für das neue Jahr entwickelt?

1. Es wurde eine detailliert ausgearbeitete Strategie entwickelt.

2. Es wurden detailliert ausgearbeitete Strategie-Alternativen entwickelt.

3. Es wurde eine Strategie im Ansatz entwickelt.

4. Es wurden Strategie-Alternativen im Ansatz entwickelt.

5. Es kam keine strategische Planung zustande.

VII. Wurde eine Entscheidung für eine Strategie getroffen?

1. Es wurde eine klare Entscheidung für eine Strategie getroffen.

2. Eine Entscheidung wurde ohne Grund vertagt.

3. Eine Entscheidung wurde aus verständlichen Gründen vertagt.

Zur Phase 5:

I. Wie vertrat der Filialdirektor sein Verhalten in der Abschlußkonferenz gegenüber seinen Bezirksleitern? (jede Gruppe ist gesondert zu betrachten)

1. überzeugend

2. wenig überzeugend

3. nicht überzeugend

II. Wie reagierten die Bezirksleiter auf das Verhalten ihres Filialdirektors in der Abschlußkonferenz? (jede Gruppe ist gesondert zu betrachten)

1. Sehr zufrieden, weil eigene Konzeption ganz oder überwiegend durchgesetzt.

2. Sehr zufrieden, obwohl eigene Konzeption nicht oder nur teilweise durchgesetzt.

3. Einigermaßen zufrieden; er hätte aber noch fester auftreten können.

4. Einigermaßen zufrieden; er hätte aber noch fester auftreten und die Möglichkeit der Rücksprache mit der Gruppe während der Konferenz (besser) nutzen können.

5. Nicht zufrieden; Gesprächspositionen wurden unnötigerweise aufgegeben.

6. Nicht zufrieden; Gesprächspositionen wurden unnötigerweise aufgegeben und die Möglichkeit der Rücksprache mit der Gruppe während der Konferenz wurde nicht (genug) genutzt.

### 3.3.6. Die neue Büroorganisation

Dieser Konferenzfall wurde gemeinsam mit Martin C.R. Krüger erarbeitet.

Wie das „Verkaufsstrategie-Spiel, Fa. Frischluft AG“ ist dieser Fall auf die Verbindung von Konferenz und praxisbezogener Gruppendynamik hin angelegt. Die Konferenzteilnehmer bekommen neben „Allgemeinen Angaben“ nur für sie persönlich bestimmte Rollenbeschreibungen. Diese Mitteilungen enthalten erhebliche Kontroversen und bieten Zündstoff für Wettbewerbsvorgänge um unterschiedliche Konzeptionen.

In diesem Konferenzfall sind 5 Schulungsteilnehmer aktiv. Der Rest ist „zum Beobachter“ zu ernennen. Jeder Schulungsteilnehmer erhält zwei Beobachter, die sein Verhalten während der Konferenz aufzeichnen müssen. Weitere Teilnehmer haben den gruppendynamischen Prozeß zu verfolgen. Nach Ende der Konferenz kommen die Beobachter zu Wort und die Spieler können ihrerseits zu ihrem Verhalten Stellung nehmen. Damit entstehen jeweils zwischen einem Spieler und seinem Beobachter gruppendynamische Abläufe, die der Trainer auszuwerten hat. Auch die Teilnehmer, die auf die gruppendynamischen Vorgänge achten sollten, berichten. Die Erfahrung zeigt, daß alle Beobachter erstaunlich viel registrieren.

Es ist zu sagen, daß im Vergleich zum „Verkaufsstrategie-Spiel, Fa. Frischluft AG“, der Charakter der Konferenz stärker hervortritt. Die Teilnehmer sollen lernen, ihre Thesen zu entwickeln und in sachlicher Diskussion überzeugend zu vertreten. Sie sollen gleichzeitig lernen, auf die Argumente der anderen zu hören, mit dem Willen zur Einigung zu verhandeln.

Zeit dieser Übung einschließlich Abschlußbesprechung etwa ein halber Tag.

A.1. Wie der Organisationsplan zeigt, handelt es sich um ein Fertigungsunternehmen, dessen kaufmännische Leitung Dr. Jöhle innehat.

2. Einladung zur Konferenz über „Zielsetzung der neuen Büroorganisation“

Die Herren Werninger, Saber, Dr. Nobel, Metz (über Dr. Räck) erhalten folgende Einladung:

Bitte kommen Sie am nächsten Mittwoch zu einer Besprechung über die beiliegende „Zielsetzung der neuen Büroorganisation“ in unseren Konferenzraum.

Diese Ausarbeitung erhielt ich in dem Seminar für Unternehmensführung. Ich möchte, daß wir darüber sprechen, ob, bzw. wieweit und wie wir eine solche organisatorische Umstellung bei uns durchführen sollten.

Mit freundlichem Gruß gez. Dr. Jöhle

B. Zielsetzung der neuen Büroorganisation (Textverarbeitung)

I. Allgemeine Bürotätigkeiten (wie Postbearbeitung, Büromaterialverwaltung, Karteiarbeit, Ablage), Sachbearbeitungsunterstützung (z. B. Termindienst, Telefonvertretung, Unterlagen vorbereiten) und Schreibmaschineschreiben einschl. Diktataufnahme – die drei Hauptsektoren der servicegebenden Seite in der Textverarbeitung – zumeist verbunden mit einer gewissen persönlichen Betreuung des Servicenehmers (wie Pflege des Arbeitsplatzes; Erfrischungen, Kaffee, Tabakwaren bereitstellen), sind in den meisten Verwaltungen auch heute noch an sogenannten „gemischten" Arbeitsplätzen oder „Stenokontoristinnenplätzen" zusammengefaßt. Dies ist aus folgenden Gründen problematisch:

1. Die Aufgabenstellung für diese Arbeitsplätze läßt sich exakt kaum definieren.

2. Eine Definition, was eine angemessene Arbeitsleistung sowohl nach Quantität als auch nach Qualität ist, läßt sich kaum finden.

3. Aus diesen Gründen ist kein genaues Kapazitätserfordernis zu ermitteln. Die logische Konsequenz in der Büropraxis ist, daß Kapazität gehortet und mangelnde Auslastung kaschiert wird.

II. Nachdem die Kostenbelastung für Verwaltungstätigkeiten immer drückender wird und der Arbeitsmarkt entsprechend qualifiziertes Personal nicht mehr zur Verfügung stellt, müssen alle Anstrengungen unternommen werden, um auch diesen Sektor unter Kontrolle zu bekommen.

Hierfür sind folgende grundsätzliche Überlegungen in die Praxis umzusetzen:

1. Es ist nach Art und Menge zu definieren, welchen Umfang an Unterstützung eine Sachbearbeiterfunktion zu beanspruchen hat. Es ist prinzipiell zu beachten, daß ein Sachbearbeiter Anspruch auf angemessenen Service, nicht aber auf Service von einer bestimmten Mitarbeiterin hat.

2. Die Vielzahl der hierfür erforderlichen Einzel-Tätigkeiten sind zu ordnen und in gleichartige Tätigkeitsgruppen zusammenzufassen. Für den hier angesprochenen Sektor bietet sich eine Spezialisierung in die Tätigkeitsgruppen Schreib- und Schreibnebentätigkeiten auf der einen und allgemeine Sachbearbeitungsunterstützung auf der anderen Seite an.

3. Um den Sachbearbeitern die zugestandene Unterstützung jederzeit zur Verfügung stellen zu können und im übrigen keine unangemessen großen Kapazitätsreserven zu haben, ist die in zwei Tätigkeitsgruppen spezialisierte Arbeit in Servicestellen zu konzentrieren.

4. Manuelle Arbeit ist weitgehend durch Einsatz von Technik zu eliminieren; durch die Konzentration spezialisierter Arbeit ergeben sich wirtschaftliche Möglichkeiten, auch Maschinen einzusetzen.

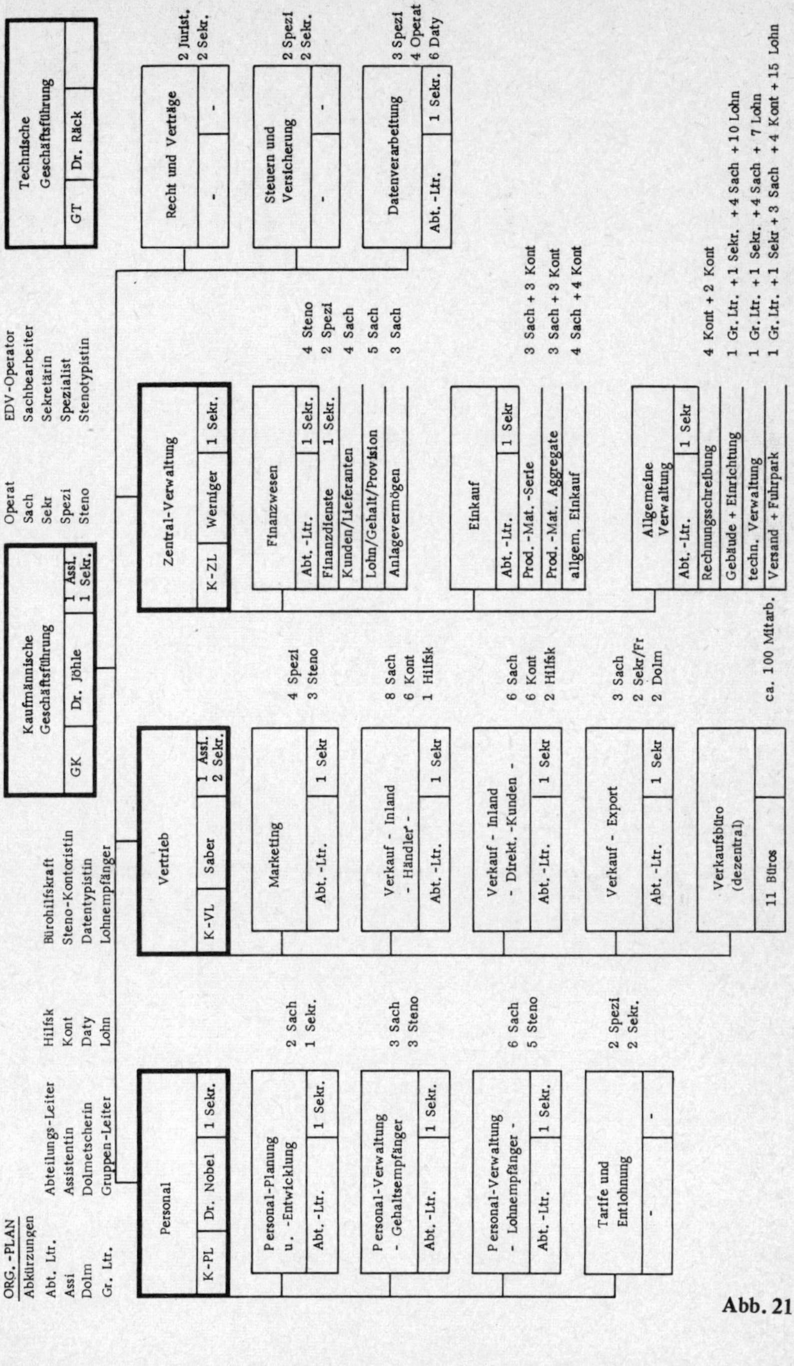
ORG. -PLAN
Abkürzungen
Abt. Ltr. Abteilungs-Leiter
Assi Assistentin
Dolm Dolmetscherin
Gr. Ltr. Gruppen-Leiter
Hilfsk Bürohilfskraft
Kont Steno-Kontoristin
Daty Datentypistin
Lohn Lohnempfänger
Operat EDV-Operator
Sach Sachbearbeiter
Sekr Sekretärin
Spezi Spezialist
Steno Stenotypistin
Kaufmännische Geschäftsführung
GK
Dr. Jöhle
1 Assi. 1 Sekr.
Technische Geschäftsführung
GT
Dr. Räck
Personal
K-PL
Dr. Nobel
1 Sekr.
Personal-Planung u. -Entwicklung
Abt. -Ltr.
1 Sekr.
2 Sach 1 Sekr.
Personal-Verwaltung - Gehaltsempfänger
Abt. -Ltr.
1 Sekr.
3 Sach 3 Steno
Personal-Verwaltung - Lohnempfänger -
Abt. -Ltr.
1 Sekr.
6 Sach 5 Steno
Tarife und Entlohnung
-
-
2 Spezi 2 Sekr.
Vertrieb
K-VL
Saber
1 Assi. 2 Sekr.
Marketing
Abt. -Ltr.
1 Sekr
4 Spezi 3 Steno
Verkauf - Inland - Händler -
Abt. -Ltr.
1 Sekr
8 Sach 6 Kont 1 Hilfsk
Verkauf - Inland - Direkt. -Kunden -
Abt. -Ltr.
1 Sekr
6 Sach 6 Kont 2 Hilfsk
Verkauf - Export
Abt. -Ltr.
1 Sekr
3 Sach 2 Sekr/Fr 2 Dolm
Verkaufsbüro (dezentral)
11 Büros
ca. 100 Mitarb.
Zentral-Verwaltung
K-ZL
Werniger
1 Sekr.
Finanzwesen
Abt. -Ltr.
1 Sekr.
4 Steno
Finanzdienste 1 Sekr.
2 Spezi
Kunden/Lieferanten
4 Sach
Lohn/Gehalt/Provision
5 Sach
Anlagevermögen
3 Sach
Einkauf
Abt. -Ltr.
1 Sekr
Prod. -Mat. -Serie
3 Sach + 3 Kont
Prod. -Mat. Aggregate
3 Sach + 3 Kont
allgem. Einkauf
4 Sach + 4 Kont
Allgemeine Verwaltung
Abt. -Ltr.
1 Sekr
Rechnungsschreibung
4 Kont + 2 Kont
Gebäude + Einrichtung
1 Gr. Ltr. + 1 Sekr. + 4 Sach + 10 Lohn
techn. Verwaltung
1 Gr. Ltr. + 1 Sekr. + 4 Sach + 7 Lohn
Versand + Fuhrpark
1 Gr. Ltr. + 1 Sekr + 3 Sach + 4 Kont + 15 Lohn
Recht und Verträge
-
-
2 Jurist. 2 Sekr.
Steuern und Versicherung
-
-
2 Spezi 2 Sekr.
Datenverarbeitung
Abt. -Ltr.
1 Sekr.
3 Spezi 4 Operat 6 Daty

**Abb. 21**

III. In der praktischen Realisierung dieser generellen Überlegungen hat sich die Einrichtung von zwei getrennten Servicestellen bewährt:

1. Die Schreibservicestelle (oft „Textverarbeitungs-Sekretariat" TVS genannt).

Hier soll möglichst weitgehend zentralisiert werden; bei der Sachbearbeitung zurückbleibende Schreibarbeit ist im einzelnen zu definieren.
Um eine möglichst große Flexibilität zu erreichen; um Spitzenbelastungen weitgehend abfangen zu können; um für besondere Schreibarbeiten entsprechend spezialisierte Maschinen einsetzen und auslasten zu können, sollten diese Schreibservicestellen (sofern überhaupt insgesamt soviel Schreibstoff vorhanden ist) mindestens 5 – 7 Damen umfassen.
Da hier die persönliche Bindung zwischen Servicenehmer (Sachbearbeiter) und Servicegeberin (Phonotypistin) völlig aufgelöst ist, können diese Schreibservicestellen, um eine optimale Größenordnung zu erreichen, für mehrere Abteilungen oder Verwaltungsbereiche arbeiten.

2. Die Büroservicestelle

In dieser Gruppe wird die gesamte sonstige Sachbearbeiterunterstützung konzentriert. Der Kontakt zwischen Servicenehmer (Sachbearbeiter) und Servicegeberin (oft „Büroassistentin" oder „Juniorsachbearbeiter" genannt) muß von der Sache her enger sein; dessen ungeachtet sollte die direkte Zuordnung einer Mitarbeiterin vermieden werden. Damit die Gruppe schnellen Service geben kann und damit die Sachbearbeiter direkten Zugriff haben, muß sie möglichst dicht bei den Servicenehmern liegen; daraus ergibt sich, daß die optimale Größe bei 3 – 5 Mitarbeiterinnen liegt.

C. Individuell auszuteilende Angaben

1. Angaben für den Kaufmännischen Direktor Dr. Jöhle

Der kaufmännische Direktor hat an einem Seminar für Unternehmensführung teilgenommen. Dort erhielt er viele interessante Eindrücke; am meisten zum Nachdenken gebracht wurde er durch ein Referat über „Organisierte Textverarbeitung". Er fragt sich seitdem ständig, ob und wie er die hier vorgetragenen Thesen in seinem Bereich zu realisieren vermag.

Um eine Antwort auf diese Frage zu finden, hat er sich schon mehrfach in den schriftlichen Extrakt des Vortrags vertieft, der den Seminarteilnehmern ausgegeben wurde. Vom Standpunkt eines Top-Managers, so resumiert er, kann man nur „sehr angetan" sein; ob aber „diese Sache, so phantastisch sie ist", auch von seinen Mitarbeitern als so phantastisch angesehen wird, das bezweifelt er; besonders deshalb, weil auch der Referent darauf hingewiesen hatte, daß viele Vorurteile aus vergangenen Zeiten mit mäßig organisierten und unterqualifiziert besetzten und geführten Schreibsälen bestünden. Freilich hatte der Referent betont, daß man heute das Thema beherrsche und wisse, was organisatorisch/sachlich und personell/psychologisch erforderlich sei.

Der kaufmännische Direktor ist insbesondere durch das Argument überzeugt worden, daß es eigentlich nicht nur darum gehe, „die Schreibdamen produktiver zu machen", sondern durch optimale Unterstützung die gesamte Sachbearbeitung effizienter zu gestalten. Er denkt daran, die neue Büroorganisation nach dem Modell einzuführen, das in dem Vortrags-Extrakt aufgewiesen ist. Er fühlt sich aber nicht kompetent, einfach darüber zu entscheiden. Er entschließt sich deshalb, eine Konferenz einzuberufen, auf der er diese Frage zu erörtern beabsichtigt. Im Laufe der Diskussion möchte er sich durch Erweiterung seiner Wissensbasis größere Klarheit über eine sinnvolle Verwendung des Textverarbeitungs-Modells verschaffen.

Er setzt sich das Minimum-Ziel, seine direkten Mitarbeiter zu überzeugen, ein Gremium von Fachleuten der Textverarbeitung zu holen, die (so hatte das der Referent ausgedrückt) „eine grundsätzliche Analyse der Arbeitsorganisation" in seinem Bereich durchführen sollen. Die endgültige Entscheidung über die Umstrukturierung nach dem Textverarbeitungs-Modell würde dann nach einer Prüfung der Ergebnisse dieser Analyse (ob auch wirklich die Effektivität herausspringt, die von den Vertretern der Textverarbeitung behauptet wird) zu treffen sein.

Ob dieses Minimum-Ziel erweitert werden kann, ob man also schon zum Beschluß über eine Einführung der „Organisierten Textverarbeitung" kommt, erscheint ihm möglich, aber fraglich. Es wird sich in der Diskussion zeigen, welche Einwände von seinen Mitarbeitern kommen und welche neuen Gesichtspunkte sich überhaupt ergeben.

Der kaufmännische Direktor bittet zur Teilnahme an der Konferenz die ihm direkt berichtenden Mitarbeiter, den Leiter Verwaltung, den Leiter Verkauf und den Leiter Personal, dazu einen REFA-Ingenieur aus der Fertigung. Den REFA-Mann lädt er ein, weil das Unternehmen keine Position hat, die für die Büroorganisation zuständig ist. Nachdem er in dem Referat über „Organisierte Textverarbeitung" von der Bedeutung einer solchen Position gehört hat, denkt er daran, evtl. diese Stelle zu schaffen und mit diesem Zeitstudien- und Rationalisierungsfachmann zu besetzen, der ihm von seinem Kollegen, dem technischen Direktor, als gut geeignet empfohlen worden ist.

Zu Beginn der Konferenz erläutert er seinen ihm direkt berichtenden Mitarbeitern, daß er den REFA-Ingenieur als Fachmann zu Fragen der Rationalisierung hinzugezogen habe.

2. Angaben für den Personalleiter Dr. Nobel

Der Personalleiter studiert die ihm zugestellten Unterlagen mit recht gemischten Gefühlen.

Er hat seit langem große Schwierigkeiten, Schreibkräfte zu bekommen; und die Einstellgehälter werden infolge des Wettbewerbs der Firmen um gute Schreibkräfte immer höher. Vor allem kennt er die häufig gestellte Frage von Bewerberinnen: „Arbeite ich in einem Schreibsaal oder in einem kleinen Büro?“ Diese Frage läßt sofort die zweite Stellungnahme vermuten: „Wenn ich in einem Schreibsaal arbeiten soll, dann komme ich nicht“. Mehrfach hat er schon erlebt, daß die Schreibkräfte ihm gesagt haben, sie würden sich in diesem Unternehmen bewerben, weil sie aus einem „Schreibsaal“, in dem sie jetzt seien, heraus wollten.

Der Personalleiter ist ferner der Auffassung, daß „die Rationalisierung nicht auf Kosten der Mitarbeiter gehen darf“. Das sagt er nicht nur, sondern dazu steht er auch. Im übrigen sind im neuen BVG die Rechte des Betriebsrates erhöht. Man muß gewärtig sein, daß der Betriebsrat sich bei einer solchen grundsätzlichen Umstellung, wie sie aus der „Zielsetzung der neuen Büroorganisation“ hervorgeht, mit einschaltet.

Der Personalleiter ist natürlich nicht gegen eine Rationalisierung; er weiß sehr gut, daß jedes Unternehmen nur dadurch weiter existieren kann. Er ist nur der Auffassung, daß bisher bei jeder Art von Rationalisierung nicht ausreichend überlegt worden ist, ob der Mitarbeiter sie auch innerlich zu akzeptieren vermag. Er ist weiterhin überzeugt, daß viele Mitarbeiter jede Rationalisierungsmaßnahme als gegen sich persönlich gerichtet sehen, daß sie diese Maßnahmen deshalb nur widerwillig mittragen oder sie sogar zu torpedieren versuchen. Anders ausgedrückt: Der Personalleiter ist der Auffassung, daß die Leistungsbereitschaft der Mitarbeiter durch neue Rationalisierungsmaßnahmen nicht gelähmt werden darf, sondern daß sie dadurch einen Leistungsimpuls erhalten müssen.

Der Personalleiter, der von dieser Auffassung an die Beurteilung der „Zielsetzung der neuen Büroorganisation“ herangeht, fragt sich, ob die dort angeschnittenen Punkte fördernde oder hemmende Faktoren für die Leistungsbereitschaft der Mitarbeiter sind. (Vgl. hierzu unseren Abschnitt „Motivationstraining“).

Er nimmt sich vor, in der Konferenz insbesondere folgende Themen „auf den Tisch“ zu legen:

(1) Warum regt man sich immer über die „gemischten“ Arbeitsplätze auf und will die „persönliche Bindung zwischen Servicenehmer und Servicegeber“ auflösen? Die Sachbearbeiter und Führungskräfte wie die Schreibkräfte fühlen sich gleichermaßen zufrieden damit. Die Schreibkräfte fühlen sich hier als „Sekretärinnen“; warum läßt man ihnen denn dieses Prestigemerkmal nicht, wo man heute in der Führungslehre von der Bedeutung des Prestiges ausgeht? Im TVS soll jede den ganzen Tag schreiben. Da ist die Illusion, „Sekretärin“ zu sein, am Ende.

(2) Wer soll bei einer solchen neuen Büroorganisation, bei der angestrebten Trennung von Sachbearbeiter und „Sekretärin“ denn die vielen Nebentätigkeiten vollziehen, die bleiben? Was hierüber in der Unterlage steht, ist recht „dünn“. Die Praxis wird dann doch so aussehen, daß die Sachbearbeiter und auch die Führungskräfte diese Arbeiten selbst er-

ledigen „dürfen“. Fördert das die Leistungsbereitschaft? – doch wohl nicht! Stärkt dies das Prestige? – doch wohl nicht!

(3) Hat man sich überhaupt überlegt, daß die Frauen keine Frau als Vorgesetzte wollen. (Wer bekommt letztlich den Ärger zu spüren? ich!)

(4) Hat man sich überlegt, daß alle die Versuche, Arbeiten und (vor allem) Arbeitszeiten „exakt zu definieren“, keinen Mitarbeiter besonders erfreuen kann?

Sollte sich in der Konferenz herausstellen, daß er mit seinen Argumenten nicht durchkommt, dann ist die Kräfte- und Machtverschiebung zu prüfen, die mit dieser Neuorganistion einsetzt. Sicher ist, daß derjenige Bereichsleiter, der das TVS bekommt, einen Machtzuwachs erhält. Er wird versuchen, zu erreichen, daß nicht dem Verwaltungsleiter dieses TVS zugeschlagen wird, sondern ihm als Personalleiter. Er hat mit dem Hinweis auf „vertrauliche Korrespondenz“ des Personalwesens ein gutes Argument dafür. Dringt er damit nicht durch, dann wird er sagen: Wenn TVS, dann dezentral, eines für mich unter meiner Oberleitung.

3. Angaben für den Verwaltungsleiter Werninger

Der Verwaltungsleiter hat die Erfahrung gemacht, daß Rationalisierungs-Experten ihre neuen Ideen zur Effektivitätssteigerung immer mit mehr oder weniger deutlichem Überlegenheitsgefühl gegenüber dem Bestehenden vorbringen. Es hat ihn ständig geärgert, daß „irgendwelche Stabsfritzen ankommen und einem erzählen, das, was bisher bestehe, das sei alles wenig effektiv oder recht unzureichend; von jetzt ab werde sich das grundlegend ändern“.

Er hat dann weiterhin die Erfahrung gemacht (jedenfalls hat sich das so in seinem Bewußtsein und Denken festgesetzt), daß alle mit „großem Paukenschlag“ angekündigten Veränderungen nachher erstens einmal „recht dürftig“ waren, und daß er als Verwaltungsleiter Mühe hatte, die Verstimmung der Angestellten über diese Veränderungen wieder abzubauen.

Seine „private Philosophie“ ist, daß man grundsätzlich nicht so viel ändern sollte, da die neue Organisation bei großem Aufwand wenig Verbesserung bringe. Selbstverständlich „muß man aufgeschlossen sein gegenüber dem Neuen in der Verwaltung“; er selbst sieht gut genug, wo Veränderungen erforderlich sind, und die führt er auch durch. Er hat das stets getan und dabei seinen Ehrgeiz darein gesetzt, so vorzugehen, daß das „keine großen Wellen schlägt“; daß seine Mitarbeiter die Veränderungen kaum merken. Was er ablehnt, das ist „die Diktatur der Experten, die sich anmaßen, einem ‚gestandenen Mann‘ vorzumachen, er hätte keine Ahnung und sie wüßten alles besser“.

Mit dieser Brille liest der Verwaltungsleiter die „Zielsetzung der neuen Büroorganisation“; und damit ist er „dagegen“. Er sieht wieder „Stabsfritzen“, er sieht eine erneute und sehr verstärkte „Diktatur der Experten" und die damit verbundene Unruhe. „Dabei ist das ganze gar nicht nötig, es läuft ja alles prima".

Je länger er diese Unterlage „Zielsetzung der neuen Büroorganisation" liest, desto mehr beschleicht ihn das Gefühl, daß es sich hier doch wohl nicht nur um einen „Paukenschlag" handeln könnte, daß es hier vielmehr zum ersten Mal um eine Änderung gehen dürfte, bei der „alles auf den Kopf gestellt wird".

Je länger er diese Unterlage studiert, desto deutlicher merkt er auch, wie zentral er als Verwaltungsleiter von dieser Umstellung berührt wird. Es kann ja nur sein Bereich sein, dem ein Zentrales TVS sinnvollerweise zugeordnet zu werden vermag. Er befürchtet vor allem:

(1) Er wird viel Ärger mit seinen Abteilungsleitern und Sachbearbeitern bekommen, da er denen die Sekretärinnen (und alle Schreibkräfte, die sich so nennen) wegnehmen muß.

(2) Er wird viel Ärger mit den Sekretärinnen und Schreibkräften bekommen, die in den zentralen Schreibdienst sollen, oder die jedenfalls von der direkten Kooperation mit den Herren (Auflösung der „persönlichen Bindung zwischen Servicenehmer und Servicegeber") getrennt werden sollen – dabei hat er jetzt schon Ärger genug, wenn er weibliche Bürokräfte haben will.

(3) Er weiß, daß bei der Einrichtung eines zentralen Schreibdienstes eine Schreibdienstleiterin eingesetzt wird. Er meint aber auch zu wissen, daß die Sekretärinnen und Schreibkräfte keine Frau als Vorgesetzte haben wollen.

(4) Zu diesen personellen Problemen, die er auf sich zukommen sieht, tritt in Verbindung mit der „Diktatur der Experten" die Umkrempelung seines ganzen Bereichs, die er ertragen muß (die Experten werden das „Durchorganisieren" nennen); wobei diese Experten ihm dann lächelnd zeigen werden, wie „veraltet" und „rückständig" sein Bereich organisiert ist...

Der Verwaltungsleiter sieht nicht ein, daß im Vertrieb und im Personalwesen diktiert und dann bei ihm geschrieben werden soll. Er bekommt damit auf einmal die Verantwortung für den Schriftwechsel, den die anderen Bereiche auf ihn abschieben. Er bekommt mehr Arbeit und mehr Probleme.

Freilich entdeckt er bei der Durchsicht der Unterlage auch, daß die neue Büroorganisation – wenn sie wirklich durchgeführt wird – ihm einen Zuwachs an Macht und Prestige gibt. Er wird dann nämlich „für die gesamte Schreibarbeit zuständig". Wenn also die „Zielsetzung der neuen Büroorganisation" wirklich realisiert werden sollte, dann plädiert er für Zentralisierung.

4. Angaben für den Verkaufsleiter Saber

Der Verkaufsleiter ist überzeugt, daß man fortschrittlich denken muß, und daß er selbst fortschrittlich denkt. Er bezieht dieses Denken natürlich in erster Linie auf den Verkauf; er kann darauf hinweisen, daß er schon mehrere Schulungen über neue Verkaufsmethoden und über die Bewältigung der schwieriger werdenden Verkaufssituation in der Zukunft besucht hat. Auch sein Außendienst wird in neuen Verkaufstechniken trainiert.

Er will aber auch in der Verwaltung fortschrittlich sein; in seiner Abteilung wird (als einzige im Unternehmen) mit Diktiergeräten gearbeitet, und darüber hinaus hat er Anrufbeantworter eingeführt.

Bei der Anschaffung der Diktiergeräte hatte er sich schon einmal mit dem Thema „Schreibzimmer" beschäftigt. Damals erschien ihm das alles noch recht „unausgegoren", besonders was alle anderen Arbeiten seiner Damen betraf. Immerhin hat er eine Angabe fest im Gedächtnis behalten, weil ihm das damals so imponierte: An dezentralen Schreibplätzen werden ca. 10.000 Anschläge am Tag geschrieben, in Schreibzimmern 30. – 40.000 je Platz.

Der Verkaufsleiter reagiert auf die „Zielsetzung der neuen Büroorganisation" mit zwei klar gesetzten Schwerpunkten, aus denen sich auch die Argumente für seine Stellungnahme in der Diskussion ergeben.

(1) Er ist für eine Kostensenkung und Vereinfachung in der Verwaltung, folglich steht er diesen Ideen der „neuen Büroorganisation" positiv gegenüber. (Wie oft hat er sich schon über die „lahme Verwaltung" geärgert!) Er ist deshalb mit allen Maßnahmen einverstanden, mit denen geprüft werden kann, welche Art und welchen Zuschnitt die neue Büroorganisation konkret in diesem Unternehmen haben soll (Arbeitsanalyse, Istaufnahme, Planung bzw. Erarbeitung von Planalternativen zur Umstrukturierung der Organisation). Er versteht nicht viel von den Details dieser neuen Organisation, aber der Gesamtrahmen überzeugt ihn und er läßt sich auch gerne überzeugen, daß dies in der Praxis im kleinen funktionieren kann.

(2) Gleichzeitig ist er aber energisch gegen eine Zentralisierung dieser neuen Organisation.

  a) Er sieht nicht ein, daß „sein Apparat amputiert werden soll"; er will weiterhin direkten Einfluß auf seine Verwaltung haben (er will „direkt zugreifen" können). Er will die Macht behalten (was u. a. bedeutet, daß er bestimmen will, wer in seiner Verwaltung befördert wird und wer nicht).

  b) Von der Sache her geht es nicht, wenn ein zentrales Büro für Textverarbeitung eingerichtet wird und er „keinen direkten Zugriff" hat. Was geschieht, wenn er dringende Post für die Kunden zu erledigen hat, die obendrein erst um 17.30 Uhr abends fertig wird, aber eben noch abgeschickt werden muß?

c) Wer macht (wenn sein Apparat amputiert wird) für ihn alle die Nebentätigkeiten wie Karteiführung, Ablage, Telefon, und doch nicht zuletzt auch persönliche Dienste wie Kaffee kochen (das wird verlästert, ist aber doch gerade bei ihm in Verbindung mit häufigen Kundenbesuchen wichtig)? – Auch hier gilt, daß die Ideen der „neuen Büroorganisation" sehr interessant und zu realisieren sind; er aber muß diese Bürotätigkeiten in seinem Bereich haben.

5. Angaben für den REFA-Ingenieur Metz

Der REFA-Ingenieur hat sich im Fertigungsbereich bei seinen Vorgesetzten einen guten Namen gemacht. Seiner Einsatzbereitschaft und Standfestigkeit ist es zuzuschreiben, daß alle Fertigungsabteilungen in den letzten Jahren gründlich nach den neuesten Verfahren (Work-Factor u. a.) rationalisiert werden konnten.

Jetzt, nachdem „dies einigermaßen über die Bühne gegangen ist", interessiert ihn der Verwaltungsbereich als Objekt der Rationalisierung. Er weiß, „daß da noch viel drin ist"; seiner Auffassung nach besteht ein großes Mißverhältnis zwischen den Rationalisierungsbemühungen in der Fertigung und in der Verwaltung. Er ist diesbezüglich schon beim technischen Direktor (sein übernächster Vorgesetzter) vorstellig geworden. Der letzere hat bisher gezögert, in seinem zur Fertigung gehörenden Verwaltungsbereich grundsätzlich Rationalisierungsverfahren durchzuführen; er hat den REFA-Ingenieur aber dem kaufm. Direktor als einen fähigen Rationalisierungsfachmann auch für Fragen der Büroorganisation empfohlen.

Die Einladung zur Konferenz ist für den REFA-Ingenieur eine willkommene Gelegenheit, für die Rationalisierung der Verwaltung einzutreten. Es ist dabei durchaus verständlich, daß er diese Aufgabe von seinem beruflichen Erfahrungshintergrund aus angeht; d. h. daß er seine Erfahrungen in der Fertigung auf die Rationalisierung in der Verwaltung überträgt. Aus der genannten Vorstellung von der Diskrepanz in dem Rationalisierungsgrad zwischen beiden Bereichen zieht er im übrigen die Konsequenz, daß es „nun wirklich Zeit wird, auch in der Verwaltung gründlich die Effektivität zu erhöhen".

In der Konferenz bringt er deshalb vor:

(1) Die „Zielsetzung der neuen Büroorganisation" ist sehr zu begrüßen. Das erste, was zu erfolgen hat, ist eine gründliche Analyse (Ist-Aufnahme) aller Bürotätigkeiten und organisatorischen Abläufe. Dabei ist nach fortschrittlichen Methoden vorzugehen.

(2) Fortschrittlich-Sein heißt, alle Bürotätigkeiten exakt messen. Wie in der Fertigung, so muß auch in der Verwaltung grundsätzlich die Zeit für Handgriffe und Tätigkeitsfolgen rechnerisch ermittelt und vorher festgelegt werden. Das bedeutet, daß man nicht umhin kommt, auch

dem Angestellten die Art der Arbeit vorzugeben und damit vorzuschreiben. (Wieso sollte man das nicht, sind die Angestellten denn „etwas besseres als die Arbeiter“? )

(3) Was die Tätigkeit der Schreibkräfte angeht, so hat er in Unterlagen nachgelesen, daß gute Schreibkräfte mindestens 200 Anschläge pro Minute, der Durchschnitt 150 Anschläge leisten. Er schlägt deshalb eine Norm von 70.000 Anschlägen für einen Arbeitstag von 8 Stunden vor.

## D. Problemaufriß für den Trainer

### I. Vertiefung der Konferenzteilnehmer in ihre Rollen (differenzierend nach jedem einzelnen Teilnehmer)

1. Haben sich die Konferenzteilnehmer mit ihren Rollen identifiziert?

a) Sehr gut
b) Gut
c) Es geht
d) Schlecht

2. Haben die Konferenzteilnehmer die Mitteilungen in ihren Unterlagen innerhalb der Konferenz ausgeschöpft? Zu beachten ist dabei, daß auch der Organisationsplan zu den Unterlagen gehört.

a) Sehr gut
b) Gut
c) Es geht
d) Schlecht

3. Haben die Konferenzteilnehmer sich an ihre Unterlagen gehalten?

a) Ja, generell
b) Ja, sie brachten kreative Argumente, die aus ihrer Unterlage abgeleitet waren
c) Nein, sie brachten „hergeholte“ Punkte, die mit ihrer Unterlage keinen Zusammenhang hatten

### II. Gruppenprozeß

1. Auf welche Gesichtspunkte konzentrierte sich die Diskussion? (auch: Kombination von Gesichtspunkten)

a) Effektivität der Verwaltung
b) Macht, generell
c) Macht, sie ausbauen wollen, Machterweiterung
d) Macht, sie halten, nicht verlieren wollen

e) Leistungsbereitschaft der Mitarbeiter generell
f) Leistungsbereitschaft der Führungskräfte
g) Leistungsbereitschaft der Sachbearbeiter
h) Leistungsbereitschaft der Sekretärinnen (weibliche Bürokräfte)

2. Änderten sich im Verlauf der Konferenz die Gesichtspunkte (auch: im Sinne der Kombination von Gesichtspunkten) und wie?

3. Zwischen welchen Teilnehmern trat die in diesem Konferenzfall angelegte Konzeptions-Konkurrenz demonstrativ hervor?

a) Unter den Bereichsleitern (spezifische Neuerung)
b) Zwischen einem Bereichsleiter und dem REFA-Ingenieur (als Vertreter einer Stabsfunktion)
c) Zwischen den Bereichsleitern und dem REFA-Ingenieur

4. Änderten sich im Verlauf der Konferenz diese Wettbewerbs-Gruppierungen und wie?

5. Wie interpretiert der kaufmännische Direktor seine Rolle?

a) Als Wettbewerber in der Konzeptions-Konkurrenz
b) Als Primus inter Pares
c) Autoritär, dominierend
d) Hinter den anderen zurücktretend, nicht eingreifend

6. Verändert sich die Rolleninterpretation des kaufmännischen Direktors im Verlaufe der Konferenz und wie?

III. Gruppenprozeß und Konferenzziel

1. Wurde mit dem Willen verhandelt, zu einem Ergebnis zu kommen?

a) Ja
b) Ja, aber erst nach einiger Zeit
c) Ja, aber mit phasenweisen Leerläufen
d) Nein

2. Wurde das Ziel mit Kompromißbereitschaft angegangen?

a) Ja
b) Ja, von einigen schon
c) Nein

3. Wer zeigte Kompromißbereitschaft?

a) Der kaufmännische Direktor
b) Die Bereichsleiter

c) Ein Bereichsleiter
d) Der REFA-Ingenieur

4. Wer gab letztlich für die Art des Konferenzziels den Ausschlag?

a) Der kaufmännische Direktor
b) Ein Bereichsleiter
c) Mehrere (oder: die) Bereichsleiter
d) Der REFA-Ingenieur
e) Die Konferenzgruppe

IV. Verhältnis Konferenzteilnehmer – Beobachter

1. Wie hat der Beobachter das Verhalten „seines" Konferenzteilnehmers verfolgt?

a) Sehr gut
b) Gut
c) Es geht
d) Schlecht

2. Wie beurteilt der Beobachter das Verhalten „seines" Konferenzteilnehmers? (nach Richtigkeit)

a) Richtig
b) Einigermaßen
c) Nicht richtig

3. Wie beurteilt der Beobachter das Verhalten „seines" Konferenzteilnehmers – (die Art der Aussagen)

a) Überzogen
b) Scharf
c) Angemessen
d) Rücksichtsvoll
e) Nachsichtig

4. Wie reagiert der Konferenzteilnehmer?

a) Einsichtig
b) Empfindlich, aggressiv
c) Empfindlich, mit beleidigtem Stille-Sein
d) Hört nicht zu, ist ihm „egal" (er tut jedenfalls so)

5. Gibt es eine Diskussion zwischen Konferenzteilnehmern und Beobachter?

a) Ja, sie ist förderlich
b) Ja, sie ist nicht förderlich
c) Nein

6. Greifen andere aus dem Kreis der Konferenzteilnehmer mit ein?

a) Ja, dem Verständnis fördernd
b) Ja, aber dem Verständnis nicht fördernd
c) Nein

7. Greifen andere aus der Beobachtergruppe mit ein?

a) Ja, dem Verständnis fördernd
b) Ja, aber dem Verständnis nicht fördernd
c) Nein

V. Was wurde in der Konferenz sachlich erreicht?

1. Das Minimum-Ziel des kaufmännischen Direktors (Bestellung eines Fachgremiums zur Analyse)

2. Einführung der Textverarbeitung nach dem vorliegenden Entwurf beschlossen

3. Ablehnung der Textverarbeitung beschlossen

4. Aufschiebung der Entscheidung, die auf einer weiteren Konferenz fallen soll

a) offensichtlich begründet, da in der Konferenz neue Gesichtspunkte aufgetaucht sind, die durchdacht werden müssen
b) als Folge von Uneinigkeit, Unsicherheit oder Resignation im Gremium

5. Aufschiebung der Entscheidung mit dem Hinweis des kaufmännischen Direktors, daß er die Entscheidung treffen und bekanntgeben werde

6. Aufschiebung der Entscheidung ohne weitere Mitteilung

## 3.4. Das Rollenspiel

Es ist jetzt noch kurz darauf zu verweisen, daß mit den gruppendynamischen Methoden dem Rollenspiel (Diskussion mit verteilten Rollen) ein neuer Anwendungsbereich erschlossen wird. Die Übungen, die wir hier dargestellt haben, sind durchaus Rollenspiele.

Vergegenwärtigen wir uns: Der Begriff der Rolle kommt aus der Theatersprache. Das soziale Leben wird nunmehr in sicher nicht ganz unrealistischer Weise als ein großes Theater gedacht, in dem jeder Rollen zu übernehmen hat. Dabei gibt es mehrere Rollen. Jeder hat unterschiedliche Rollen in Familie und Beruf; ja in Beziehung zu einem Menschen sind seine Rollen bereits verschieden. Ein Vater z. B. wird seine Rolle zum Sohn anders interpretieren, wenn er mit ihm Fußball bzw. Tischtennis spielt oder wenn der Sohn mit einer Note „Mangelhaft" in Mathematik aus der Schule kommt. Rollen sind also Verhaltenserwartungen.

Im Rollenspiel nun wird der Einzelne trainiert, sich (nach dem Muster des Theaters) in den wirklichen Rollen des Lebens besser zurechtfinden zu können. Die positiven Wirkungen zeigen sich vor allem in folgenden Kriterien:

1. Sich Hineindenken-Müssen in Situationen, sowie in Denk- und Verhaltensweisen anderer Menschen. Es ist daran zu erinnern, daß wir in den Konferenzfällen ein besonderes Experimentierfeld zur Schulung dieser Qualifikation angeboten haben. Das Rollenspiel ist also das Mittel, mit dem die Konferenzmethode und die Fallmethode wirkungsvoll oder (je nach Lage) überhaupt erst wirkungsvoll eingesetzt werden können.

2. Zusätzlich ist jetzt zu betonen, daß das Rollenspiel als solches immer Gruppendynamik schafft. Wenn Victor Scheitlin (Ausbildungstechniken in der modernen Unternehmung, Stuttgart 1970) hervorhebt, daß diese Methode so wirksam sei, da sie „zu einem starken Lernerlebnis“ führe, so hängt das mit ihrer gruppendynamischen Relevanz zusammen. Das Rollenspiel ist älter als die gruppendynamische Trainingsmethode. Heute muß man aber sagen, daß dieses Rollenspiel als eine Übungsmöglichkeit durch praktisches Tun längst in die gruppendynamische Methode integriert ist.

3. Es ist immer das Stegreifspiel und das strukturierte Rollenspiel unterschieden worden. Bei der Verwendung im Rahmen gruppendynamischer Übungen tritt das strukturierte Rollenspiel stärker in den Vordergrund; eine Entwicklung, die sich schon beim Einsatz des Rollenspiels in Fallstudien angebahnt hat.

4. Vielleicht kann man eine gewisse Wandlung des Rollenspiels darin sehen, daß ursprünglich Eigenschaften und Emotionen der Menschen nachgespielt wurden, bzw. daß von ihnen ausgegangen wurde. Das Rollenspiel ist in diesem Zusammenhang auch als therapeutisches Verfahren angewandt worden. Bei den gruppendynamischen Übungen soll jeder Spieler sich mit vorgegebenen Aufgaben identifizieren, die dann zu Schwierigkeiten im zwischenmenschlichen Feld führen werden (was im Spiel offenbar wird).

5. Sowohl die unter 1 als auch die unter 2 erfaßten Kriterien wirken als Training der Anpassung an den anderen, aber auch als Sensibilisierung des Einzelnen im Sinne der Überwindung von Unsicherheit, der besseren Beherrschung kritischer Situationen, des besseren Verhandlungsgeschicks und der schlagfertigen Reaktion, der größeren Standfestigkeit und der Steigerung des Selbstvertrauens.

# 4. Kreativitätstraining

## 4.1. Der kreative Prozeß

In Ankündigungen von Methoden zur beruflichen Weiterbildung findet man immer häufiger den Begriff „Kreativitätstraining". Um zu erkennen, was hiermit gemeint ist, sind zunächst einige Bemerkungen über diesen Begriff erforderlich.

Kreativität ist die schöpferische, Ideen entwickelnde Kraft des Menschen. Es hat sich inzwischen die Auffassung durchgesetzt, daß Kreativität nicht nur als Qualifikation einiger weniger herausragender Naturen gelten kann, sondern daß sie grundsätzlich in jedem Menschen angelegt ist. „Der Angelpunkt, an dem wir ansetzen müssen, liegt in der Erkenntnis, daß jeder Mensch potentiell ein Genie ist", sagt Fritz Zwicky (Zwicky, F., Jeder ein Genie, Bern und Frankfurt 1971). Man ist sich auch heute darüber einig, daß es nicht bestimmte zu lokalisierende Domänen der Kreativität gibt, wie der künstlerisch-ästhetische Bereich und der Bereich technischer Erfindungen. Unsere pluralistische Gesellschaft mit ihrem Zwang zu immer erneuten Anpassungs- und Ausgleichsprozessen und mit einer Wirtschaft, die stets nach konsolidiertem Wachstum suchen muß, bedarf ganz generell dringend der Kreativität.

Damit muß die Schulung darauf abgestellt werden, die in jedem Menschen schlummernde Kreativität zu wecken. Es geht darum, den Menschen zu einer kreativen Persönlichkeit zu bilden; d. h. zu einer solchen, die viele neue Ideen hat, von denen gleichzeitig viele realisierbar sind. Das beginnt damit, ihn so zu bilden, daß er bereit ist, in Frage zu stellen; daß er lernt, das Gegebene nicht einfach kritiklos hinzunehmen, sondern daß er die Widersprüche in der Organisation, in den Gewohnheiten, in den herkömmlichen Denk- und Verhaltensweisen und auch die Lücken des eigenen Wissens erkennt. Erst dann kann ihm der Blick für die Kreativität bzw. für den kreativen Prozess geöffnet werden, und es kann mit ihm gemeinsam überlegt werden, wo er persönlich mit seinen Bemühungen um die Mobilisierung seiner Kreativität einzusetzen vermag.

Man weiß, daß der Mensch ein „aktives Wesen" ist, und daß dieser Aktivität der Drang zum Lernen innewohnt. Die Kreativität ist in gleicher Weise als der Aktivität des Menschen zugehörig zu betrachten; und deshalb ist sie ein dynamisches Agens, eine ständige „Bewegung". Wie das Lernen ein Lernprozeß ist, so ist die Kreativität ein kreativer Prozeß.

Alex F. Osborn, einer der Pioniere der neueren Bemühungen um eine bessere Einsicht in die Kreativität, hat den kreativen Prozeß in sieben Stufen unterteilt. Es gibt nach ihm 1. die Orientierung, d. h. die Erfassung und Definition des Problems, dann 2. die Sammlung der Informationen, die zur Lösung des Problems erforderlich sind. 3. Daraufhin folgt die Analyse dieser Informationen („breaking down the relevant material"). 4. Aufgrund des analysierten Materials erfolgt die Entwicklung von Hypothesen. 5. Jetzt setzt die „Inkubationsphase" ein. In ihr werden die Probleme „liegen gelassen“ und dabei teils bewußt, teils halb bewußt und teils unbewußt weiterverarbeitet. Diese Phase dauert solange, bis eine neue Leitidee „geboren“ ist, bis neue Ideen, Ziele, Konzeptionen „kommen“. 6. Auf der Basis dieser neuen, gleichzeitig natürlich als Impuls wirkenden Ideen wird dann die Synthese vorgenommen („putting the pieces together“) und 7. erfolgt dann in einer kritischen Würdigung die Bewertung der Resultate dieser Synthese der Alternativen (Osborn, A.F., Applied Imagination, Ch. Scribner's Sons), S. 124 ff.).

Wesentlich ist hier nicht die Stufenfolge im einzelnen; wesentlich ist vielmehr die Akzentuierung der „Inkubationsphase“ als „the part of the creative process that calls for little or no conscious effort“. In dieser Inkubationsphase geschieht das eigentlich Entscheidende und das letztlich Geheimnisvolle des kreativen Prozesses, die „Illumination“, die „Erleuchtung“, die „Ideenfindung“ („ich habe eine Idee“). Osborn bindet diese Phase des kreativen Prozesses, die eben für den Menschen im Stadium des Halb- und Unbewußten verläuft, in die rationalen Schritte ein. Kreativität, so ist daraus zu entnehmen, ist nicht nur eine Funktion der Ratio. Wir wissen das alle: Wenn wir „auf Ideen kommen“ wollen, so müssen wir „das Problem mit uns herumschleppen“, wir müssen „darüber brüten“ und „darüber schlafen“. Wir horchen gleichsam in uns hinein; unsere Tiefenschichten, oder, wie man in der Meditation sagt, unsere „inneren Wesensschichten“, werden in diese Suchspannung nach der Problemlösung mit einbezogen. Wenn Kreativität als „schöpferisches Denken“ bezeichnet wird, dann bleibt stets die Schwierigkeit, die offensichtlich primär nichtrationalen Vorgänge in der Inkubationsphase mit unter den Begriff des Denkens zu bringen, so wie dies J. P. Guilford und K. Linneweh („divergierendes Denken“) und E. de Bono („laterales Denken“) versuchen. Am besten wird man sich auch heute noch zur Kennzeichnung des Ergebnisses der Inkubationsphase auf den Begriff „Intuition“ einigen können. Hierunter ist dann das unmittelbare Gewahrwerden einer Problemlösung, die plötzlich auftretende Erkenntnis von Zusammenhängen zu verstehen, die (von Ausnahmen abgesehen) durchaus eine Folge intensiver rationaler sowie damit verbundener psychisch-konzentrativer Bemühungen ist; zu der man aber, vom Augenblick der „Erleuchtung“ betrachtet, nicht durch bewußtes Denken im Sinne der Reflexion hingeführt wird.

Es ist sicher angemessen, im Rahmen der Frage nach den Quellen der Kreativität nicht die Emotionen und die Ratio, nicht das Unbewußte und das Bewußte gegeneinander auszuspielen. Dennoch muß registriert werden, daß man gegenwärtig dem Einfluß des Unbewußten eine größere Rolle zubilligt. Dies geschieht aufgrund folgender These: Daß die Lösung eines Problems nach systematisch-logischen Verfahren anzugehen ist, das wird von jedem eingesehen. Keiner beachtet aber genügend, daß die Ratio, die sicher Träger aller Lebenserleichterungen des Menschen ist, doch gerade dadurch die Gefahr des Un-Schöpferischen mit sich bringt, die Ullrich Sievert (7 Erfolgsregeln für den Verkäufer, München 1970) mit dem Satz ausdrückt: „Wir laufen im Gefängnishof unserer Erfahrung herum“. Da das „Kreativitätstraining“ auf dieser These aufbaut, müssen wir sie näher erläutern.

Nach Arnold Gehlen (Der Mensch, seine Natur und Stellung in der Welt, Bonn 1955) ist der Mensch durch zwei Qualifikationen charakterisiert, durch seine Aktivität und durch seine Fähigkeit zur „Habitualisierung". Diese „Habitualisierung" oder (innere) „Entlastung" von Erfahrungen ist der psychische Prozeß, durch den der Mensch eine Erfahrungsfülle ansammeln, „speichern" kann. Mit Hilfe seiner Aktivität lernt er von Kindheit an seine Umwelt durch ständige Aufnahme von Erfahrungen bzw. von „Informationen" kennen. Er „entlastet" sich von ihnen (er „habitualisiert" sie), indem er Gegenstände und Situationen als nunmehr bekannt und beherrscht in seiner Erinnerung speichert. Damit wird die Orientierung an „Symbolen" wichtig. Ein Buchrücken (ein braunes Parallelogramm) „bedeutet" so z. B. ein Buch, und die Vorderseite des Hauses (ein fernes Rechteck) „bedeutet" ein Haus. Ein Teil wird stellvertretend für das Ganze genommen. „Unsere Sinneswelt ist also symbolisch, was heißt: Andeutungen, Verkürzungen, Vorderseiten und Überschneidungen, Schatten, Glanzlichter, auffallende Farb- und Gestalteigenschaften genügen (infolge der Habitualisierung) zur Andeutung der realen Gegenstandsmassen". (Gehlen, a. a. O. S. 185).

Das auffallendste Symbol-System ist die Sprache. Von diesen strukturellen „Eigenschaften" her hat der Mensch erst die Möglichkeit, mit Hilfe seiner Ratio Ordnung in die Welt der Erscheinungen und Gestalten zu bringen, ist er überhaupt erst lebensfähig, kann er angemessen reagieren. Man kann sicher nicht sagen, diese anthropologischen Qualifikationen seinen wenig kreativ. Dennoch wird man Edward de Bono folgen können, der in einer interessanten Studie (Laterales Denken, Reinbeck 1971) nachweist, daß diese „natürliche", übliche, im Prinzip gar nicht anders sein könnende Art der Lebensbewältigung zwangsläufig Nachteile für den kreativen Prozeß mit sich bringt. De Bono, der offensichtlich auf A. Gehlen aufbaut, aber die heute „gängigen", an der System- und Informationstheorie orientierten Begriffe verwendet, sagt, daß der Mensch mit Hilfe seiner Ratio ein „Codesystem", einen „Bezugsrahmen" (alle wiederholbaren Begriffe, Ideen, Gedanken, Vorstellungen) schafft, von dem aus die „Informationen" eingeordnet, geordnet, verarbeitet werden. Damit gewinnt und speichert der Mensch seine Erfahrungen. Die Folge ist nun, daß er von diesen Erfahrungen aus alles beurteilt. Exakter gesprochen: Die Information, die er erhält, signalisieren ein Codemuster; damit werden sie (wie in einer Bibliothek Bücher über ein bestimmtes Thema durch eine Signatur im Katalog abgerufen werden) entsprechend eingeordnet. (de Bono, a. a. O., S. 28 ff.).

Es ist durchaus einleuchtend, daß diese anthropologische Grundsituation des Menschen unter dem Aspekt der Kreativität ein großes Problem in sich birgt; daß nämlich die Informationen immer wieder in inzwischen vorgeformte und sich schnell „verhärtende" oder „verkrustende" Raster (Codemuster) eingehen. Anders gesagt: Es ist charakteristisch, daß die Informationen stets die ihnen vertrautesten Codemuster ansprechen, die damit gleichzeitig immer wichtiger werden. Die Muster (Denkklischees) „verewigen" sich so und wirken mit starker Anziehungskraft auf die Informationen. Die Vorurteile der Einzelnen werden damit bestätigt; und vom Bewußtsein des Einzelnen aus sind es „seine Erfahrungen", von denen aus er die Lebensvorgänge beurteilt. De Bono nimmt deshalb, und sicher nicht zu Unrecht, eine „begrenzte Aufmerksamkeitsspanne" an. Wenn in dem gesamten Codesystem des Menschen offensichtlich einige Muster wirkungsvoller sind als andere, dann werden die Informationen sofort selektiv aufgenommen und eingeordnet; und das bedeutet gleichzeitig, daß Informationen, die nicht recht in das Codesystem passen, nicht registriert werden. De Bono bringt eine treffende Veranschaulichung: Wie auf einem flachen Teller mit Gelee Saft oder heißes Wasser heruntertropft und bereits bestehende Rillen (Muster) noch vertieft, so „regnen" Informationen auf die Verstandes-Landschaft und vertiefen („bestätigen") die bestehenden Straßen, Wege, Kanäle. Es gibt dann, so muß man hinzufügen, Regentropfen, die diese Vertiefung nicht erreichen und die verdunsten; es sind die Informationen, die nicht ankommen (de Bono, a. a. O., S. 28 ff, S. 33).

Von hier aus versteht man, warum der Mensch so sehr in Gefahr ist, im Gefängnishof seiner Erfahrungen oder in seinem Begriffsgefängnis stecken zu bleiben. Von hier aus ist es erst recht notwendig, erneut nach den Kennzeichen des kreativen Prozesses zu fragen. Wir sahen, daß in der Intuition aus bewußter Beschäftigung mit einem Problem in Verbindung mit aus dem Unbewußten des Menschen hinzutretenden Kräften die eigentliche Ideenfindung geschieht. Genauer mit diesem Prozeß befaßt sich Arthur Koestler. Nach ihm ist das eigentlich spezifische am schöpferischen Prozeß das Verbinden von logisch nicht zusammengehörenden Elementen, von ihm „Bisoziation" genannt (Koestler, A. Der göttliche Funke, Bern, München, Wien 1966, S. 24). Vertrauter für den Vorgang, den A. Koestler anspricht, ist der Begriff „Assoziation". Innerhalb der Gesamtstruktur des Menschen, so läßt sich zunächst sagen, bestehen Assoziationen (Verbindungen) zwischen den Gedanken und Gefühlen, zwischen dem Bewußten, dem Halb- und dem Unbewußten, zwischen der Welt der Ratio und der Welt der Bilder und Vorstellungen. Diese Assoziationen können entsprechend unseres Aufweises der Qualifikation zur Codebildung sehr einspurig und in feste Bahnen (Systeme) gelenkt sein. Das Schöpferische ist demgegenüber die überraschende Assoziation, die Synthese im Sinne des plötzlichen Ineinandergreifens und des Neu-Strukturierens von zwei bisher beziehungslosen Elementen, bzw. Assoziationssystemen, die unter logischem Aspekt nicht zusammenpassen. Das Schöpferische überwindet damit die Vereinseitigungen, Verfestigungen und Verkrustungen des Codesystems, wandelt und „regeneriert" es. Diese Art der Assoziation, das ist die „Bisoziation". Koestler will damit sagen, daß der schöpferische Akt sich immer auf mehr als einer Ebene und in immer mehr als einem Assoziationssystem abspielt. Der kreative Prozeß bzw. die Intuition ist so gesehen aber immer Assoziation. „Der schöpferische Akt", so A. Koestler, „schafft nicht aus dem Nichts – er deckt auf, wählt aus, mischt, kombiniert, bildet Synthesen aus bereits vorhandenen Tatsachen, Vorstellungen und Fertigkeiten" (Koestler, A., a.a.O., S. 24).

Zur Kennzeichnung des kreativen Prozesses ist schließlich noch die Beziehung zur gesuchten Problemlösung wesentlich. Man muß beachten, daß in den meisten Fällen, und sicher im Rahmen der beruflichen Arbeit, der kreative Prozeß in Verbindung mit der Notwendigkeit einer neu geforderten

Problemlösung aktuell wird. Der Einzelne sieht sich gezwungen, Wege zu finden, die außerhalb der bisher gewohnten Tätigkeiten, Methoden, Arbeitsverhältnisse liegen. (Könnte er die bisherigen Wege benützen, hätte er diese Schwierigkeiten nicht). Das jeweils bestehende Problem wird nun zu einem Albdruck oder auch zu einem vorwärtstreibenden Motor; jedenfalls läßt es den Menschen nicht mehr los. Er denkt darüber nach, er „grübelt", er „philosophiert". Gleichzeitig setzt im Un- und Halbbewußten die Beschäftigung damit ein. Selbst wenn er „abschalten" will, wenn er im Konzert oder vor dem Fernsehschirm sitzt, wenn er sich mit seinen Kindern befaßt oder anderen Tätigkeiten nachgeht, ja auch wenn er schläft; das Problem „fällt ihm immer wieder ein". Das Durchdrungen-Sein, das Beherrscht-Werden von diesem Problem – dies muß als das ausschlaggebende Moment hervorgehoben werden – ist so stark, daß die auf Lösung gerichtete Suchspannung die Assoziationsvorgänge in der Gesamtstruktur des Menschen einmal initiiert, und zum anderen solange steuert bzw. in Bewegung hält, bis eine Lösung gefunden wird. Die Inkubationsphase kann lange anhalten; die starke Suchspannung wird aber die Assoziationsprozesse zwischen Strukturelementen und -systemen solange in immer neuen Varianten verbinden, bis die Lösung erreicht ist. Dabei ist es durchweg so, daß diejenige „Illumination" (die Idee, die „gekommen" ist) als die angemessene Lösung betrachtet wird, die der sofort einsetzenden kritisch-rationalen Bewertung standhält. Fällt die Bewertung negativ aus, setzt der unter erheblicher psychischer Spannung stehende Suchprozeß erneut ein. Das entspannende Gefühl, das Problem gelöst zu haben und damit selbst gelöst zu sein, entsteht erst auf der Basis einer zufrieden ausgefallenen Beurteilung der Lösung.

## 4.2. Kreativitätstraining im gruppendynamischen Ansatz

Schulung ist immer auch Kreativitätstraining, sonst wäre es keine Schulung. Der *erste Ansatz* zur Aktivierung des kreativen Prozesses ist *der Kontakt von Mensch zu Mensch,* vor allem durch *das Gespräch.* Jede von uns dargestellte Schulungsmethode, vom Referat angefangen, initiiert und mobilisiert den sozialen Kontakt und die Kommunikation in der Gruppe und fördert demnach die Kreativität.

Wir haben uns auf die Erörterung derjenigen Schulungsmethoden konzentriert, die gruppenbezogen sind. Es ist aber darauf hinzuweisen, daß es individuumbezogene Schulungen gibt, die in unserem Rahmen nicht behandelt werden können, denen man aber mit vollem Recht die Bezeichnung Kreativitätstraining geben kann. Hier ist, gleichzeitig als *zweiter Ansatz* zur Förderung der Kreativität, die *„Methodik des geistigen Arbeitens"* zu nennen, in die Ernst Ott in seinem Buch „Optimales Denken" (Stuttgart 1971) beispielhaft einführt. Es geht um „Denkstrategien", von denen aus Mittel und Wege zur Überwindung von Widerständen gefunden werden können. Es geht um Erkennen und Veranschaulichen der verschiedenen Arten des Denkens, der Kombination von Wahrnehmung, Anschauung und Denken, sowie um Training von Intelligenz, Wille und Vorstellungskraft. Der *dritte Ansatz* ist die

*Rhetorik;* in Verbindung mit der Argumentationstechnik; das Können, das vorhandene Wissen und die persönlichen Überzeugungen wirkungsvoll und nachdrücklich vorzutragen und zu vertreten. Der *vierte Ansatz* umfaßt das *„Schneller Lesen“.* Ernst Ott (Optimales Lesen, schneller Lesen – mehr behalten, Stuttgart 1970) weist darauf hin, daß wir den größten Teil unseres Wissens durch Lesen erwerben; und daß es wichtig ist, neue Lesetechniken (z. B. unter Nutzung der verbreiterten Blickspanne) zur Erhöhung der persönlichen Lesegeschwindigkeit zu praktizieren. *Fünfter Ansatz,* das darf nicht übersehen werden, ist das gute und ausdrucksgewandte Schreiben. Über die Grundlagen der Wort- und Satzlehre, der richtigen Schreibweise und Kommaregeln hinaus ist die Schrift als Ausdruck des ruhigen überlegten Nachdenkens und der Empfindungen unter Berücksichtigung des Denkens und Fühlens des Anzuschreibenden zu üben.

Als *sechster Ansatz* muß dann *der Schritt zur inneren Ruhe* genannt werden. Es mag vielleicht überraschend klingen; aber wenn tatsächlich die Tiefenschichten des Menschen im schöpferischen Prozeß mitwirken, dann befinden wir uns im meditativen Ansatz! Man braucht nur statt „Probleme wälzen“ und „Probleme mit sich herumschleppen“ Ausdrücke wie „innere Einkehr halten“, „Innerung“ (Friso Melzer, in: W. Bitter, Hrsg., Meditation in Religion und Psychotherapie, Stuttgart 1958, S. 246 ff) und „im Herzen bewegen“ zu benutzen; man braucht nur zu sagen, daß man „mit wacher Seele“ die Eindrücke in das „innere Selbst“ aufzunehmen hat, dann steht man im Kreis der Meditation. Die methodische Meditation ist sicher als gruppenbezogene Schulung effektiver; auf sie einzugehen würde aber unseren Rahmen überschreiten. Immerhin ist mit Otto Händler herauszustellen, daß es neben der methodischen Meditation eine „natürliche Meditation“ gibt. „Das entscheidende geschieht, wenn man See, Wald, Berg mit wacher Seele ganz in sich aufnimmt“, und „auch der begegnende Mensch kann unbewußt meditativ aufgenommen werden“ (Händler, O., in W. Bitter, a.a.O., S. 303 ff.). Es ist kein Zweifel, daß wir allen Anlaß haben, diese natürliche Meditation in unseren Schulungen zu pflegen. Die Mitarbeiter, die aus ihrem Alltag in die Schulungsveranstaltung herausgezogen werden, müssen wenigstens temporär aus der Reizüberflutung und Unruhe unserer Zivilisation herausgeführt werden. Ohne ein zeitweiliges „Auf sich selbst besinnen“ in Muße und Stille kann es keine Kreativität geben. Ein wesentlicher Schritt dazu ist die Aufnahme des *„Autogenen Trainings“* in die berufliche Weiterbildung.

Wesentlich ist nun folgendes: So sehr alle diese Ansätze Kreativitätstraining darstellen, man bezeichnet mit diesem Begriff heute Schulungen neuer Art. Es sind Schulungen, in denen unter Einsatz bestimmter Methoden der Einzelne aus seinem „Begriffsgefängnis“ herauskommen soll; in denen unter Berücksichtigung „der bisoziativen Grundstruktur der schöpferischen Synthese“ (Koestler, a.a.O., S. 122) und aller im vorigen Kapitel erörterten Gesichtspunkte das vielfach nur allzu feste „Codesystem“ (Begriffs- und Erfahrungszusammenhang) mit seinen Vorurteilen und seiner verengten Aufmerksamkeitsspanne aufgebrochen werden soll. Damit wird auf neue Assoziationsbildungen abgezielt, die intuitiv zur „Erleichterung“, bzw. zur „Produktion“ neuer Ideen führen können. Der Kern aller Schulungsmethoden, die in diesem Sinne „Kreativitätstraining“ wollen, ist, den Einzelnen möglichst weit vom jeweils zu lösenden Problem zu entfernen. Der Einzelne soll von der Begriffsbildung her, aber auch „innerlich“, unter emotionalem und tiefenpsychologischem Gesichtspunkt, vom Problem Abstand gewinnen. Erst in einer späteren Schulungsphase tritt der Rückbezug ein. Dennoch bedeutet diese innere Entfernung und Distanz kein wirkliches Sich-Lösen vom Problem; genau das ist nicht möglich. Das Problem erzeugt und hält die Suchspannung wach. Gesteuert vom un- und halbbewußten Bereich gibt es über eine oft längere Inkubationszeit hinweg immer erneute Assoziationsvorgänge, d. h. Neuverknüpfung von Emotionen, Erinnerungen, Informationen und Gedanken, die auf das Aufblitzen neuer Erkenntnisse zur Bewältigung des Problems abzielen.

Man muß sagen, daß das Kreativitätstraining dieser Art bei den Schulungsteilnehmern überraschend gut beurteilt wird. Der Grund dafür liegt darin, daß dieses Kreativitätstraining einen starken gruppendynamischen Effekt hat. Dies ist so eindeutig, daß man betonen muß: Den entscheidenden Zugang zu diesem Kreativitätstraining gewinnt man erst, wenn man das berücksichtigt.

Freilich entsteht und wirkt die Gruppendynamik hier ganz anders! Wir stellten detailliert dar, daß im gruppendynamischen Training die sozialpsychologischen Probleme von den einzelnen Gruppenmitgliedern selbst zu erzeugen sind; daraus soll jeder lernen, indem er sie sich bewußt macht. Die gruppendynamische Übung „läuft“ dann gut, wenn jeder diese Spielregeln einhält. Wir sahen aber auch, daß jeder sich dieser Prozedur mit gewissen Beklemmungen und Ängsten unterzieht. Im Kreativitätstraining ist das freilich ganz anders. Hier ist das erklärte Ziel, den freien schöpferischen Einfall zu erreichen. In Verbindung mit diesem Ziel wird die Gruppendynamik mit erzeugt. Ohne daß der Einzelne sich dies besonders bewußt macht, lebt er auf, weil er eben keine Ängste zu haben braucht („was passiert mir? “, „was will man denn an mir entdecken? “, „welche Blößen werde ich mir geben? “.) Es wird nicht „in der Seele gewühlt“; jeder ist sozusagen endlich einmal aus dem ganzen psychologisierenden Verfahren heraus. Keine Führerrolle wird gefragt; keiner kommt in die Gefahr, Außenseiter zu werden.

Jeder wird vom Trainer und von jedem anderen Mitglied der Schulungsgruppe so genommen wie er ist. Jeder soll von seinem So-Sein seine kreativen Impulse beisteuern. Diese Situation hat etwas unerhört Befreiendes. Ganz spontan entsteht ein Gruppenzusammenhang mit einer Atmosphäre, die jene Züge am Menschen hervorholt, um die wir heute alle bangen: die Züge der Jugend und der Unbeschwertheit!

Mit H.W. Dörner, der Experte auf diesem Gebiet ist, sind wir der Auffassung, daß die Art der verwendeten Methodik zweitrangig ist gegenüber diesem Effekt. Die Kreativität hängt also nicht so sehr von der Methodik ab; sie wird entstehen, wenn die Gruppe ihre Bedeutung für das Erfüllen einer gemeinsamen Aufgabe erkennt, wenn sie Freude daran bekommt. So gesehen hält das Kreativitäts-Training, was die gruppendynamischen Methoden versprechen.

### 4.2.1. Analogietraining (Synektik)

Für die Umsetzung der neuen Erkenntnisse über die Mobilisierung des kreativen Prozesses (bei dem eben die emotionale, irrationale Seite für wichtiger angesehen wird als die intellektuelle, rationale Komponente) in eine Schulungsmethode hat William J.J. Gordon (Synectics, Harper and Row 1961) bahnbrechend gewirkt. Was Arthur Koestler als „Bisoziation" bezeichnet, das nennt Gordon „Synectics" (aus dem Griechischen: „means the joining of different and apparently irrelevant elements"); und mit diesem Begriff (deutsch: Synektik) betitelt er auch dieses Kreativitätstraining. „Wesentliches neues Merkmal der Synektik ist dabei die erstmalige Verwendung von Analogien zum Zwecke der schrittweisen Problemverfremdung" (Rohrbach, B., Art. „Synektik" in: Management Enzyklopädie, Bd. 5, S. 658). Entfernung vom Problem durch Verfremdung und Verfremdung durch Analogie, das ist Gordons Grundgedanke.

Die Synektik als Trainingsmethode folgt einem ganz bestimmten Schema. Wir bringen dies hier in Anlehnung an die Darstellung von Bernd Rohrbach (Rohrbach, B., a.a.O., S. 659 ff. und in Zeitschr. Capitel 5, 71) und unter zusätzlicher Verwendung von Aussagen, die von dem Team F.H. Quiske, G.J. Skirl und G. Spieß (Art. „So leiten Sie Kreativ-Sitzungen", in: Absatzwirtschaft 11.72) wiedergegeben werden.

1. Gegebenes Problem

Die Synektik-Gruppe bekommt die Lösung eines Problems übertragen. Beispiel: Es soll ein besserer Regenschirm entwickelt werden.

2. Problemdefinition und -analyse

Die Synektik-Gruppe diskutiert das Problem. Beispiel: Warum ist die Verbesserung des Regenschirms erforderlich? Welche Fehler und Nachteile am bisher benutzten Regenschirm sind aufgefallen?

3. Spontane Lösungsvorschläge

Während dieser Diskussion werden die ersten Lösungsvorschläge vorgebracht. Beispiel: Wie ist es mit einem aufblasbaren Regenschirm?

Hier wird davon ausgegangen, daß diese erste Runde keine nutzbaren Ideen bringt. Es geht nur darum, jedem die Gelegenheit zu verschaffen, das, was ihm spontan einfällt, loszuwerden. Jeder soll sich von Gedanken zu dieser Thematik „reinigen", damit er sich nachher desto wirkungsvoller den Analogie-Prozessen widmen kann.

4. Genaue Problemdefinition

Die Synektik-Gruppe formuliert jetzt das gegebene Problem genauer, evtl. unter Komprimierung oder weiterer Differenzierung des Themas. Beispiel:

Es soll ein Regenschirm entwickelt werden, der bequemer zu handhaben und vielleicht sogar ohne Benutzung der Hände zu öffnen ist.

5. Erste direkte Analogien

Es wird im Vergleich etwas Ähnliches, Entsprechendes, Gleichartiges gesucht. Es hat sich dabei als zweckmäßig erwiesen (ist jedoch keineswegs zwingend), daß man die ersten direkten Analogien dann aus dem Bereich der Technik bzw. des Anorganischen sucht, wenn es sich um ein Problem aus dem Bereich der Natur, des Organischen im weitesten Sinne des Wortes, z. B. auch um soziologische Probleme, handelt und umgekehrt. Beispiel: Direkte Analogie für einen Regenschirm – technisches, anorganisches Problem – Pilz, Fell, Gefieder, Haut usw.

6. Persönliche Analogien

Die Synektik-Gruppe einigt sich auf eine der direkten Analogien, z. B. auf „Pilz". Nun ist es die Aufgabe eines jeden, sich möglichst spontan mit dem „Pilz" oder mit einem Teil desselben zu identifizieren; und jeder soll dann möglichst seine Gefühle beschreiben. Der Trainer würde etwa fragen: „Wie fühlen Sie sich als Hut eines Pilzes? "; und die Antworten könnten sein: „großartig, morsch, zerbrechlich, kalt, steinern, schmackhaft, naturverbunden".
Man sieht hier, wie sehr die Synektik der Phantasie des Einzelnen freien Raum geben will. Es soll wirklich „gesponnen" werden. In einem anderen Zusammenhang kann der Trainer z. B. fragen: „Wie fühle ich mich als Wind? ". Die Antworten können lauten: „Ich bin sehr launisch, manchmal Sturm, dann wieder mildes, sanftes Lüftchen. Ich schmiege mich an die Erdoberfläche und halte alles sanft umschlungen". „Die Landschaft spielt mit mir. Hindernisse bereiten mir schneidenden Schmerz". „Ich brause über die Erde und reiße alles mit. Zerstören macht mir Spaß. Ich bin der Größte". Zur weiteren Veranschaulichung sei hier noch ein Beispiel eingefügt. Die Mitglieder eines Synektik-Teams haben das Problem zu lösen, was man im Büro als Werbegeschenk brauchen kann. Nach den gefundenen direkten Analogien (zu: Büro) greift man die Analogie „Kommandobrücke eines U-Boots" heraus, um von hier die persönlichen Analogien zu suchen. Die Antworten sind: „Ich fühle mich betreten". „Ich fühle mich nüchtern und klar". „Ich vibriere manchmal, wenn der Atom-Motor rumort". „Ich habe Angst, daß irgend etwas falsch entschieden wird und wir vielleicht zu tief tauchen, so daß das Wasser meine Wände eindrückt". „Hoffentlich explodiert der Motor nicht und reißt mir ein Loch in die Wand".

7. Symbolische Analogie bzw. „Buchtitel"

Die Synektik-Sitzung wird fortgesetzt, indem ein besonders auffallender simulierter Gefühlszustand aus den persönlichen Analogien herausgegriffen wird; so z. B. (in Verbindung mit den Analogien zum Regenschirm) „morsch". Symbolische Analogien dazu wären: Stabile Zerbrechlichkeit, Trügerische Festigkeit, Zerbrechliche Stärke.

Offensichtlich kann man bei der Bildung von Symbolischen Analogien auch an der vorher herausgegriffenen persönlichen Analogie direkt anknüpfen. Nimmt man die „Kommandobrücke eines U-Bootes“ als ausgewählte persönliche Analogie, so könnten die symbolischen Analogien etwa lauten: Gedrückte Klarheit, Stürmische Ruhe, Lässige Gefahr.
An diesen Beispielen wird deutlich, daß die bewußt kühne, paradoxe oder auch skurrile und möglichst kurze, auf zwei Wörter begrenzte Formulierung gefragt ist.

8. Zweite direkte Analogie

Die Synektik-Gruppe entscheidet sich für eine symbolische Analogie (oder: für einen „Buchtitel“) und bildet dazu erneut eine direkte Analogie. Beispiel der ausgewählten Analogie: Stabile Zerbrechlichkeit; direkte Analogie dazu: Christbaumkugel, Glashaus, Satellit. Zweites Beispiel der ausgewählten Analogie: Stürmische Ruhe; direkte Analogie dazu: 1. „Fuchs, der in seinem Bau sitzt, während der Wind durch den Wald pfeift“. 2. „Stille vor einem Gewitter, während die Menschen noch hastig Geräte vor dem Gewitter in Schutz bringen“. 3. „Atomteilchen sausen in der Materie hin und her, während die Oberfläche ruhig ist“. 4. „Ein Hirsch, der ganz ruhig und konzentriert auf einen Zweikampf wartet.“

9. Umfassende Analyse

Von der Synektik-Gruppe wird nunmehr eine dieser zweiten direkten Analogien ausgewählt und analysiert. „Dabei kommt es weniger darauf an, daß diese technisch perfekt ist, als vielmehr, daß sie all das wiedergibt, was den einzelnen Gruppenmitgliedern zu dem zu beschreibenden Gegenstand bzw. Begriff einfällt“.

Wenn als zweite direkte Analogie „Satellit“ ausgewählt wird, so würde der Kern der Beschreibung etwa sein: „Wird mit einer Rakete auf eine Umlaufbahn um die Erde geschossen. Rakete entwickelt einen gewaltigen Feuerstrahl. Er umkreist die Erde, steht mit ihr in Funkverbindung, rotiert um seine Längsachse usw.“ Wird als zweite Direkte Analogie „Fuchs, der in seinem Bau sitzt, während der Wind durch den Wald pfeift“ gewählt, so wäre diese Analyse etwa: „Der Fuchs liegt zusammengerollt in seinem Bau“, „der Wind reißt Blätter ab und weht sie in den Bau“. „Der Fuchs läßt sich durch das Heulen des Windes nicht beunruhigen, er weiß sich in Sicherheit“. „Ab und zu kommt ein Windstoß und zaust am Fell. Der Bau ist so angelegt, daß kein Regenwasser nach innen laufen kann“. „Dicke Regentropfen prasseln auf das Laub.“

10. Rückverbindung (Force Fit)

Alle vorgenommenen Analogie-Schritte, so muß man sich vergegenwärtigen, dienen dem Zweck der Entfernung vom gestellten Problem durch Verfremdung; wobei die Verfremdung eben durch immer weitere Analogien erreicht werden soll. Es ist also durchaus in Ordnung, wenn die Teammitglieder im Verlauf dieser Verfremdungsschritte gar nicht mehr an die ursprüngliche Aufgabe, die sie bearbeiten sollen, denken. Während sie die verschiedenen Phasen durchlaufen, soll ihr „Codesystem" (Vorurteile, festgefahrene Denk- und Verhaltensweisen) aufgebrochen und die „Bisoziation" kräftig aktiviert werden.

Nun geht es freilich um die Rückverbindung zu dem eigentlichen Problem. Man kann dabei diese Synektik wie jede Art des neueren Kreativitätstrainings nur verstehen, wenn man gleichzeitig berücksichtigt, daß jedes Teammitglied während des ganzen Entfernungs-Prozesses unbewußt doch von der Suchspannung geleitet wird, die vom Streben nach der Lösung des ursprünglichen Problems einsetzt. Deshalb kann Rohrbachs Vorschlag der Rückverbindung nur als erster Impuls angesehen werden. Er will zwischen jedem Begriff, der in der umfassenden Analyse eine Rolle spielt und der Ausgangsfrage eine Verbindung herstellen. Beispiel: Könnte man das Regenschirmproblem irgendwie nach dem Raketenprinzip lösen? Wäre ein Regenschirm denkbar, der irgendwie durch Funk gesteuert bzw. betätigt wird? Könnte man mit Rotationsprinzipien vielleicht weiterkommen?

Warum, so muß man fragen, kann man nicht von der ganzen Palette vorgebrachter Begriffe und Gesichtspunkte auf das eigentliche Problem, den neuen Regenschirm zu entwerfen, zurückkommen? Diesen Weg empfehlen denn auch Quiske, Skirl und Spieß (a.a.O.). Es ist an dieser Stelle darauf hinzuweisen, daß E. de Bono als eine Kreativitätsübung vorschlägt, zufällige Begriffe aus dem Lexikon (etwa: 2. Hauptwort der 10. Zeile auf der 10. Seite) herauszugreifen und eine Rückverbindung zu dem anstehenden Problem zu suchen. (de Bono, a.a.O., S. 197 ff). Die unbewußt wirkende Suchspannung bringt eben auch hier bereits eine „Bisoziation" und kann zur „Erleuchtung" (Intuition) führen.
Jedes Kreativitätstraining und damit auch die Synektik wäre überfordert, wollte man „fix und fertige" Lösungen erwarten. Es kann nur darum gehen, viele Ideen hervorzubringen. In einem zweiten und bewußt rationalen Ansatz sind diese dann auf ihre Verwendbarkeit zu sichten. Um mit E. de Bono zu sprechen: Das „laterale Denken" ist mit dem Rückwärtsgang eines Autos zu vergleichen. Mit ihm kann man den Wagen aus der Sackgasse herausführen. Hat man das aber getan, dann muß das „vertikale" (rationale) Denken wieder einsetzen und nach logischen Gesetzmäßigkeiten prüfen, was man von den neuen Ideen verwenden kann und was nicht.
Es ist sicher so, daß viele Mitarbeiter in Synektik-Teams mit der mehr oder weniger ausgesprochenen Haltung starten: „Was soll denn dieser Quatsch eigentlich? ". Es dauert aber nicht lange, dann sind sie innerlich engagiert und integriert. Wir haben uns zu vergegenwärtigen, daß Synektik ein Kreativitätstraining im gruppendynamischen Ansatz ist. Rohrbach meint zwar, diese synektischen Lösungstechniken ließen sich „bei völliger Beherrschung und einem hohen Maß an Selbstdisziplin auch sehr erfolgreich von Einzelpersonen anwenden" (Rohrbach, B., a.a.O.); dem muß jedoch widersprochen werden. Erfolge kann nur das „Synektik-Team" haben. Im Team springt der zündende Funke über, im Team wirkt die nicht zu unterschätzende befreiende Kraft des Humors. Man braucht sich doch nur in ein Team zu

versetzen, in dem solche von uns zitierten oder ähnliche Analogie-Bilder sprachlich formuliert werden, um sofort zu begreifen, daß hier häufig schallend gelacht und vielfach geschmunzelt wird, daß eine recht „aufgekratzte" Stimmung aufkommt. In dieser Atmosphäre entstehen die intuitiven Sprünge im Sinne der Bisoziation. Ist der Einzelne allein und soll sich als Wind oder als Kommandobrücke fühlen, dann lacht er auch, aber weil er das als lächerlich („was soll der Quatsch") empfindet. Ist er allein, bleiben ihm andere Verfahren, zur Kreativität zu kommen, nicht zuletzt die Meditation. Im übrigen: Das Kreativitäts-Team hat die große Chance, in aufgeschlossener Atmosphäre Ideen „zu produzieren" – aber es ist doch nicht selbstverständlich, daß dies geschieht. Es kommt auch hier auf den Trainer an, die Gruppe in diesem Prozeß der Ideenfindung zum Erlebnis eines echten Teams zu führen.

### 4.2.2. Assoziationstraining

In den Schilderungen darüber, wie Synektik-Sitzungen durchgeführt werden, wird stets von einem „Synektik-Team" ausgegangen. Das aber besagt, daß immer an „Profis" gedacht ist, die in erneuten Anläufen, bzw. in hintereinander geschalteten Analogie-Versuchen, Ideen „produzieren" sollen. Berücksichtigt man dies, so wundert man sich nicht darüber, daß das charakteristische Verfahren der Synektik, die Entfernung vom Gegenstand über mehrere Analogie-Prozesse, recht kompliziert ist.

Ziel der beruflichen Weiterbildung kann es nun allerdings nicht sein, einzelne Mitarbeiter auf diesem Felde so intensiv zu schulen, daß sie nach Absolvierung eines solchen Trainings von Werbeagenturen zur Aufnahme in ein Synektik-Team umworben werden. Wir brauchen also nicht eine so detaillierte, auf „Profis" zugeschnittene Methode. Uns muß es vielmehr um den Aufweis eines Kreativitätstrainings gehen, das für jeden schnell einsehbar und beherrschbar ist. Ein Kreativitätstraining für jeden ist recht wichtig, weil angesichts der permanenten Innovationsvorgänge in Industrie und Verwaltung zur Bewältigung der damit entstehenden Schwierigkeiten von jedem Kreativität verlangt wird.

Wenn man die Synektik-Methode in Verbindung mit der beruflichen Weiterbildung verwenden will, so muß man sie deshalb auf einige Analogie-Prozesse reduzieren. B. Rohrbach betont, daß dies ohne Schwierigkeiten möglich ist. (Rohrbach, B., a.a.O.). Ihm kann schon deshalb zugestimmt werden, weil die ursprüngliche, von Gordon entwickelte Synektik-Fassung noch einen weiteren Analogie-Typ mit verwendet, nämlich die sogen. „Phantastischen Analogien", auf die man jetzt verzichtet. In diesen Analogien sollen die Wunschvorstellungen der Menschen (mit Bezug auf das anstehende Problem, bzw. auch auf die bereits verfremdeten Begriffe) auf Ideen hin mobilisiert werden. Rohrbach fragt hier, was der Einzelne tun würde, wenn er „omnipotent" wäre. (Rohrbach, B., a.a.O.). Gordon schildert an einem Beispiel, welche Ideen derjenige mobilisiert, der sich vorstellt, ein Heer von Insekten für sich arbeiten zu lassen (Gordon, W.J.J., a.a.O. S. 48 ff). Auf diese „Phantastischen Analogien“ kommen aber die Synektik-Teams offenbar nicht mehr zurück. Wenn man also diesen Analogie-Typ nicht benötigt, so wird man auch andere weglassen können, ohne daß der Verfremdungseffekt ineffektiv würde. Vereinfachung der Synektik-Methode, sowie ihre Anpassung an die jeweils zu schulende Gruppe und an die dafür zur Verfügung stehende Schulungs-Zeit, das muß die Devise sein. Es bleibt die Aufgabe des Trainers, sich innerhalb des jeweiligen Rahmens für bestimmte Analogie-Typen und für den angemessenen Zeitpunkt zur Rückverbindung zum Problem zu entscheiden.

Die Frage ist freilich, ob es nicht viel sinnvoller wäre, innerhalb des Kreativitätstrainings überhaupt von der schwierigen Verfremdung durch Analogien loszukommen. Was man erreichen will, so haben wir uns vor Augen geführt, das ist, zu einer systematischen „Bisoziation“ zu gelangen; wobei Bisoziation das Überspringen des schöpferischen Funkens aus der überraschenden Verbindung eigentlich fremder oder fremd scheinender Elemente definiert wird. Diese Bisoziation ist immer Assoziation. Die Analogie ist sicher auch eine Assoziation; aber muß es denn immer diese Art der Assoziation sein, wenn man den Prozeß des Sich-Entfernens vom zu lösenden Problem will? Mit E. de Bono sind wir der Auffassung, daß dies nicht erforderlich ist. An die Stelle der nicht leicht zu handhabenden Analogie- „Mechanismen“ schlagen wir deshalb eine operabelere Methode vor, die in der hier vorgelegten Fassung gemeinsam mit H. W. Dörner erarbeitet wurde.

Wie bei jeder Schulungsmethode, die im Rahmen der beruflichen Weiterbildung eingesetzt wird, ist auch bei diesem „Assoziationstraining“ zu berücksichtigen, daß Gruppen von etwa 20 Teilnehmern geschult werden müssen. Das hat zur Folge, daß jede Gruppe in 3 Untergruppen von 6 – 8 Personen zu gliedern ist. Zunächst bleiben alle Gruppen in einem Raum; es empfiehlt sich, daß sich jede Gruppe in Kreisform um einen Tisch herum setzt. Der Trainer arbeitet jeweils der Reihe nach mit einer Gruppe, die anderen beobachten. Das Assoziationstraining läßt sich in einige Phasen gliedern, die jetzt aufzuzeigen sind.

1. Bildung von Assoziationsketten

Der Trainer gibt das Thema, von dem aus mit der Assoziationskette begonnen wird, durch Nennung eines *Leitbegriffs* an. Der Trainer sagt z. B.: „Wir gehen von dem Begriff ‚Verkauf‘ aus. Jeder von Ihnen sage bitte der Reihe nach, an was er alles denkt, wenn er den Begriff ‚Verkauf‘ hört.“ Er animiert dann vielleicht denjenigen Schulungsteilnehmer, der am nächsten rechts von ihm sitzt. Dieser hat die *Assoziationsbegriffe* auszusprechen, die ihm in Verbindung mit „Verkauf“ einfallen. Ist das geschehen, dann blickt der Trainer den zweitnächsten rechts sitzenden Teilnehmer an, ihm signalisierend, daß jetzt er „dran“ ist, Assoziationsbegriffe zu nennen. Anschließend geht dies der Reihe nach weiter. Fällt einem Gruppenmitglied nicht spontan etwas ein, geht der Trainer ohne das leiseste Zeichen von Mißbilligung zum nächsten über.

2. Die spontane Assoziationshäufigkeit

Der Teilnehmer wird meist an sich die Erfahrung machen, daß ihm 3 – 5 Assoziationsbegriffe spontan einfallen; und daß er dann zu überlegen anfängt und weitere sucht. Diese Assoziationsmenge kann durch ein Sich-Trainieren in der Bildung von Assoziationsketten durchschnittlich auf etwa 20 erweitert werden. Es ist zweckmäßig, daß der Trainer einige weitere Übungen dieser Art durchführt, damit der Schulungsteilnehmer hier bereits das erste Erfolgserlebnis hat.

3. Suchen des Polarbegriffs

Nehmen wir an, vom Leitbegriff „Verkauf" ausgehend würden in allen Untergruppen Begriffsketten entstehen, die sich etwa um Ausdrücke wie Geld, Erfolg, Eigenheim, Beförderung, Mercedes, Reise, Schwierigkeiten, Team ranken. Daraufhin wiederholt der Trainer diese Bildung von Assoziationsketten, einschließlich des Trainings der Assoziationshäufigkeit, an weiteren Begriffen. Beim Leitbegriff „Wirtschaftlichkeit", so sei unterstellt, dominieren Begriffe wie Rentabilität, Kosten, Personal, Material, Energie, Ertrag, Innovation, Rationalisierung; beim Leitbegriff „Unternehmen" wird vor allem Betrieb, Gewinn, Bilanz, Verkauf, Fertigung, Management, Gewerkschaft, Streik erwähnt.

Der Trainer kann jetzt die Teilnehmer auf eine Erfahrung aufmerksam machen: alle Assoziationsbegriffe bleiben im Umfeld des Leitbegriffs. „Sie sehen", so vermag der Trainer zu betonen, „wie sehr wir uns im Assoziationsgefängnis bewegen. Um kreativ werden zu können, müssen wir aus diesem Umfeld herauskommen". Er setzt jetzt mit einer neuen Assoziationskette an, die er mit dem ausdrücklichen Anliegen einleitet, im Assoziationsimpuls Begriffe zu finden, die vom Leitbegriff wegführen. Wir wollen sie *Abweichbegriffe* nennen. Nehmen wir an, der Trainer schlage den Leitbegriff „Freizeitgestaltung" vor und die Begriffskette wäre: Fernsehen, Auto, Couch, Schlafen, Lärm (u. a.); und dann folgten noch: Meerschweinchen, Strumpf, Kleiderbügel. Nach ähnlichen Übungen (es ist eben zu berücksichtigen, daß es die Untergruppen gibt) kann der Trainer darauf hinweisen, daß Ausdrücke wie „Meerschweinchen" und „Strumpf" in der Tat Abweichbegriffe sind und daß damit bei den Teilnehmern der Lernprozeß bereits im Gange ist. Der Trainer geht dann einen Schritt weiter und stellt fest, daß jetzt derjenige Abweichbegriff festgehalten werden soll, der innerhalb der Assoziationskette am weitesten vom Leitbegriff entfernt ist. Er wird hier *Polarbegriff* genannt; von Pol zu Pol (vom Leitbegriff zum Polarbegriff) soll gleichsam ein Lichtbogen entstehen, auf dem die schöpferische Idee über scheinbar unzusammenhängende Worte assoziativ hinüberspringen kann.

4. Der Polarbegriff wird Startbegriff für die nächste Assoziationskette

Charakteristisch ist, daß bei allen weiteren Assoziationsketten nicht der Leitbegriff jeweils der Startbegriff bleibt, sondern daß der immer soeben gefundene bzw. bestimmte Polarbegriff als Startbegriff verwendet wird.

Damit kumuliert sich die Entfernung der Ausdrücke vom Leitbegriff, und die Assoziationsspanne weitet sich erheblich aus.
Ein Beispiel: Der Trainer gibt als Leitbegriff „Moderner Arbeitsplatz" an. Es entsteht daraufhin eine Assoziationskette, die etwa die Folge Schrank, Stuhl, Licht, Blumen, Musik, Berieselungsmusik annimmt. Hier unterbricht der Trainer und bittet einen Teilnehmer, den letzten Begriff als Polarbegriff auf der Tafel festzuhalten. „Berieselungsmusik" ist nun der Startbegriff für die nächste Assoziationsrunde. Diese lautet z. B. Katzenjammer, Windjammer, Peitsche, Zigarre. Hier unterbricht der Trainer erneut. Er bestimmt „Zigarre" zum Polarbegriff, der dann gleichzeitig Startbegriff für die nächste Kette wird.

5. Assoziationsketten unter Selbstregulierung durch die Teilnehmer

Der Trainer wird jetzt (evtl. auch eine Kette früher oder später) den Teilnehmern sagen, ihnen sei die weitere Kettenbildung delegiert. Ein Mitarbeiter wird gebeten, die Rolle des Trainers zu übernehmen, d. h. dann „abzuklopfen", wenn, wie in diesem Beispiel, ein Begriff genannt wird, der nach Auffassung dieses Mitarbeiters ein Polarbegriff zu „Zigarre" darstellt (also: sehr weit entfernt ist). Nehmen wir an, als Polarbegriff erscheine „Menschliche Endbestimmung"; er wird jetzt der Startbegriff, von dem der nächste Teilnehmer ausgeht. Dieser übernimmt die Steuerung, animiert der Reihe nach die Kollegen, die Begriffskette fortzusetzen und bestimmt den Polarbegriff. Die Polarbegriffe werden aufgeschrieben.

6. Suchen des Rückbezugsbegriffs, das ist der Oberbegriff des (jeweiligen) Polarbegriffs mit dem Leitbegriff

Wie bei der Synektik, so ist es nunmehr nach der Entfernung vom Leitbegriff erforderlich, wieder zurückzugelangen. Im Assoziationstraining benutzen wir das Verfahren, *Oberbegriffe* (die evtl. auch Verbindungsbegriffe sein können) zwischen dem Leitbegriff und den vorher festgelegten und festgehaltenen Polarbegriffen zu suchen.

Zu akzentuieren ist, daß mit dem Leitbegriff natürlich ein Problem bezeichnet werden kann, für das unter Einsatz mobilisierter Kreativität Lösungsansätze gefunden werden sollen. In unserem Beispiel ist „Moderner Arbeitsplatz" die Charakterisierung eines Problems. Es geht hier also um die Frage, wie man einen Arbeitsplatz und darüber hinaus eine Arbeitsorganisation den heutigen Anforderungen und Möglichkeiten entsprechend zu gestalten vermag. Der Rückbezugsbegriff (Oberbegriff) ist demnach immer der Rückbezug zum eigentlich zu lösenden Problem.

Am begonnenen Beispiel ist dieser Rückbezug zum Problem mit gefundenen Oberbegriffen wie folgt zu demonstrieren:

| | |
|---|---|
| | Leitbegriff: Moderner Arbeitsplatz |
| *Polarbegriffe:* | *Rückbezugsbegriffe:* (jeweils der *Oberbegriff* von „Moderner Arbeitsplatz" und dem links aufgeführten Polarbegriff) |
| Berieselungsmusik | Wohlbehagen |
| Zigarre | Beruhigung |
| menschliche Endbestimmung | Selbstverwirklichung |
| Buschtrommel | Kommunikation |
| Nirwana | Gelassenheit |
| Glas | Übersicht, Durchblick |
| Kurpark | Bürolandschaft |
| Vogel | Freiheit, Selbständigkeit |
| Mondfahrer | Büro als neu zu entdeckende Landschaft |
| Knallerbse | Spannung zwischen Stimulanz und Lärm |

Wir hatten – unter dem Gesichtspunkt des Trainierens dieser Methode – vorgeschlagen, die Untergruppen zunächst in einem Raum zu belassen und dabei die Übung abwechselnd mit einer Untergruppe vorzunehmen. Es empfiehlt sich aber, mit Beginn dieser unter 6. dargestellten Übung die drei Gruppen in verschiedenen Räumen arbeiten zu lassen. Jede Untergruppe hätte damit die gleichen Polarbegriffe, die Rückbezugsbegriffe würden aber ganz verschieden sein. Man kann natürlich auch anders verfahren: Einmal wird, eben um die Methode zu üben, das Suchen der Polarbegriffe und der Rückbezugsbegriffe von der Gesamtgruppe vorgenommen; mit der Bildung eines neuen Leitbegriffs (was identisch ist mit dem Aufwerfen eines zu lösenden Problems) erfolgt dann die Aufteilung der Schulungsgruppe auf drei Räume. In diesem Falle sind bei der zweiten „Runde" die Polarbegriffe bereits pro Untergruppe verschieden.

Bei dieser Aufgabe, die Rückbezugsbegriffe zu finden, handelt es sich um eine Gruppenarbeit. In den (drei Unter-) Gruppen soll darüber gesprochen – phantasiert, „gesponnen" – werden, welchen Begriff man als Rückbezugsbegriff akzeptieren kann. Wenn hier Schwierigkeiten entstehen; wenn man keine Verbindung zwischen einem Polarbegriff und dem Leitbegriff findet, oder wenn die Gruppe nicht zu einem Konsens über den „richtigen" Oberbegriff kommt, dann ist es zweckmäßig, daß ein Teilnehmer eine Geschichte (eine „Story") über den Polarbegriff erzählt. Diese Geschichte kann „frei" erfunden sein, sie kann auch im Hinblick auf die Verbindung zum Leitbegriff konzipiert bzw. phantasiert werden. Sie muß wiederum deshalb nicht auf die Verbindung zum Leitbegriff bezogen sein, weil nach den Gesetzen der Bisoziation (wie wir sahen) im Unbewußten der Teilnehmer die Suchspannung nach einem Rückbezug auf das zu lösende Problem (auf den Leitbegriff) sowieso stark ist. So kann es denn sein, daß während des Erzählens der Geschichte ein Teilnehmer spontan den Vorschlag eines Oberbegriffs macht und die Gruppe ihr Einverständnis zeigt. Es kann hier noch eine Variante eingefügt werden: Ein Teilnehmer beginnt mit dem Erzählen; er wird dann nach 30 Sekunden von einem anderen unterbrochen, der diese angefangene „Story" weiterspinnt. Erfolgt während des Erzählens keine spontane Einigung auf einen Oberbegriff, dann ist nach Schluß der Erzählung, evtl. mit der Suche nach einem Titel für diese Geschichte, ein Oberbegriff zu finden.

In unserem Beispiel scheinen die Rückbezugsbegriffe einleuchtend und schnell gefunden zu sein, dieser Schein kann aber trügen. Andererseits brauchen hier keine Geschichten erzählt zu werden, um zu veranschaulichen, daß man über alle Polarbegriffe Geschichten mit und ohne bewußte Beziehung zum Leitbegriff recht gut zu erzählen vermag; und daß diese Geschichten dann auch Rückbezugsbegriffe hergeben würden – möglicherweise noch bessere, als sie hier aufgeführt sind.

7. Jeder Rückbezugsbegriff ist Reizbegriff zur Lösung des Problems

Sind die Oberbegriffe erarbeitet, dann interessieren nur sie uns noch, nicht mehr die Polarbegriffe. Diese Oberbegriffe wirken nun als *Reizbegriffe,* von hier aus zu einer Konkretisierung der Aufgabe zu gelangen. „Reizbegriff" soll hier vor allem heißen: darüber nachdenken, „weiterspinnen", (wenn man will:) darüber meditieren. Es kann je nach Situation und nach den vorliegenden Rückbezugsbegriffen durchaus genügen, wenn zwei oder drei dieser Worte herausgegriffen werden. In unserem Beispiel wäre es sicher interessant, zunächst über das „Büro als neu zu entdeckende Landschaft" nachzudenken und dann zu den anderen überzugehen.

8. Schriftliche Assoziationsübung

Diese von den Reizbegriffen zur Aufgabe hin vorzunehmende vertiefende Konzentration kann – und sollte möglichst, wenn es die Art des Problems zuläßt – auch in schriftlicher Form vorgenommen werden.

Es ist an der Zeit, grundsätzlich eines festzuhalten: Bei aller von uns hier nachdrücklich unterstrichenen Bedeutung der spontanen Reaktionen im Team darf nicht übersehen werden, daß auch zuviel geredet werden kann; und daß gleichzeitig das ruhige Sich-Besinnen dann zu kurz kommt. Dieses ruhige Sich-Konzentrieren mit Bezug auf ein greifbares Ergebnis weist sofort auf die schriftliche Fassung der Gedanken hin.

a) Entwurf in Einzelarbeit

Von unserem Beispiel ausgehend würde also jedes Mitglied einer Untergruppe sich etwa 1/4 Stunde hinsetzen und seine Überlegungen und Phantasien über das „Büro als neu zu entdeckende Landschaft" niederschreiben.

b) Erweiterung der Entwürfe in assoziativer Ergänzung

Es wäre sinnvoll, wenn dann jeder Entwurf an den Nebenmann gegeben würde, der diesen dann mit seinen Gedanken schriftlich ergänzt. Je nach Lage (nach der zur Verfügung stehenden Zeit) und Thematik kann dies reihum fortgesetzt werden.

c) Begutachtung der Entwürfe

Diese Entwürfe sind jetzt zu sichten und zu begutachten; es ist die Spreu vom Weizen zu trennen. Dies kann als Gruppenarbeit unter Leitung des Trainers geschehen. Die Gruppe (jeweils die Untergruppe von 4 – 6 Personen) würde hier als Gutachtergremium fungieren.

Wie beim Synektik-Training, so geht es auch beim Assoziationstraining um das Finden von Lösungsansätzen, nicht um das Umsetzen in praktische Aktionen. Der eigentliche Zweck ist, den Mitarbeitern das Erfolgserlebnis zu verschaffen: Wir erkennen, daß wir kreativ sind!

Der für das Kreativitätstraining charakteristische positive gruppendynamische Effekt ist beim Assoziationstraining gleichfalls deutlich. Das besondere ist, daß jeder zur Geltung und zur Entfaltung seiner Fähigkeiten gelangt und gleichzeitig nicht in Gegensatz zu den anderen Seminarteilnehmern gerät. Es ist interessant, festzuhalten, daß die Gruppe in einem solchen Training häufig zu einem befreienden Lachen kommt; man hat einfach Spaß. Ungewöhnliche Situationsmomente können diesen Effekt noch verstärken; so, wenn der Trainer, wie das H. W. Dörner exerziert, in der Pause die Stühle aus dem Schulraum entfernen und dafür Teppiche und Kissen holen läßt. Die Schulungsteilnehmer begreifen, daß das unkonventionelle Verhalten, das damit symbolisiert werden soll, zur Auflockerung und zum Beweglich-Werden wesentlich beiträgt.

Am Schluß des Assoziationstrainings trägt jede Untergruppe ihre Lösungsvorschläge im Plenum vor. Dabei wird vorher nach dem Muster gruppendynamischer Übungen eine Gutachtergruppe (bestehend aus Mitgliedern aller Untergruppen) gebildet; sie soll beurteilen, welcher Lösungsvorschlag der zweckmäßigste ist. Es kann dabei ein Kontakt der Gutachter mit ihren Gruppenmitgliedern (Erhalt von „Tips", von Argumenten) gestattet werden.

Es wird also auch hier bewußt der Wettbewerbsgedanke eingebaut. Das wesentliche ist dabei, daß der positive gruppendynamische Aspekt den Charakter des Wettbewerbs positiv verändert. Da beim Einzelnen wie in der Gruppe die der provokativen Gruppendynamik nun einmal zugehörenden psychischen Beklemmungen nicht da sind, entwickelt sich der Wettbewerb so, wie er nach dem überkommenen liberalen Modell gedacht ist: als Stimulanz, als an der Idee des Sports orientiertes Kräftemessen, als Erzgegner von Faulheit, Unlust, Langeweile, Desinteresse; als Nachweis, daß auch der „Verlierer" eine beachtliche Konzeption erzielt, die wieder als Ergänzung in die an sich als besser gewertete Konzeption des „Gewinners" eingebaut zu werden vermag.

### 4.2.3. Innovationstraining

Dieser Titel ist von der Zielvorstellung her gewählt, die Innovation in der Praxis von Wirtschaft und Verwaltung effektiver zum Tragen zu bringen – Das muß deshalb angesprochen werden, weil es nicht so evident hervortritt.

Innovation soll identisch mit der Einführung und Nutzung neuer technologisch-organisatorischer Verfahren sein; und so soll das Innovationstraining für die zweckmäßige Einführung und vor allem für die optimale Nutzung dieser Verfahren sorgen. Vergegenwärtigt man sich, daß der technologische Wandel als die zentrale berufliche Thematik zu gelten hat, dann erkennt man die Bedeutung der hier erforderlichen schulischen Bemühungen.

Ein solches Training ist schwierig. Es sind zwei Klippen zu überwinden. Als erste Klippe zeigt sich das „Begriffsgefängnis" des Einzelnen in Verbindung mit dem Hängen am gewohnheitsmäßigen Handeln. Die zweite Klippe liegt in dem Bündel betriebssoziologischer Probleme, die mit dem technischen Wandel zu entstehen pflegen.

Wir suchen hier die erste Klippe zu überwinden. Das geschieht unter der Devise, den gruppendynamischen Schwung – die Freude, als Team kreativ sein zu dürfen – auf Planung und Gestaltung allgemeiner, auf Einsatz schöpferischer Phantasie bezogener Aufgaben zu übertragen. Anders formuliert: Es geht uns zunächst einmal nicht um praxisbezogene Aufgaben; es geht uns um den Schritt vom „Spinnen" zum Tun, zum Gestalten, zur phantasievollen Aktivität und Konstruktion ganz generell. Das heißt gleichzeitig, daß wir vom Assoziationstraining her beginnen und dieses erweitern.

Aufgaben in diesem Innovationstraining, so gestellt von H. W. Dörner und Claus Theede, können etwa sein:

Bau einer Stadt im Jahre 2000
Feriengestaltung im Jahre 2000
Entwurf eines neuen Kinderzimmers
Entwurf einer neuen Wohnbeleuchtung
Entwurf eines Fernsehfilms
Entwicklung eines Gesellschaftspiels

Am Beispiel der letzten Aufgabe soll hier der Gang des Trainings aufgezeigt werden, wie es von H. W. Dörner und C. Theede praktiziert wird.
Wie üblich ist die Schulungsgruppe in drei Untergruppen aufzuteilen, die in eigenen Räumen tagen. Jeder Einzelne bekommt dann folgende Unterlagen in die Hand:

Übung: Entwicklung eines neuen Gesellschaftsspiels, Unterlage 1

Sie gehören zu einem der drei Kreativteams der Fa. FAX u. Co. Ihre Firma hat jedes Team beauftragt, ein neues Tischspiel für 2 – 6 Personen zu entwickeln. Mit diesem Spiel soll die gegenwärtige, etwas flaue Marktlage wieder angeheizt werden.

Ihre erste Aufgabe ist es, diejenigen Ziele (wie: unterhaltende, pädagogische Zwecke) festzulegen, die mit diesem Gesellschaftsspiel erreicht werden sollen. Berücksichtigen Sie bei Ihren Überlegungen, daß Sie – als zweite Aufgabe – von diesem Spiel auch tatsächlich ein Exemplar mit Hilfe von Kartonpapier, Klebstoff, Tesafilm, Schere, Lineal, Radiergummi, Bleistift, Flipchartstifte herstellen sollen.

Versuchen Sie, origineller als die übrigen Teams zu sein.

Der Trainer informiert jede Gruppe zusätzlich, daß diese Ziele über ein Assoziationstraining festzulegen sind. Nach der geschilderten Methodik besteht jetzt also der erste Schritt darin, vom Leitbegriff „Neues Gesellschaftsspiel“ über Abweichbegriffe zu den Polarbegriffen zu kommen. Im zweiten Schritt werden die Rückbezugsbegriffe gebildet. Ein Beispiel:

Leitbegriff: Neues Gesellschaftsspiel

| *Polarbegriffe* | *Rückbezugsbegriffe (Oberbegriff von Leitbegriff und Polarbegriff)* |
|---|---|
| Gummi | Beweglichkeit |
| Kapelle | Musik |
| Ventilation | Drehen |
| Sarg | Gruseln |
| Einfallslosigkeit | Schema |
| Fingerhut | Versteck |
| Wasser | Aufregung |
| Lücke | Überspringen |
| Asche | Aufmunterung |
| Astronomie | Lehrreich |

Im dritten Schritt sind dann von den Rückbezugsbegriffen aus die Ziele des Spieles genauer zu präzisieren. Es ist dabei der Gruppe natürlich freigestellt, welche Rückbezugsbegriffe sie nutzt, evtl. verändert und welche nicht. Diese Begriffe sollen keine Fessel, sondern Anregungen sein.
Die Zeit, in der dieses Assoziationstraining abläuft, kann vom Trainer festgesetzt und variiert werden. Es dürften etwa 45 Min. ausreichend sein. Jede Gruppe erhält anschließend eine neue Unterlage.

Übung: Entwicklung eines neuen Gesellschaftsspiels, Unterlage 2

Planung und Herstellung des Tischspiels für 2 – 6 Personen

Stellen Sie nun bitte in dem Ihnen zugeteilten Raum 1 Exemplar des von Ihnen ausgedachten Spiels her. Dazu steht Ihnen folgendes Material zur Verfügung:

Karton- bzw. Flipchart-Papier
7 Bögen DIN A 4 Papier
1 Tube Uhu
1 Rolle Tesafilm
1 Schere
1 Lineal
1 Radiergummi
2 Bleistifte
1 schwarzer
1 roter
1 grüner
1 blauer
1 brauner
1 violetter Flipchartstift

Legen Sie bitte nach 1 1/2 Stunden das Spiel vor.

In Gruppenarbeit hat jetzt jede Untergruppe ein Tischspiel zu konstruieren. H. W. Dörner und C. Theede kalkulieren, das sagt schon der Text in Unterlage 1, den Wettbewerbsgedanken mit ein. Jede Gruppe soll (und wird) versuchen, ein Spiel zu entwickeln, mit dem sie gegenüber den anderen Gruppen bestehen kann. Es ist dabei naheliegend, wie bei gruppendynamischen Übungen (z. B. beim „Turmbau") eine Jury zur Beurteilung des besten Spiels zu bilden, die sich aus Mitgliedern jeder Gruppe zusammensetzt. Verfährt man so, dann ist formell im Innovationstraining die Verbindung von Kreativitätstraining und gruppendynamischer Übung hergestellt. Unsere Gesichtspunkte im „Problemaufriß für den Trainer", die wir zur Schulung mit den gruppendynamischen Übungen entwickelt haben, gelten dann hier entsprechend.

Offensichtlich zeigt sich der genannte Antrieb des liberalen Wettbewerb-Modells in Verbindung mit der befreienden und gelösten Arbeitsatmosphäre: Jeder Beobachter, der die Gesellschaftsspiele in 1 1/2 Stunden entstehen sieht, muß über die Kreativität der Teams staunen. Die Teilnehmer staunen nachher, wenn sie über ihre Arbeit reflektieren. Dem Trainer bleibt nur noch, den Teilnehmern die Frage zu stellen: Geht das denn eigentlich nicht auch in der beruflichen Praxis? Warum eigentlich nicht?

Was die Praxis angeht, so ist es zweifellos so, daß man im Innovationstraining den Seminarteilnehmern auch industrie- und verwaltungsbezogene Aufgaben stellen kann wie:

Organisatorischer Einbau einer neuen Transferstraße
Organisation einer zweckgerichteten Büroorganisation (Textverarbeitung)

Aufbau einer effektiven Verwaltungsorganisation (Verwendung der EDV ist möglich)
Aufbau einer effektiven Verkaufsorganisation (z. B. für Waschmaschinen, Fernsehgeräte, Kosmetika u. a.)

Aufgaben dieser Art sind nicht grundsätzlich anders als die Entwicklung eines neuen Gesellschaftsspiels. Deshalb werden hier auch die gleichen interessanten Ergebnisse und die kreative Gruppenatmosphäre erreicht.
Die Frage ist freilich, ob solche Aufgaben „praxisbezogen" sind. Dies wird man verneinen müssen. Die Teilnehmer stellen Pläne auf und konstruieren durchdachte Organisationen, aber ihr eigener Arbeitsbereich ist damit doch nicht oder bestenfalls in abstrahierter Form und auf sehr hoher Ebene betroffen.

Diese Feststellung wird notwendig, weil die Schulungserfahrung zeigt, daß der kreative Elan und die erstaunlich gute Gruppenatmosphäre des Innovationstrainings dann mindestens wesentlich schrumpft (um nicht zu sagen: in sich zusammensinkt), wenn konkrete Aufgaben aus der eigenen Praxis bearbeitet werden sollen. Es kann kein Zweifel sein, daß wir hier vor der Barriere betriebssoziologischer Probleme stehen, die sich in vielerlei Gestalt zeigen können. Diese zweite Klippe ist, mit Bezug auf die effektive Innovation, viel schwieriger zu überwinden als das „Begriffgefängnis". Dabei verschärft die Gefahr der Tabuierung das Erkennen dieser Probleme. Es besteht noch immer eine große Vorliebe, sie herunterzuspielen.

Der Angriff auf diese zweite Klippe über den Weg der Schulung ist von zentraler Bedeutung. Er kann aber nur gelingen, wenn dieses Innovationstraining mit dem Motivationstraining verbunden wird. Anders gesagt: Das Innovationstraining zielt zwar auf die bessere Nutzung der permanent der Wirtschaft und Verwaltung neu angebotenen technologisch-organisatorischen Mittel, es ist aber nur der erste Schritt dazu. Es veranschaulicht den Schulungsteilnehmern, daß sie den Schritt vom kreativen Denken (als der intuitiven Umstrukturierung starr gewordener Denk- und Verhaltensmuster) zur kreativen Aktion durchaus vollziehen können. Es führt die Schulungsteilnehmer zum Erfolgserlebnis und gleichzeitig zum Nachdenken, warum diese Kreativität denn in ihrem eigenen Berufsbereich nicht mobilisierbar sein sollte – und damit ist schon viel erreicht!

### 4.2.4. Brainstorming

Die unter der Bezeichnung „Brainstorming" bekannte Schulungsmethode ist heute dem Kreativitätstraining zuzuordnen. Dies muß man schon deshalb, weil sie „historisch" betrachtet die erste Methode gewesen ist, in der jedes Seminarmitglied ausdrücklich zur Krativität aufgerufen wurde; Analogie- und Assoziationstraining sind als Weiterentwicklung anzusprechen. Es kann auch kein Zweifel darüber bestehen, daß man die Denkvorgänge, die „aus dem Begriffsgefängnis herausführen sollen", bis zu einem erheblichen Grade (das hängt vom Teilnehmerkreis und von der Seminar-Atmosphäre ab) über das Brainstorming zu entwickeln vermag. Man hat sich das bisher nur nicht so deutlich bewußt gemacht. Dabei ist noch zu betonen, daß sich dies hierbei viel leichter, ohne „künstliche Bemühung", erreichen läßt.

Das Brainstorming ist demnach, so muß herausgestellt werden, keineswegs überholt, sondern wie bisher eine sehr interessante Methode. Wenn in der Synektik gesagt wird, zunächst solle jeder einmal alle Ideen, die er zu einer Problemlösung „im Moment auf Lager hat", äußern, damit er nunmehr innerlich frei für den Vollzug des Analogie-Trainings werde, so kann das nur als Einstiegs-Hilfe in das für jeden Teilnehmer seltsam anmutende Verfahren gelten. Mit Sicherheit kann die Brainstorming-Methode damit nicht „abserviert" sein. Es ist im Gegenteil zu sagen, daß es für den Trainer je nach Situation durchaus angezeigt sein kann, mit der Verwendung der Abweich- und Rückbezugsbegriffe zu pausieren und phasenweise auf das Brainstorming überzugehen. Die im Analogie- oder Assoziationstraining inzwischen entstandene belebte und kreative Atmosphäre wird dabei für das Brainstorming ein zusätzlicher Impuls sein.

Auch in diesem Zusammenhang wird deutlich, daß es bei der Frage nach der Mobilisierung der Kreativität des Menschen nicht um einen Methoden-Perfektionismus gehen kann.

Das Brainstorming ist in den letzten Jahren (seit Charles H. Clark, Brainstorming, Doubleday and Comp. 1958) oft dargestellt worden. Wir können uns deshalb hier auf die wichtigsten Merkmale beschränken.

Vom Begriff her betrachtet läßt sich sagen, daß „Brain" Gehirn heißt und daß es somit um das Durchstürmen des Gehirns, nämlich nach neuen Ideen, geht. „Brainstorming", so sagt Ernst Ott, ist „ein Angriff von Denkern auf ein zu lösendes Problem." Der Zweck ist, „eine Liste von Ideen zu produzieren, welche zur Lösung eines Problems führen können. Diese Ideen müssen dann später bewertet, ausgewählt und weiterbehandelt werden" (Ernst Ott in einer uns zur Verfügung gestellten Schulungsunterlage).

In Anlehnung an Ernst Ott sind die Regeln des Brainstorming zusammenzufassen:

1. Jede Idee ist willkommen
2. Je ausgefallener eine Idee ist, um so besser
3. Es kommt auf die Menge der Ideen an
4. Fremde Ideen aufgreifen und ausbauen
5. Keine Kritik während der Brainstorming-Sitzung.

*Zu 1:* Die Brainstorming-Sitzung verläuft so, daß die Seminarteilnehmer gebeten werden, zu einem Problem spontan Lösungsvorschläge zu nennen. Dabei soll jeder das aussprechen, was ihm gerade einfällt. Man erlebt, daß sehr viele Aussagen gemacht werden. Der Trainer ist mit Sicherheit nicht in der Lage, sie alle sofort aufzuschreiben. Es empfiehlt sich, ein Tonband zu verwenden.

*Zu 2:* Nur in einer freien, ungezwungenen Atmosphäre (die bei jeder Art des Kreativitätstrainings relativ leicht entsteht) ist der Einzelne bereit, jede Idee zu äußern. Er soll angeregt werden, aus seinem Assoziationsgefängnis auszubrechen. Man wird später bei der Auswertung der Ideen sehen, ob ein Rückbezug zum Problem herzustellen ist, oder ob seine ausgefallene Idee als solche bereits ein „Knüller" ist.

*Zu 3:* Die Erfahrung hat gezeigt, daß etwa 8 – 12 % der geäußerten Ideen verwertbar sind. Deshalb spielt die Menge eine große Rolle. Freilich kann auch nicht zu viel verlangt werden. Die Zeit des Brainstorming (Zeit für die Aussagen) wird auf 20 Minuten (bei einer Gruppe von 16 Personen) veranschlagt. Eine Verlängerung ist dann angebracht, wenn die Ideen besonders reichlich fließen. Wird eine Kaffee-Pause mit eingeplant, so ist die Dauer des Brainstorming 30 – 45 Min.; wird eine Imbißpause eingeschlossen, so erhöht sich die Zeit auf 45 – 60 Min.

*Zu 4:* Brainstorming vollzieht sich über die Assoziation im Team. Jedes Team-Mitglied ist am Gelingen mitverantwortlich. Dazu gehört die Bereitschaft eines jeden, zu akzeptieren, daß grundsätzlich jede Idee – und damit auch seine eigene – immer noch verbesserungswürdig ist. Jeder muß deshalb „dankbar" sein, wenn ein anderes Gruppenmitglied den gerade von ihm selbst geäußerten Vorschlag aufgreift und variiert, verändert, ergänzt und (wie jeder hoffen soll) verbessert.

Gerade hier stoßen wir auf den gruppendynamischen Effekt. Nur aus der inneren Beteiligung aller Teammitglieder an dem zu lösenden Problem in Verbindung mit dem unvoreingenommenen Zutrauen in die Kreativität des anderen wird der „Ideensturm" entstehen und werden verwertbare, bzw. tragbare Ideen „übrigbleiben".

*Zu 5:* Der gruppendynamische Effekt hat auch hier die für das Kreativitätstraining spezifische Note. Der Einzelne soll nicht kritisiert werden. Er soll als spezielle Persönlichkeit gewertet werden, die nun einmal in ihrer Art „schwärmt", „phantasiert", „spinnt". Die Kreativität, die, um mit K. Linneweh (a.a.O.) zu sprechen, ein dialektischer Prozeß zwischen Bewußtsein und Vorbewußtsein ist, bleibt individuell, bleibt auf die jeweilige Person bezogen!

Schließlich ist noch anzumerken: Wie bei jedem Kreativitätstraining, so muß auch beim Brainstorming zwischen Ideengewinnung und Ideenwertung unterschieden werden. Es ist intensive Arbeit erforderlich, um die vorgebrachten Ideen auf ihre Verwendbarkeit hin zu sieben und zu ordnen. Oft findet man, daß einige Ideen direkt verwertbar sind, während andere erneut durchdacht, bereichert, verändert, evtl. als Zukunftsaspekte betrachtet werden müssen. Im übrigen wissen wir jetzt, daß Abweichbegriffe als Polarbegriffe betrachtet werden können, wozu dann Rückbezugsbegriffe zu finden sind.

Man kann strenge und weniger strenge Maßstäbe an Schulungsmethoden anlegen. Es ist durchweg so, daß grundsätzlich („theoretisch") viel gefordert wird, während die Schulungspraxis dann doch anders aussieht. Der Trainer steht immer neuen Situationen gegenüber; er sucht stets das Optimum herauszuholen (nicht zuletzt unter dem Gesichtspunkt der ihm zur Verfügung stehenden Zeit). Denkt man nicht so streng über die Brainstorming-Methodik, dann wird man sagen können, daß sie oft in Verbindung mit anderen Methoden angewandt wird. „Machen wir mal ein Brainstorming" ist die typische Aussage des Trainers. Er animiert damit die Schulungsteilnehmer, sich zu einem bestimmten Thema zu äußern. Damit hat er Anregungen, wie er in dieser vor ihm sitzenden Gruppe am besten vorgeht.

Strengere Maßstäbe muß man an die Nutzung des Brainstorming zur Bildung einer „Kräftefeldanalyse" (Force-Field-Analysis) anlegen; ein noch zu zeigendes Verfahren zur Aufdeckung psychologischer und soziologischer Probleme in Unternehmen und Verwaltungen.

# 5. Motivationstraining

## 5.1. Motivation in betriebssoziologischer Sicht

Es wurde deutlich, daß das Innovationstraining zwar den Schritt vom kreativen Denken zur kreativen Gestaltung zu vollziehen vermag; daß dieser Schritt aber das eigentliche, im Begriff „Innovationstraining“ liegende Ziel, die effektivere technologische und organisatorische Rationalisierung bei gleichzeitiger Hebung bzw. Verbesserung des Arbeitsinteresses, nur indirekt, nur im Ansatz, nur im Sich-Bewußt-Werden der Chance des schöpferischen Wirkens, erfüllt. Der kreative Elan, der sich vom Assoziationstraining her so erstaunlich entfaltet, ebbt beim Übergang zu Aufgaben der eigenen Praxis stark ab.

Wenn wir für den Einsatz der Kreativität in der Praxis sorgen wollen, so geht das nur über das Erkennen der Gründe, warum die betriebssoziologischen Probleme entstehen; bei anschließender Überlegung, wie sie abzubauen, zu mildern, ja darüber hinaus in Leistungsimpulse umzumünzen sind.

Das ist freilich eine These. „Praxis“, so sagten wir, ist die Konfrontation der Organisation, und zwar der sich ständig unter dem Einfluß der Innovation verändernden Organisation, mit den Motiven und Interaktionen der Mitarbeiter und Gruppen. Innerhalb dieser Konfrontation entstehen die Schwierigkeiten, die sich als betriebssoziologische Probleme äußern. Die Schulung, die praxisorientiert sein will, hat deshalb primär diese Schwierigkeiten zu berücksichtigen, ja hat von hier auszugehen.

Man kann nur mit Überraschung feststellen, wie wenig diese Perspektive in dem bestehenden Schulungsangebot berücksichtigt wird; wie sehr die Schulung nach Theorien vorgeht, die im elfenbeinernen Turm sich gerade von dieser Konfrontation der Organisation mit den Menschen lösen. Da werden z. B. „Vorurteile“ und „Agressionen“ verschiedener Art getestet und fein säuberlich kategorisiert; und der Trainer erwartet dann, daß der Schulungsteilnehmer nunmehr seine Vorurteile und Agressionen, und natürlich die seiner Mitarbeiter, kennen lernt. Sicher ist das keineswegs unwichtig, aber die „Praxis“ ist damit nicht erfaßt!

So überraschend diese Lage ist; sie wird verständlich, wenn man sich vor Augen führt, daß es relativ leicht ist, Theorien zu entwickeln und sich daran zu „erwärmen“, daß es demgegenüber aber sehr schwierig wird, wenn mit diesen Theorien wirklich die „Praxis“ ganz konkret berücksichtigt werden soll. Wir wollen dies mit einer Kombination von Schulungsmethoden versuchen, die als Ganzes „Motivationstraining“ heißen soll. Wir sind uns dabei im klaren, daß dies ein Vorschlag ist, der dann in der praktischen Erfahrung ergänzt und evtl. auch verändert werden muß. Wir wollen einige Steine zu dem Mosaik liefern; wir wissen, daß dieses Mosaik vervollständigt und schöner gestaltet werden kann. Unserer Perspektive, konsequent „praxisbezogen“ zu sein, wird dabei am besten entsprochen, wenn man von der Motivation aus ansetzt. Sie ist unter betriebssoziologischer Sicht zu interpretieren.

(1) Jede Führungskräfteschulung, die „auf sich hält“, beginnt heute mit dem Thema Motivation. Dabei wird die auf A. H. Maslow zurückgehende Bedürfnis-Hierarchie dargestellt, die nachstehenden Aufbau zeigt:

5. Bedürfnis nach Selbstverwirklichung
4. Bedürfnis nach Prestige, Geltung, Anerkennung, Macht
3. Bedürfnis nach Gemeinschaft
2. Bedürfnis nach (äußerer, sozialer) Sicherheit
1. Physiologische Bedürfnisse (Bedürfnis nach Nahrung, Kleidung Obdach)

Ein zufriedengestelltes Bedürfnis, so ist der Kern dieser Theorie, ist kein „Motivator“, kein Motiv, kein Beweggrund zum Handeln mehr. In den Industrie-Nationen sind aber, eine normale Wirtschaftslage vorausgesetzt, die physiologischen und die Sicherheits-Bedürfnisse längst zufriedengestellt. Als Motive im Sinne der in Aktivität umzusetzenden „Handlungs“- (Leistungs-) Bereitschaft verbleiben deshalb die Bedürfnisse 3 bis 5. Sie können immer angesprochen werden, weil sie nie ganz erfüllt zu werden vermögen. Dabei spielt das Bedürfnis nach Selbstverwirklichung die entscheidende Rolle; die Bedürfnisse nach Gemeinschaft und nach Prestige sind nur interessant in ihrem Bezug zum oder in ihrem Zusammenhang mit diesem Bedürfnis nach Selbstverwirklichung.

(2) Unter Motivation in Verbindung mit der Führung von Mitarbeitern sind dabei zwei zusammengehörende Momente zu verstehen. Es geht einmal um das Wissen dieser Motiv-Theorie; und es geht zum anderen um das Ansprechen dieser Motive beim Mitarbeiter. Die erste Frage in der Führung des Mitarbeiters muß deshalb lauten: Ist er an einem Arbeitsplatz bzw. in einem Arbeitsbereich eingesetzt, in dem er sein Bedürfnis nach Selbstverwirklichung mindestens einigermaßen erfüllen kann oder nicht? Kann er dies, dann wird er mit Interesse arbeiten; kann er das nicht, dann wird er unzufrieden und desinteressiert in der Arbeit sein.

(3) Es ist sicher von grundlegender Bedeutung, daß diese Theorie so „eingeschlagen“ hat. Es handelt sich dabei natürlich nicht um etwas Neues. Vor allem im Deutschen Idealismus, wie überhaupt in der europäischen Geistesgeschichte ganz generell, ist die Selbstverwirklichung des Menschen als das eigentliche Lebensziel gesehen worden. Das Verdienst der Amerikaner besteht aber darin, hieraus eine „griffige“, operable und damit popularisierbare Theorie entwickelt zu haben, von der aus aufgezeigt werden kann, daß auch und gerade im beruflichen Leben die Selbstverwirklichung das zentrale Motiv darstellt. Ob man das gerne sieht oder nicht; alle Mitarbeiter, einschließlich der weiblichen Kräfte, die am Fließband sitzen, erstreben ein Minimum an Selbstverwirklichung. Haben sie das nicht, dann sind sie unzufrieden und blockieren die Arbeit mehr als daß sie etwas leisten.

(4) Man muß nur wissen, daß es sich bei dieser Theorie um ein ethisches „Soll“, nicht um ein schon bestehendes „Ist“ handelt. Im Rahmen einer Schulung pflegt diese Motivationstheorie im „Frontalunterricht“ (herkömmliche Mischung von Unterricht, Referat und Diskussion) vorgetragen

zu werden. Die Teilnehmer lächeln dann und denken: Das ist ja zu schön, um wahr zu sein; bei uns ist das jedenfalls ganz anders, wir kommen nicht zur Selbstverwirklichung. So bleibt vielfach der Eindruck, es handle sich entweder um eine „utopische" Theorie oder um die raffinierte Art eines Manipulations-Versuches; in jedem Falle wird über die Teilnehmer hinweg von Motivation geredet.

(5) Der Trainer muß die betriebssoziologischen Fakten kennenlernen. Hierzu zählt einmal das Studium der Literatur; zum anderen muß er die Probleme der gerade vor ihm sitzenden Schulungsteilnehmer erfassen. Er hat jedenfalls zu überlegen, wie die Motive sind, von denen aus die Mitarbeiter an ihrem Arbeitsplatz bzw. in ihrem Arbeitsbereich der Innovation begegnen. Auf dieser Grundlage erst kann er die Wege finden, wie er die Motive der Mitarbeiter besser, optimaler, integrativer auf die Innovation einzustellen und einzustimmen vermag; wie er die Mitarbeiter möglichst zum aktiven Mittragen der Innovation bringen kann.

(6) Motivation, so wird gerne gesagt, heiße „Überzeugen". Greift man das auf, so heißt Motivation Überzeugen der Führungskräfte und der Rationalisierungs-Experten, daß sie sich mit der betriebssoziologischen Thematik vertraut zu machen haben. Erst von hier aus sind sie in der Lage, die Innovation nicht technokratisch, sondern mitarbeiterorientiert zu planen und durchzuführen.

(7) Bisher galt bei Schulungen der Grundsatz, „von oben" zu beginnen; zuerst wurden die höheren Führungskräfte eines Unternehmens geschult, dann die zweite Ebene usw. Genau umgekehrt ist zu verfahren! Man muß zuerst während der Schulungen der Sachbearbeiter, der Arbeiter, der „unteren" Führungs- und Experten-Ebene deren betriebssoziologische Situation erkennen. Der hierarchisch nächsthöheren Gruppe sind dann diese Ergebnisse vorzutragen und dann ist die Frage zu stellen: Was kann man tun, um auf realistischer Basis zu einer glaubhaften Motivation zu kommen. Gleichzeitig bilden die Probleme dieser Gruppe wiederum die Unterlagen, von denen aus die jeweils nächsthöhere Ebene zum Thema Motivation zu schulen ist. Es handelt sich hier also um eine Motivations-Schulung, bei der die Rückmeldung des Mitarbeiters gegenüber dem bisherigen Führungsverhalten eine mehr oder weniger beträchtliche Rolle spielen kann. Allerdings ist es kein direktes „Feedback" eines Mitarbeiters zu seiner Führungskraft. Es kommt auf eine generelle, abstrahierende Schwerpunktsetzung betriebssoziologisch relevanter Fakten an; wobei man sagen muß, daß die betriebssoziologische Sicht immer eine vom Individuum abstrahierte Sicht ist.

## 5.2. Fördernde und hemmende Faktoren

Das Motivationstraining baut auf vorliegenden betriebssoziologischen Ergebnissen auf; und wir sagten schon, daß Literaturkenntnisse zwar wichtig sind, daß sie aber durch ein Wissen um die Probleme der jeweiligen Schulungsteilnehmer ergänzt werden müssen. Es stellt sich jedenfalls die Frage, wie der Trainer an die für seine Schulungsgruppe wesentlichen betriebssoziologischen Fakten kommt. Ein Mittel dazu ist sicherlich die Meinungsumfrage; freilich wird sie nur bei unternehmensinternen Schulungen verwendet werden können. Generell empfiehlt sich ein „Brainstorming" unter Nutzung der auf Kurt Lewin zuzückgehenden „Kräftefeldanalyse" (Force-Field-Analysis) (Lewin, K., Feldtheorie in den Sozialwissenschaften, Bern und Stuttgart, 1963). Es handelt sich um ein Verfahren, die Mitarbeiter zu fragen, welche Einflüsse im beruflichen Bereich ihre Leistungsbereitschaft fördern und welche Einflüsse lähmend wirken.

Folgende Auffassung liegt dieser „Kräftefeldanalyse" zugrunde: Die Denk- und Verhaltensweise eines Menschen, und auch die Art der Interaktionen im sozialen Feld, sind stets zu verstehen als das Ergebnis von Kräften, die sich in einem labilen Gleichgewicht befinden. Es handelt sich dabei um gegeneinander wirkende antreibende, positive und hemmende, negative Kräfte. Das jeweilige Gleichgewicht wird durch den Anteil und Einfluß der beiden Kräfte-Gruppen bestimmt. Gelingt es, die fördernden Faktoren zu verstärken und (oder) die hemmenden Faktoren abzubauen, dann verändert sich das Gleichgewicht in einen Zustand, in dem die positiven Kräfte einen stärkeren Einfluß haben. Damit würde das Denken und Verhalten wie auch das soziale Feld stärker von den positiven Kräften geprägt. (Den umgekehrten Vorgang gibt es natürlich auch).

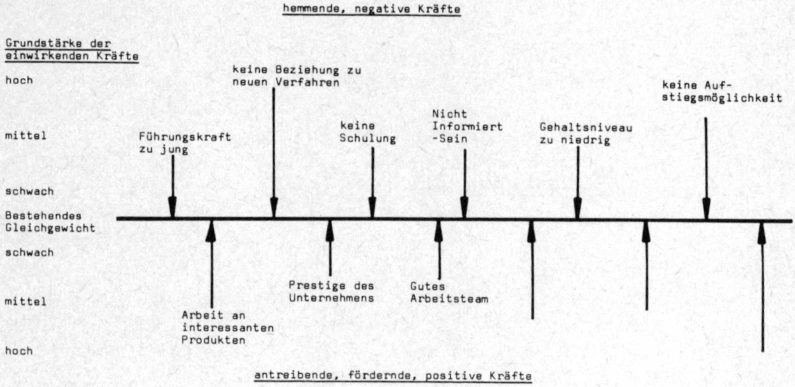


**Abb. 22**

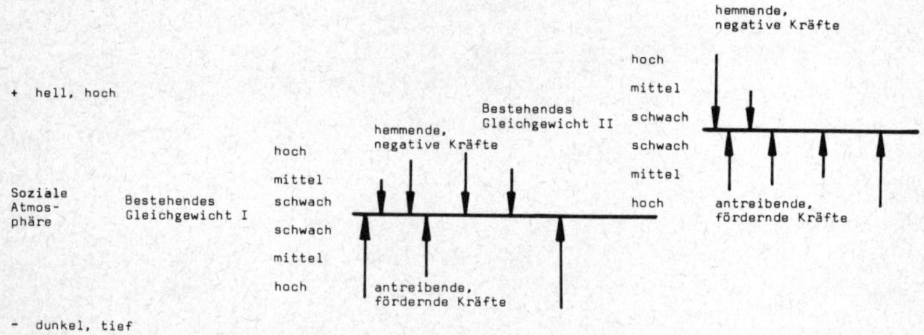


**Abb. 23**

Nach diesem Ansatz kann man die Schulungsteilnehmer fragen, welche Kräfte ihnen mit Bezug auf neue Technik und Organisation Impulse geben und welche ihnen Unzufriedenheit und Enttäuschung bereiten. Diese Aussagen zeigen das „So-Sein“ des Gleichgewichts; und es läßt sich jetzt überlegen, ob und wie man die fördernden Kräfte verstärken und die hemmenden abbauen und damit das Gleichgewicht sowie die Einstellung zur Innovation verbessern kann. Veranschaulicht an Abb. 23 ist es die Aufgabe, im Betrieb eine stets hellere soziale Atmosphäre anzustreben, so daß ein Gleichgewicht auf einem atmosphärischen Hoch zustandekommt.

Es geht also um die Erstellung einer „Kräftefeldanalyse“ über das Medium des „Brainstorming“. Dabei sind zwei Phasen zu unterscheiden; zunächst hat die „Materialsammlung“, dann die Auswertung dieser Aussagen in Gestalt einer typisierenden Abstraktion zu erfolgen.

Der Trainer eröffnet das Brainstorming etwa mit folgenden Worten: „Wir wollen in diesem Motivationstraining damit beginnen, uns über unsere eigenen Motive, mit denen wir an unsere Arbeit und an unsere Berufsaufgaben herangehen, Klarheit verschaffen. Dabei wollen wir berücksichtigen, daß unser Arbeits- und Berufsleben sehr stark durch die sogenannte Innovation, d. h. durch die Einführung und Nutzung neuer Technologien und Rationalisierungsverfahren geprägt wird. Unser Motivationstraining hat das Ziel, gemeinsam zu überlegen, wie jeder von uns gerade in Verbindung mit der Innovation für das Unternehmen effektiver und kreativer werden kann. Es ist sicher, daß dieses Ziel nur über die persönliche Motiv-Erfüllung erreichbar ist.“ Er kann noch ergänzen: „Es ist bekannt, daß viele Mitarbeiter, vielleicht bis zu einem gewissen Grade wir alle, der Innovation skeptisch, abwartend, passiv oder gar feindlich gegenüberstehen. Jedes Unternehmen wird die Mittel der Rationalisierung nur dann optimal verwenden können, wenn diese Haltung überwunden wird. Um sie überwinden zu können, wollen wir zuerst die Gründe dafür erkennen.“ Der Trainer wird dann auf die Kräftefeldanalyse mit dem labilen Gleichgewicht der fördernden und hemmenden Faktoren eingehen und dann etwa sagen: „In einem Brainstorming soll jetzt jeder die Möglichkeit haben, seine Erfahrungen mit der Innovation zu schildern; jeder soll berichten, was ihn dabei erfreut, was ihn evtl. zum persönlichen Engagement veranlaßt hat, und wodurch er u. U. verärgert, abgeschreckt, desinteressiert wurde.“

Das Brainstorming zählt auch unter dem Aspekt zum Kreativitätstraining, als in ihm die große Chance zur positiven Gruppenatmosphäre entsteht; eine Chance, die der Trainer auswerten muß. Es kommt darauf an, daß es ihm gelingt, den Schulungsteilnehmern vielleicht vorhandene Hemmungen zu nehmen, mit ihren Problemen „herauszukommen“. Es ist dennoch charakteristisch, daß der Erfahrungsbereich des einen intensiver ist und besseres „Material“ darstellt als der des anderen. Ratsam ist, daß der Trainer diejenigen Schulungsteilnehmer animiert, ausführlicher die motivierenden und demotivierenden Fakten zu erzählen, die offensichtlich auch nach Auffassung der anderen Schulungsteilnehmer für alle besonders wertvolle Schilderungen liefern können. Anders gesagt: Das übliche Brainstorming-Verfahren sollte nach einiger Zeit durch zusammenhängende Berichte einzelner (im Zweifel: aller) Teilnehmer abgelöst werden.

Es kann nicht überraschen, daß bei dieser „Materialsammlung" weit mehr hemmende als fördernde Faktoren genannt werden. Dies hängt einmal damit zusammen, daß psychische Belastungen den Menschen stark beschäftigen und er diese „los werden" will; daß positive Erfahrungen dagegen schnell zu etwas Selbstverständlichem werden. Zum anderen ist es eben ein betriebssoziologisches Ergebnis, daß die Innovationsmaßnahmen in Unternehmen und Verwaltung oft genug ohne genügendes Eingehen auf die Mitarbeiter vorgenommen werden. Es entspricht also unserem Schulungszweck, daß die hemmenden Faktoren an Zahl und an Gewicht überwiegen.

In der zweiten Phase muß der Trainer das „Material" ordnen und systematisieren. Dies geschieht am besten unter Assistenz einiger vorher zu Protokollanten bestimmten Schulungsteilnehmern. Diese werden jetzt zu „Beratern" ernannt. Es ist gut, wenn dem Trainer für diese Aufgabe ein Zeitpolster zur Verfügung steht. Es empfiehlt sich deshalb, das Brainstorming am späten Nachmittag durchzuführen. Der Trainer und seine Berater haben dann abends Zeit zur Sichtung und schwerpunktmäßigen Auswertung der Aussagen.

Man kann davon ausgehen, daß in den Aussagen und Berichten letztlich immer die gleichen oder doch recht ähnliche Faktoren genannt werden. Das aber heißt, daß sie in einem vorgegebenen Rahmen typisierbar und kategorisierbar sind. Einen solchen Rahmen haben wir erstellt, wir nennen ihn „Motiv- und Faktoren-Tafel". In dieser Tafel sind die Motive der Mitarbeiter nach fünf Bezugspunkten bzw. Zielbereichen aufgegliedert. Die Zielbereiche sind: Die Arbeitssituation, die Arbeitsablauf-Organisation, die Unternehmensorganisation, das Mitarbeiter-Führungskraft-Verhältnis sowie die Gruppenstruktur. Es wird dann jeweils die Frage beantwortet, welche hemmenden und (oder) fördernden Faktoren in Verbindung mit diesen Motiven und der Motiverfüllung unter dem Einfluß der Innovation von Bedeutung sind bzw. sein können.

Der Trainer vermag somit die Ordnung, Systematisierung und Gewichtung des „Materials" unter Verwendung dieser Motiv- und Faktoren-Tafel vorzunehmen. (Glaubt er, mit dieser Tafel nicht auskommen zu können, ist er aufgefordert, sie zu verbessern.). Die Gewichtung ist dabei die Hauptsache; sie umfaßt den Entscheid des Trainers, welchen Bezugspunkten in seinem Seminar der Vorrang eingeräumt werden muß. Es versteht sich, daß diese Entscheidung aus der Interpretation des „Materials" zustandekommen muß. Die „Berater" sind für den Trainer hier als Regulativ wichtig.

Die gewichteten Aussagen geben ein anschauliches Bild über die für den jeweiligen Seminarkreis dominierenden betriebssoziologischen Probleme. Nun sagten wir schon, daß wir unter dem Begriff „Motivationstraining" eine Kombination mehrerer, d. h. der jeweils angemessenen Schulungsmethoden, verstehen wollen. Dementsprechend ist es jetzt Aufgabe des Trainers, diejenigen Methoden zu wählen, die den dominierenden Problemen entsprechen. Vergegenwärtigen wir uns, daß es dabei stets darum geht, über das Training die hemmenden Faktoren abzubauen und die fördernden Faktoren zu stärken; je mehr das gelingt, desto stärker wird die Motiverfüllung und der Leistungsimpuls.

Motiv- und Faktoren-Tafel

| I. Arbeitssituation – | Sicht der Arbeitssituation unter Einfluß der Innovation | |
|---|---|---|
| Motive | Hemmende Faktoren | Fördernde Faktoren |
| 1. Den Arbeitsplatz nicht verlieren; Sicherheit des Arbeitsplatzes | Unsicherheit | soziale Sicherheit, Arbeitsplatz ist noch sicherer |
| 2. Die Arbeit beherrschen, innere Sicherheit | Unsicherheit | Die innere Sicherheit bleibt, die Arbeit wird noch besser beherrscht |
| 3. Eine gute Arbeit leisten können | Unsicherheit | ist weiterhin möglich, wird noch besser |
| 4. Die eigene Berufs- und Arbeitsqualifikation einsetzen können | ist nicht mehr gefragt; eine neue Qualifikation ist gefragt, die man nicht „bringt“ | ist weiterhin gefragt, ist noch mehr gefragt - eine neue Qualifikation ist gefragt, die man „bringen“ kann |
| 5. Die Bedeutung der eigenen Tätigkeit für den Betrieb | kann auch ein anderer, kann ein anderer besser, kann auch die Maschine, ist für den Betrieb bedeutungslos geworden | bleibt bestehen, tritt noch deutlicher hervor |
| 6. Verfügen-Können über einen unaufgedeckten Dispositionsspielraum | Die Arbeits-situation soll transparent gemacht werden | Man verfügt weiterhin über einen unaufgedeckten Dispositionsspielraum - Der unaufgedeckte Dispositionsspielraum ist nicht mehr so wichtig |
| 7. Verfügen-Können über personenbezogene Informationen (Erfahrungen) | Zentrale Speicherung aller Informationen wird angestrebt, auch damit soll Transparenz erreicht werden (z. B. Datenbank, Zentrale Registratur) | Inneres (echtes) Akzeptieren der zentralen Speicherung, vor allem vom Denken im Mensch-Maschine-System her |

II. Arbeitsablauf-Organisation – Sicht der Arbeitsablauf-Organisation unter dem Einfluß der Innovation

| Motive | Hemmende Faktoren | Fördernde Faktoren |
|---|---|---|
| 1. Wissen, d. h. Nachvollziehen-Können, wie der Arbeitsablauf vor sich geht (gilt für Fertigung und jede Art der Administration) | kann man nicht mehr | kann man weiterhin<br>kann man wieder<br>kann man noch besser |
| 2. Interessen-Gemeinschaft mit den Arbeitskollegen, ermöglicht durch den Dispositionsspielraum<br>Beim Arbeiter z. B. mit Bezug auf die Akkordfestsetzung, auf die Beziehung zum Ablöser. Beim Angestellten z. B. mit Bezug zum Informationssystem, zum Zentralen Schreibdienst | (Drohender) Interessen-Gegensatz durch Transparenz der Arbeitsabläufe und „Rationalisierungsdruck".<br>Innovation bringt eine strenge Sachlichkeit der Kooperation, die als Verlust an Teamorientierung empfunden wird. | Die Transparenz wird - mindestens auch - als Vorteil angesehen<br>- Interessen-Gemeinschaft bleibt auch unter dem Einfluß der Innovation<br>- Sachlichkeit der Kooperation stört nicht (oder: verbessert) die Teamorientierung.<br>Ein gewisser Dispositionsspielraum bleibt. |
| 3. Selbständigkeit in der Beziehung zur Führungskraft, ermöglicht durch den Dispositionsspielraum | (Drohende) Abhängigkeit vom Vorgesetzten durch Transparenz der Arbeitsabläufe und „Rationalisierungsdruck". | Die Transparenz wird - mindestens auch - als Vorteil gesehen; und zwar weil man die neue Konstellation vom System-Denken her betrachtet.<br>Deshalb empfindet man wenig oder keine Abhängigkeit, oder die Abhängigkeit nicht als größer geworden.<br>Ein gewisser Dispositionsspielraum bleibt. |

| | | |
|---|---|---|
| 4. Souveränität im Verhältnis zu den Rationalisierungs-Experten, ermöglicht durch den Dispositionsspielraum | Gegensatz, da die Rationalisierungs-Experten diej. sind, die den unaufgedeckten Dispositionsspielraum wegnehmen wollen. | Vom System-Denken aus ist ein sachlicher Kontakt zu den Experten fruchtbar; die Experten sollen helfen, Probleme zu lösen. Die Experten lassen einen gewissen Dispositionsspielraum (die Transparenz wird nicht perfektioniert). |

III. Unternehmens-Organisation – Sicht der Unternehmens-Organisation unter dem Einfluß der Innovation

| Motive | Hemmende Faktoren | Fördernde Faktoren |
|---|---|---|
| 1. Die Position verbessern (Aufstieg) oder: die Position halten und festigen<br>2. Geltung, Prestige, Anerkennung erlangen oder halten und festigen. | Sorge, daß dies nicht gelingt - es ist nicht gelungen - da tüchtigere, „clevere" im Zuge eines (stets drohenden) Wandels der Organisation nach vorne drängen | Zuversicht, daß es gelingt;<br>Man hat Beweise, daß es gelungen ist. |
| 3. Macht im Sinne der Herrschaft als „legitimierter Macht" (Max Weber) erwerben oder aufrechterhalten | Sorge, daß dies nicht gelingt - Es ist nicht gelungen<br>z. B. durch das Vordringen der Experten (der Stäbe)<br>z. B. durch die wachsende Bedeutung der horizontalen Kooperation (Funktionale Organisation)<br>z. B. durch den die Macht relativierenden Einfluß der Konzeptions-Konkurrenz | Zuversicht, daß es gelingt;<br>Man hat Beweise, daß es gelungen ist.<br>Verändern des Motivs durch Einfluß des System-Denkens oder des Denkens vom partnerschaftlichen Führungsstil her (Abkehr vom „Herrschafts"-Gedanken) |

| | | |
|---|---|---|
| 4. Übersicht über die Machtverhältnisse; was heißt, über die Art der Strukturorganisation. Klare Struktur bei bekanntem Personenkreis | Organisation und Machtverhältnisse ändern sich relativ schnell. Es ist schwierig, „durchzublicken", wer welchen Rang im Unternehmen hat. Sich verändernde Struktur bei sich veränderndem Personenkreis | Übersicht bleibt erhalten . Es wird als interessant empfunden, den Wandel der Machtverhältnisse zu beobachten. Veränderung des Motivs: Es ist interessant, einen anderen Personenkreis kennenzulernen („studieren") zu können. |
| 5. Integration in die stabilen Kommunikationslinien und in das stabile Geflecht sozialer Beziehungen | Die Kommunikationslinien und das soziale Beziehungsgeflecht verändern sich schnell; eine Integration ist erschwert; daher Unsicherheit | Veränderung des Motivs: Es ist interessant, sich auf den Wandel einstellen zu können. Es entsteht keine Unsicherheit. |

IV. Mitarbeiter-Führungskraft – Verhältnis – Sicht des Mitarbeiters unter dem Einfluß der Innovation

| Motiv | Hemmende Faktoren | Fördernde Faktoren |
|---|---|---|
| 1. Informiert sein wollen | Führungskraft informiert nicht; dabei wäre das gerade unter dem Einfluß der Innovation wichtig | Führungskraft informiert; sie begreift, daß das gerade unter dem Einfluß der Innovation erforderlich ist |
| 2. Gefördert sein wollen | | |
| a) durch Schulung | andere werden geschult, ich nicht | ich werde geschult |
| b) durch Arbeitsplatzveränderung | andere „werden auf Rotation geschickt", ich nicht | ich werde turnusmäßig an andere Arbeiten gestellt, dadurch kann ich mich in die Innovation einarbeiten. |

| | | |
|---|---|---|
| c) durch Aufstieg | andere werden von meinen Vorgesetzten befördert, ich nicht | ich werde von meinem Vorgesetzten bzw. durch Fürsprache meines Vorgesetzten befördert (bzw.: bin befördert worden). |
| 3. Leistungsbeurteilung erhalten wollen, die der Selbsteinschätzung entspricht; was identisch ist mit: Streben nach einem dem gegebenen Rahmen entsprechenden höchstmöglichen Lohn bzw. Gehalt (soweit das die Führungskraft beeinflussen kann) | Die Innovation bewirkt, daß andere im Vergleich zu mir eine bessere Leistungsbeurteilung und einen höheren Gehaltszuwachs bekommen. (Der Vorgesetzte schiebt das darauf, daß andere flexibler und anpassungsfähiger sind) | Die Innovation bewirkt, daß ich im Vergleich zu anderen eine bessere Leistungsbeurteilung und einen höheren Gehaltszuwachs bekomme. (Offensichtlich bin ich flexibler, anpassungsfähiger als andere). |
| 4. Kooperativer Führungsstil wird erwartet, was speziell heißt: Mindestens zur Beratung - möglichst zur Entscheidung - mit herangezogen werden bei<br>a) Planung<br>b) Arbeitsorganisation | Der Vorgesetzte ist autokratisch. Ich kann nicht mit beraten, geschweige denn mit entscheiden - dabei wäre das gerade unter dem Einfluß der Innovation sehr wichtig.<br>Andere werden zur Beratung und Entscheidung mit herangezogen, ich nicht. | Der Vorgesetzte ist kooperativ, was gerade unter dem Einfluß der Innovation wichtig ist.<br>Ich werde (oder: ich werde im Vergleich zu anderen) mit herangezogen. |

| | | |
|---|---|---|
| c) Kontrolle | Die Innovation begünstigt eine Kontrolle, bei der jeder Mitarbeiter als Partner des Vorgesetzten betrachtet werden kann – dies wird hier aber nicht genutzt | Die Innovation begünstigt eine Kontrolle, bei der jeder Mitarbeiter als Partner des Vorgesetzten betrachtet wird – dies wird hier gerne genutzt |
| | - Die Innovation begünstigt eine primitive Art der Kontrolle, das wird vom Vorgesetzten ausgenutzt | Die Innovation begünstigt eine primitive Art der Kontrolle, das wird aber vom Vorgesetzten nicht ausgenutzt. |

Ferner heißt das:

| | | |
|---|---|---|
| d) Selbständigkeit und eigene Verantwortung durch Delegation | Von Delegation wird immer geredet, aber sie findet nicht statt – und sie wäre gerade unter dem Einfluß der Innovation wichtig | Der Vorgesetzte delegiert, und dies ist gerade unter dem Einfluß der Innovation wichtig |

| V. Gruppenstruktur – | Sicht des Mitarbeiters unter dem Einfluß der Innovation | |
|---|---|---|
| Motiv | Hemmende Faktoren | Fördernde Faktoren |
| 1. Emotionales Aufgenommen-Sein, „Dazu-Gehören“ | Draußen sein, Außenseiter sein - durch den Einfluß der Innovation, bzw.: wird der Innovation zugeschrieben | ist da, bleibt bestehen, ist besser geworden |
| 2. Anerkannt-Sein | Nicht mehr, bzw. weniger anerkannt sein; weniger Geltung und Prestige durch Innovation | ist vorhanden, bleibt bestehen, ist besser geworden |

| | | |
|---|---|---|
| 3. Eine spezielle Führerrolle (auf einem bestimmten Gebiet) mit entsprechendem Einfluß haben | Keine Führerrolle mehr durch Innovation - ein anderer hat sie jetzt | Führerrolle bleibt, ist neu entstanden |
| 4. Die Struktur der Gruppe, bzw. die gegebene Rollenverteilung wird als „richtig", als „angemessen" betrachtet | Die Innovation verändert die Struktur und die Rollenverteilung (von meiner Warte und meiner Rolle aus) negativ. | Die Innovation verändert die Struktur und die Rollenverteilung (von meiner Warte und meiner Rolle aus) positiv |
| 5. Spannungen werden ausgeglichen oder auch ausgetragen, Zusammengehörigkeit dominiert immer | Die Innovation bewirkt, daß Spannungen zu Konflikten werden; die Zusammengehörigkeit ist nicht mehr stark genug, um die Spannungen unter kooperativen Gesichtspunkten austragen zu können. | Die Innovation bringt keine Veränderung - Die Spannungen werden besser ausgetragen; es entsteht ein besserer Ausgleich von Spannungen |

Wenn die Gewichtung ergibt, daß Fragen im Vordergrund stehen, die die Arbeitssituation, die Arbeitsorganisation und die Unternehmensorganisation betreffen, dann bietet sich die *Gruppenarbeit an Fallstudien* an. Es ist günstig, wenn es dem Trainer gelingt, aus dem „Material" drei Fallstudien (für drei Untergruppen) so herzuleiten, daß die Schulungsteilnehmer ihre eigene Problematik erkennen. Natürlich ist es möglich, daß Erzählungen der Teilnehmer bereits den Charakter von Fallstudien haben und der Trainer sie ohne Veränderung verwenden kann; er darf dies aber nicht von vornherein annehmen. Die Gruppen haben bei der Fallbearbeitung einen Vorschlag zu entwickeln und anschließend vor dem Plenum vorzutragen, wie die hemmenden Faktoren zurückgedrängt und die fördernden entfaltet werden können. Anschließend ist vom Trainer eine Grundsatzdiskussion über Motivation zu führen.

Wenn Wettbewerbsvorgänge, Konflikt-Tendenzen, Kooperations-Barrieren einen starken Einfluß ausüben, so ist es empfehlenswert, das *Rollenspiel* mit zu verwenden. Es sei hier darauf verwiesen, daß unsere Fallstudien alle auf die „Praxis", wie sie unter betriebssoziologischem Gesichtpunkt gesehen werden muß, zugeschnitten sind. Sie können im Motivationstraining benutzt und dabei zum Rollenspiel und auch zum Konferenzfall umgearbeitet werden.

*Referat und Diskussion* sind immer noch wichtige Schulungsmethoden, wenn es sich um Wissensvermittlung handelt. Man wird sagen müssen, daß die Informierung der Schulungsteilnehmer über betriebssoziologische Probleme eine Wissensvermittlung darstellt. Im Gegensatz zur herkömmlichen Verwendung dieser Methoden ist es jedoch angezeigt, sie am Schluß eines Seminars zu nutzen. Nachdem die Schulungsteilnehmer aktiv waren, sich wesentliche Schwierigkeiten bewußt gemacht und an der Lösung derselben gearbeitet haben, gibt der Trainer einen Gesamtüberblick und leuchtet zusätzlich die Ecken aus, in die von den Teilnehmern nicht geblickt wurde.

Wenn die Motive des Mitarbeiters speziell unter dem Einfluß der Innovation analysiert werden, so sind die Verhältnisse zwischen Führungskraft und Mitarbeiter sowie in den Arbeitsgruppen immer auf dem Hintergrund der Arbeits- und Organisationsproblematik zu sehen. Dennoch gibt es deutliche Akzentsetzungen. Es ist ein Unterschied, ob die Innovation die menschlichen Beziehungen von den Berufsrollen der Einzelnen her beeinflußt; oder ob sie bis zu tiefgreifenden Strukturveränderungen im persönlichen Kontakt führt. Die Grenze wird oft nicht leicht zu sehen sein; jedenfalls wird der Trainer die *gruppendynamischen Übungen* dann in Erwägung ziehen, wenn die Auswirkung der modernen Technologie zu echten Schwierigkeiten in den menschlichen Beziehungen führt oder bisher latente Probleme gruppendynamischer Art zum akuten Konflikt bringt.

Die hemmenden Faktoren erweisen sich für das Motivationstraining als wichtiger; das heißt aber keineswegs, daß die fördernden Faktoren unter den Tisch fallen sollen. Der Trainer hat allen Grund, sie zu sammeln und sie von der Motiv- und Faktoren-Tafel her den Teilnehmern unter der Devise zu präsentieren, wie von den positiven Kräften aus die Innovation wirkungsvoll durchgeführt werden kann.

Folgt man unserer Anregung, so wird man das Motivationstraining auf „der untersten Ebene" beginnen, und man wird dann das hier gesammelte und mit Hilfe der Motiv- und Faktoren-Tafel systematisierte „Material" der jeweils höheren Ebene vorlegen. Dies kann deshalb keinen höheren Positionsinhaber verletzen, weil die Aussagen generalisiert und typisiert wurden; im übrigen sollte man hier nicht empfindlich sein. Es geht ja doch für jede Führungskraft um die Kenntnis über die Sicht- und Denkweise der Mitarbeiter als Grundlage echter Motivation. Das bei der jeweils „niederen" Ebene erfaßte Material würde also zur Schulungsunterlage für den Lehrgang, in dem die nächsthöheren Führungskräfte über Motivation geschult werden. Der Trainer hat auch hier, etwa in Anlehnung an die oben gemachten Aussagen, die angemessene Art der Schulungsmethodik zu finden.

Freilich sollte nach den Schulungsveranstaltungen für die verschiedenen hierarchischen Ebenen eine zweite Schulungsrunde folgen. Sie wäre nach dem Gedanken der „Querschnittstagung", d. h. der Zusammenfassung von Positionsträgern verschiedener Ebenen, durchzuführen; und sie hätte aus dem Kreativitätstraining in Verbindung mit dem Innovationstraining zu bestehen. Nach vorhergehenden Motivationsschulungen wird von hier aus die direkte Brücke zur Praxis errichtet werden können.

## 5.3. Die Kriterien des innovativen Denkens

Jede Schulungsmethode und somit auch das Motivationstraining muß sich fragen lassen, was schließlich dabei herauskommt oder wenigstens herauskommen kann. Spezieller ist hier zu fragen: Was kann der Trainer letztlich tun, um bei den Teilnehmern die hemmenden Faktoren zu reduzieren und die fördernden Faktoren zu intensivieren? Was vermag er zu unternehmen, um die Teilnehmer dazu zu bringen, die Innovation aktiv zu unterstützen, ja Vorreiter im Einsatz technologisch-organisatorischer Mittel zu werden?

Sicher ist, daß der Trainer nicht in die Praxis eingreifen und deshalb auch nicht auf die sechs in der Motiv- und Faktoren-Skala aufgeführten Bezugsbereiche kontrollierbar einwirken kann. Daß sich gerade in diesem Zusammenhang das Erfordernis einer Beratungsfunktion des (betriebssoziologisch geschulten) Trainers in der Praxis zeigt, sei nur am Rande erwähnt. Wenn zur Motivation „Überzeugen" gehört, was damit identisch ist, bei dem Partner durch glaubwürdige Aussagen oder durch Vermittlung neuer Erfahrungen und Einsichten (z. B. etwa mittels gruppendynamischer Übungen) eine Veränderung seiner Sicht, seines Denkens und Verhaltens zu erreichen, dann ist das die primäre Aufgabe des Trainers. Er hat während der verschiedenen Phasen des Motivationstrainings das Ziel zu verfolgen, den Schulungsteilnehmern ein neues Denken zu vermitteln. Nehmen sie dieses Denken auf, dann werden sie in der Praxis in der Lage sein, in einem ständigen Prozeß (in immer erneuter hierauf gerichteter Aufmerksamkeit) sowohl die in ihrer Psyche als auch die im sozialen Feld liegenden hemmenden und fördernden Faktoren positiv zu beeinflussen.

Dieses neue Denken wollen wir „innovatives Denken" nennen. Es „sollte" bzw. „müßte" gleichsam von jedem Einzelnen Besitz ergreifen; und zwar zur Zielerreichung einer effektiven Innovation und zur Hebung des Arbeitsinteresses des Menschen. Dieses innovative Denken ist letzlich ein Ideal. Es kann nur in Annäherungswerten erreicht werden. Andererseits ist zu betonen, daß für den Trainer keine unüberwindlichen Schwierigkeiten vorhanden sind, die Schulungteilnehmer in einem respektablen Grade an dieses „Soll" heranzuführen. Viele Mitarbeiter denken in Ansätzen längst innovativ; die Aufgabe des Trainers besteht hier darin, dieses Denken zu ordnen, zu systematisieren, zu vertiefen.

Das innovative Denken läßt sich unter einigen Kriterien erfassen, die jetzt darzustellen sind.

## 1. Wissenschaftsorientiertes Denken

Die entscheidende Hilfe, die den Mitarbeitern gegeben werden muß, damit sie zu diesem Denken gelangen, das ist berufliche Bildung vom Ansatz der Entspezialisierung aus. Es kann heute nicht mehr um die Einübung fachlicher Details, sondern um den Erwerb eines breiten Grundwissens in Verbindung mit Qualifikationen theoretischer Art (In-Sich-Aufnehmen eines Systems von Begriffen, Prinzipien und Regeln) gehen. Von hier aus vermögen die Mitarbeiter dann viel systematischer als bisher und mit eigener Kraft in Details einzudringen; eben in Arbeitsaufgaben, vor denen sie durch die permanenten organisatorischen Wandlungen immer wieder ganz plötzlich neu gestellt werden.

„Wissenschaftsorientierung der Bildung", so heißt es im „Strukturplan für das Bildungswesen" (hrsg. vom Deutschen Bildungsrat 1970, S. 33), bedeutet, daß „die Bildungsgegenstände, gleich ob sie dem Bereich der Natur, der Sprache, der Politik, der Religion, der Kunst oder der Wirtschaft angehören, in ihrer Bedingtheit und Bestimmtheit durch die Wissenschaften erkannt und entsprechend vermittelt werden. Der Lernende soll in abgestuften Graden in die Lage versetzt werden, sich eben diese Wissenschaftsbestimmtheit bewußt zu machen und sie kritisch in den eigenen Lebensvollzug aufzunehmen".

## 2. Selbständiges, verantwortliches, entscheidungsfreudiges Denken

Die Wissenschaftsorientierung der beruflichen Tätigkeit, das muß mit allem Nachdruck gesagt werden, geht von der These aus, daß in immer mehr Abteilungen eine immer größer werdende Zahl von Mitarbeitern immer mehr Probleme zu lösen und Entscheidungen zu treffen hat; was identisch damit ist, daß mehr Selbständigkeit im Denken und Handeln gefordert wird. Diese These wird bewußt der anderen, vielfach in der Literatur und in der Praxis vertretenen These gegenübergestellt, daß die weitere Technisierung und Automatisierung eine relativ dünne Schicht von Experten benötigen werde, daß die breiteren Gruppen der Mitarbeiter dagegen nur ausführende Arbeiten zu leisten hätten; daß deshalb jede generelle Weiterbildung unnötig und infolgedessen aus Kostengründen nicht zu vertreten sei. Wir schließen uns der optimistischen These an; und zwar deshalb, weil der technisch-wissenschaftliche Fortschritt von jedem Mitarbeiter den Willen zur ständigen Verbesserung der angebotenen Mittel und Wege verlangt. Derjenige, der nur ausführende Arbeit sucht, genügt nicht mehr den Anforderungen; es wird derjenige gefragt, der bereit ist, Arbeitsabläufe zu beobachten und verantwortlich zu steuern. Ja, man muß es noch viel deutlicher sagen: Die in immer neuen Wellen der Praxis angebotenen technologischen und methodischen Mittel „warten" gleichsam auf die Intelligenz und Qualifikationen der Mitarbeiter. Je mehr Intelligenz und Qualifikation dabei den Mitteln zugewendet wird, desto höher ist der Nutzungsgrad dieser Mittel. Es kann also gar nicht genug Ausbildung geben. Demnach geht es für die berufliche Pädagogik darum, den Mitarbeitern den durch die Verwissenschaftlichung gewonnenen erheblichen Grad an Autonomie vor Augen zu führen und sie in den Stand zu setzen, diese Chance zu nutzen.

3. Gestalterisches Denken

Die Arbeitsmotivation, darüber ist man sich heute einig, zentriert sich um das Streben nach Selbstverwirklichung im Beruf. Es ist nicht leicht, zu erkennen, was das für den Einzelnen konkret bedeutet. In Verbindung mit dem innovativen Denken können wir aber sagen, daß mit Sicherheit das Streben nach zielorientiertem Gestalten ein wesentlicher Teil des Selbstverwirklichungs-Motivs umfaßt. Das bedeutet, daß bei der Motivierung des Mitarbeiters zum innovativen Denken hier anzuknüpfen ist. Es kommt dabei vor allem darauf an, die Mitarbeiter an nicht schwer zu findenden Beispielen zu überzeugen, daß mit der Wissenschaftsorientierung eine erheblich bessere, ja erst eine echte Gestaltungs-Möglichkeit der Arbeitssituation und der Arbeitsverhältnisse gegeben ist.

Die Bildungsaktivitäten sind primär auf das Denken der Mitarbeiter zu richten; es wird gleichsam ein „Denken in neuen Dimensionen" verlangt. Nur kann (als Trost) gesagt werden, daß die Anforderungen für die Mitarbeiter unterschiedlich sind. Der eine hat nicht eine solche grundsätzliche Kehrtwendung zu vollziehen wie der andere. „In abgestuften Graden" – für jeden nach seiner Qualifikation und nach Lage der technologisch-organisatorischen Umstellung – wird das Umdenken verlangt.

4. System-Denken

Als „Leitdimension" des innovativen (auf Erneuerung und produktiven Wandel gerichteten) Denkens hat das System-Denken zu gelten. Es handelt sich dabei um das Denken in Zusammenhängen einschließlich der Bereitschaft, die Rückmeldungen aus dem System („feedback", „Rückkoppelung") zu beachten und im System-Interesse auszuwerten.

a) Funktionales Denken

Unternehmen wie öffentliche Verwaltungen stellen jeweils ein organisatorisches System dar. Jeder Mitarbeiter muß sich und seine Arbeitsaufgaben als in die technologisch bedingten organisatorischen Abläufe und in den betriebswirtschaftlichen Kreislauf eingeordnet denken.

b) Modell-Denken

Dies kann er nur über Modelle; und in Schulungen ist z. B. über die Veranschaulichung des Einsatzes von Informationssystemen und Transferstraßen darauf Bezug zu nehmen. Auch der im Organisationsplan veranschaulichte Berichtsweg ist ein Modell. (Man denke an den Start einer Rakete. Alle sitzen vor dem Fernsehschirm. Nach gelungenem Start ist die Rakete in wenigen Sekunden den Blicken entschwunden. Ein Kommentator erscheint und beschreibt mit Kreidestrichen, wie die Rakete die Erde in Richtung Mond verlassen, um den Mond kurven und wo sie niedergehen wird: eben am Modell).

c) Kommunikatives Denken

Unter Kommunikation ist die Nachrichtenverbindung zu verstehen. Erst vom Modell her begreift der Mitarbeiter, wie wichtig die Informationslinien und die Informationskanäle sind. Er erfaßt, wie bedeutsam die Übersichtlichkeit, Offenheit, Genauigkeit der Kommunikationen gerade unter dem Aspekt der Innovation sind; und daß die Rückmeldung keine „Kontrolle" im überkommenen Sinne, sondern eine notwendige Information darüber darstellt, ob und wie im System auf gegebene Informationen reagiert wird. Der Mitarbeiter vermag auch leicht einzusehen, daß die Verbesserung der Kommunikation (Ausbau der elektronischen Datenverarbeitung zum Informationssystem) die wichtigste Innovation ist.

d) Ziel-Kontroll-Denken

Der Mitarbeiter erkennt jetzt auch, was betriebswirtschaftlicher Kreislauf heißt. Er kann sich bewußt machen, daß jede Verwaltungseinheit vom Denken in Zielsetzung, Planung, Umsetzung dieser Planung (Organisation, Gestaltung der Arbeit) und Kontrolle her zu betrachten und zu führen ist. Diese Kontrolle ist eine Rückmeldung; von ihr erhält jedes System-Mitglied Informationen, ob ein neues Ziel gesetzt, ob eine Plankorrektur vorgenommen und evtl. die Organisation verändert werden muß. Vom System-Denken aus erreicht man eine Versachlichung des Kontroll-Prozesses und damit des Denkens über „das Kontrollieren" und das „Kontrolliert-Werden". Das stets zu verbessernde Ziel des Systems, nicht der Fehler des Einzelnen steht im Vordergrund.

e) Unternehmensdenken geht vor dem Abteilungsdenken

Jede große soziale Organisation, mag sie ein Unternehmen oder eine Einheit der öffentlichen Verwaltung sein, stellt ein Obersystem dar, das in eine Vielzahl von Sub- und Sub-Sub-Systemen gegliedert ist. Es ist wichtig, darauf hinzuweisen, daß jedes Sub-System, also etwa die „Abteilung Einkauf" oder die „Abteilung Einkauf Fertigungsgruppe Mechanische Werkstätten", eine voll funktionierende Einheit darstellt, der Aufgaben zur Erledigung delegiert sind. System-Denken heißt also zunächst, im Kreislauf des Unter-Systems einschließlich seiner Rückkopplungs-Prozesse zu denken. Allerdings reicht das nicht aus. Die Unter-Systeme müssen jeweils in das übergreifende System eingegliedert werden; deshalb muß das System-Denken vom Kreislauf des Systems Unternehmen oder Behörde aus ansetzen. Unternehmen oder Behörden verkörpern soziale Organisationen, die gegründet sind, um festgelegte bzw. festzulegende Ziele zu verfolgen. Die Ziele der Abteilung Einkauf sind Unter-Ziele des unternehmerischen Zielsystems; der Einkäufer muß vom Primat der Unternehmensziele her die Ziele seines Sub-Systems, vom Gesamtkreislauf den Kreislauf in seinem Sub-System sehen.

f) Integratives und übergreifendes System-Denken

Die Einkaufsabteilung ist etwa in den Bereich Verwaltung, und dieser in das Gesamtunternehmen zu integrieren. Damit wird hier ein integratives Denken verlangt. Dieses Denken wiederum bringt das Verständnis dafür, daß das Unternehmen in den volkswirtschaftlichen Kreislauf mit seinem Geld- und Güterstrom eingegliedert ist, der vom Markt über sich in Preisen äußernden Rückmeldungsvorgängen reguliert wird. Von hier aus erkennt der Mitarbeiter, daß betriebswirtschaftliches Denken ein Denken in Kosten und Ertrag, in Rentabilität auf lange Sicht sein muß, daß sein Einkommen nur über die Erhöhung des Volkseinkommens steigen kann.

g) Denken im Mensch-Maschine-System

Eine besondere und mit zunehmender Technisierung und Maschinisierung der Verwaltung immer stärker in den Mittelpunkt tretende Art des innovativen Denkens ist das Denken im Mensch-Maschine-System. Was hier gemeint ist, läßt sich insbesondere vom Verhältnis des Menschen zum Computer her verdeutlichen. Mit dem neuen Instrument der Datenstation vermag der Mitarbeiter direkt mit dem Computer in Kommunikation zu treten; er gibt Daten ein und erhält auf gezielte Anfrage in kürzester Zeit genaue und umfassende Informationen. Er kann gleichzeitig dem Computer mehrere Rechenaufgaben zum gleichen Problem stellen, und der Output gibt ihm dann Alternativen zur Problemlösung. In jedem Falle vermag der Mitarbeiter mit der Integration in ein technisch-organisatorisches System seine Qualifikation ganz erheblich zu steigern. Man denke an das Verhältnis des Menschen zum Auto, auch das ist ein Mensch-Maschine-System. Während der Mitarbeiter aber dies letztere System als deutliche Steigerung seines menschlichen Vermögens und seines „Lebensgefühls" registriert, ist er am Arbeitsplatz zumindest immer noch in der Gefahr, den Computer als Fremdkörper anzusehen, der sich zwischen ihn und seinen Arbeitsplatz geschoben hat. In Wirklichkeit ist die Analogie des Computers zum Auto verblüffend; der Computer müßte, eben bei einem Denken, das der neuen Lage angemessen ist, das „Lebensgefühl" erheblich steigern; mit dem Computer kann der Mitarbeiter Aufgaben in Angriff nehmen, von denen er bisher nur geträumt hat – und im Vergleich zum Auto jedenfalls mit erheblich geringerem Risiko.

h) Denken im Mensch-Maschine-Mensch-System

Auch dieses Denken vermag man sich gut in Verbindung mit dem Einsatz des Computers zu verdeutlichen; und zwar auf der Basis, daß die Kommunikation eines Mitarbeiters mit dem Computer eben nicht als isolierter Akt zu sehen ist. Die mit dem Computer verbundene Datenbank ist der zentrale Speicher; in ihn gehen die Eingaben aller Mitarbeiter ein (Input) und aus ihm nehmen die Mitarbeiter auch die Informationen (Output). Das wichtige dabei ist, daß sich über die ständigen Kommunikationsvorgänge die Datenbank verändert; so gibt es z. B. bei der Bank und bei den Versicherungen Zugänge und Abgänge, in der Arbeitsvorbereitung veränderte Stücklisten und Planungsdaten. Das Charakteristikum des Mensch-Maschine-Mensch-Systems besteht jeweils darin, daß jeder Kommunikations-Akt zwischen Mensch und Computer (Mensch-Maschine-System) auf das Verhältnis zu anderen Abteilungen und zu anderen Mitarbeitern ausstrahlt. Von einem

Mitarbeiter vorgenommene Datenveränderungen haben die veränderte Information für Kollegen zur Folge, die den Computer „konsultieren". Was den Fertigungsbereich angeht, so ist leicht einsehbar, daß jede Arbeit an einer Fertigungsstraße ein Denken im Mensch-Maschine-Mensch-System erfordert. Gerade unter dem Aspekt der Schulung ist zu beachten, daß dieses Denken in der Produktion viel „natürlicher" ist; von dort kommende Seminarteilnehmer sind demnach leicht „einzustimmen". In der Verwaltung ist dieses Denken bis heute ungewohnt.

i) Kooperatives Denken

Vom Mensch-Maschine-Mensch-System aus sehen wir, daß ein Unternehmen (wie jede Verwaltungseinheit) nicht nur ein organisatorisches, sondern auch ein soziales System darstellt. Das soziale System ist die das organisatorische System umgreifende Einheit; sie enthält die zusätzlichen Systemelemente, die sich mit den besonderen Denk- und Verhaltensweisen der Menschen sowie der Art der Interaktionen ergeben (vgl. Wiedemann, Das Unternehmen in der Evolution, a.a. O., S. 79). Kooperation ist die auf ein gemeinsames Ziel ausgerichtete Zusammenarbeit der zum System gehörenden Mitarbeiter. Das kooperative Denken muß dabei auf die individuellen Unterschiede der Einzelnen eingehen, muß diese im Interesse der optimalen Zielerreichung mit berücksichtigen.

5. Politisches Denken

Im innovativen Denken (wenn der Einzelne es wirklich in sich aufgenommen hat) verbinden sich drei Bewußtseinsinhalte. Erstens: Das Denken als solches tritt deutlich in den Vordergrund. Wissenschaftsorientierung und Systemdenken sagen nicht zuletzt, daß das Steuern arbeitsorganisatorischer und verwaltungstechnischer Abläufe den direkten Eingriff stark zurückdrängt. Steuern aber ist primär aus der Distanz vom Handeln her vollzogenes Denken. Der Einzelne merkt sehr wohl, daß bei der Steuerung die negativen Folgen für die Arbeit viel größer sind als bei der traditionell bestimmten Tätigkeit, wenn vor dem Handeln nicht genügend überlegt wird. Zweitens: Das Verständnis für komplexe Zusammenhänge, für Funktions- und Sachzwänge, für die Eigengesetzlichkeit von Systemen wird entwickelt bzw. verstärkt. Der innovativ denkende Mitarbeiter sieht sachliche Faktoren mit ihren Schwierigkeiten wirklich sachlich und nicht „als gegen ihn persönlich gerichtet". Drittens: Der Mitarbeiter begrüßt, daß an ihn die Forderung nach höherwertigem Denken (Selbständigkeit, Verantwortung, Gestalten-Sollen) gestellt wird.

Ein wichtiges Kriterium muß allerdings noch hinzutreten, nämlich das politische Denken. Wir haben uns zu vergegenwärtigen, daß (gerade unter dem Einfluß der Innovation) jedes soziale System, auch jedes Unter-System, ein Verband ist, in dem unterschiedliche Interessen bestehen, die sich als Wettbewerb äußern und die unter dem Zwang der Zielforderungen in Prozessen der Willensbildung zum Ausgleich gebracht werden müssen. Zusätzlich ist zu beachten, daß zwischen Unter-Systemen Wettbewerbs-Vorgänge um die überlegenen, bzw. natürlich um die von den jeweiligen Interessenten als überlegen deklarierten Konzeptionen (Konzeptions-Konkurrenz) entstehen. Auch sie müssen über Prozesse der Willenbildung reguliert werden. Wir sind hier längst im Bereich des Politischen. Es kann Ziel-Alternativen geben; und es gibt fast immer mehrere Wege zur Erreichung eines Zieles. Der „Streit", das Ringen um das „richtige" Ziel und um die „richtigen" Wege ist jeweils ein Politikum.

Politisches Denken in unserem Zusammenhang, d. h. in Zusammenhang mit dem innovativen Denken, das bedeutet verständnisvolles Beurteilen dieser Interessen-Verbindungen und Interessen-Auseinandersetzungen. Im Augenblick, in dem wir starre, verknöcherte Strukturen so gut wie einseitig-autokratische Machtausübung ablehnen, müssen wir die Dynamik bejahen, in der der Einzelne und die Gruppen „wohlverstandene" begründbare Interessen vertreten und durchsetzen wollen. Politisches Denken, das bedeutet, statt vom „Machtkampf" von der „Konzeptions-Konkurrenz" sprechen; das bedeutet, nicht „persönlich", nicht empfindlich zu reagieren, wenn die eigene Interessen-Sphäre betroffen ist. Das begrüßte höherwertige Denken (die Kreativität) soll ja immer wieder für das System als Ganzes genutzt werden; und sobald dies versucht wird, stehen andere Interessen dem entgegen. Die Folge ist, daß mit den Vertretern entgegenstehender Interessen „mit dem Willen zur Einigung" verhandelt werden muß.

Politisches Denken ist nicht ohne ethische Komponente denkbar. Vom innovativen Denken her muß es vermieden werden, daß die Innovation ohne Rücksicht auf die Interessenlage Einzelner oder Gruppen durchgeführt wird. Im Zweifel hat man in engem Kontakt mit diesen „Betroffenen" nach Auswegen, Ausgleich von Härten, angemessenen Alternativen zu suchen. Wenn das Denken als solches in den Vordergrund tritt, dann hat man allen Grund, sich zunächst in dieser Beziehung „etwas einfallen zu lassen".

Mit dem politschen Denken als Kriterium des innovativen Denkens wird offenbar, wie eng die berufliche Weiterbildung – wenn man sie so sieht – mit der politischen Bildung verflochten ist. Motivation zum innovativen Denken ist auch Motivation zum Verständnis pluralistischer Werte, zum Respekt vor den Ideen des anderen und zum persönlichen Engagement für Ideen, in denen es um einen Humanisierungs-Fortschritt in unserer Gesellschaft geht.

# Literaturverzeichnis


## Literatur zum Abschnitt 2: Gruppenarbeit

Alewell K./Bleicher K./Hahn D.: Entscheidungsfälle aus der Unternehmenspraxis, Wiesbaden 1971

Mc Nair M.P./Hersum A.C. (Hrsg.): The Case Method at the Harvard Business School, Mc Graw Hill, 1954

Richter, H.: Aus- und Fortbildung von Führungskräften, in: Handbuch für Führungskräfte, München 1970

Scheitlin, V.: Ausbildungstechniken in der modernen Unternehmung, Stuttgart 1970

Schrieber A.N./Johnson R.A./Meier R.C./Newell W.C./Fischer H.C.: Cases in Manufacturing Management, Mc Graw Hill, 1965

## Literatur zum Abschnitt 3: Gruppendynamische Methoden

Antons, K.: Praxis der Gruppendynamik, Übungen und Techniken, Göttingen 1973

Bradfort L.P./Gibb J.R./Benne K.D.: T-group theory and laboratory method, New York 1964 (Deutsch: Gruppentraining – T-Gruppentheorie und Laboratoriumsmethode, Stuttgart 1972)

Bunker, D.R.: Individual applications of laboratory training, in: Journal of Applied Behavioral Science, 1965

Bunker D.R./Knowles E.S.: Comparison of Behavioral Changes resulting from human relations training laboratories of different lengths, in: Journal of Applied Behavioral Science, 1967

Däumling, A.M.: Sensitivity Training, Gruppenpsychotherapie und Gruppendynamik, Bd. 2, Göttingen 1968

Gebert, D.: Gruppendynamik in der betrieblichen Führungsschulung, Berlin/München 1972

Harrison, R.: Research on human relations training: design and interpretation, in: Journal of Applied Behavioral Science, 1971 (Deutsch in: Gruppendynamik 1972)

Heintel, P. (Hrsg.): Das ist Gruppendynamik, München 1974

Horn, K. (Hrsg.): Gruppendynamik und der subjektive Faktor, Suhrkamp 1972

Leavitt, H.J.: Some effects of certain Communication patterns on group performance, Journal of Abnormal and Social Psychology, 1951

Richter, H.E.: Die Gruppe, Hoffnung auf einen neuen Weg, sich selbst und andere zu befreien, Reinbek 1972

Schein E.H/Bennis W.G.: Personal and organizational change through group methods: The laboratory approach, New York 1965

Schmidbauer, W.: Sensitivitätstraining und analytische Gruppendynamik, München 1973

Svensson, A.: Die Marathon-Methode nach Bach und Stoller, in: Gruppendynamik 1972

**Literatur zum Abschnitt 4: Kreativitätstraining**

de Bono, E.: Laterales Denken, Reinbek 1971

Clark, Charles H., Brainstorming, Doubleday and Comp. 1958

Davis G.A/Scott I.A: Training Creative Thinking, Holt, Rinehart and Winston, Inc. 1971

Gehlen, A.: Der Mensch, seine Natur und Stellung in der Welt, 5. Aufl. Bonn 1955

Gordon, W.J.J.: Synectics, The Development of Creative Capacity, Harper and Row 1961

Guilford, J.P.: Traits of Creativity, in: Anderson, A., Creativity and its Cultivation, New York 1959

Händler, O.: Meditation im Alltag, in: Meditation in Religion und Psychotherapie, Hrsg. W. Bitter, Stuttgart 1958

Koestler, A.: Der göttliche Funke, Bern/München/Wien 1966

Linneweh, K.: Kreativität und Werbung, in: Format, Zeitschrift für verbale und visuelle Kommunikation, 8. Jg., Heft 4, Juli 1972

Linneweh, K.: Kreatives Denken, Techniken und Organisation innovativer Prozesse (Reihe: Effektive Werbung, Bd. 4), Karlsruhe 1973

Melzer, F.: Möglichkeiten, Richtungen und Stufen der Meditation, in: Meditation in Religion und Psychotherapie, Hrsg. W. Bitter, Stuttgart 1958

Osborn, A.F.: Applied Imagination; Principles and Procedures of Creative Thinking, Ch. Scribner's Sons, 8. Aufl., New York 1956

Ott, E.: Optimales Denken, Stuttgart 1971

Ott, E.: Optimales Lesen, Schneller Lesen – mehr behalten, Stuttgart 1970

Quiske F.H./Skirl J./Spieß G.: So leiten Sie Kreativ-Sitzungen, in: Absatzwirtschaft 11/72

Rohrbach, B.: Synektik, in: Management Enzyklopädie, Band 5, München 1971

Sievert, U.: 7 Erfolgsregeln für den Verkäufer, München 1970

Zwicky, F.: Jeder ein Genie, Bern und Frankfurt 1971

**Literatur zum Abschnitt 5: Motivationstraining**

Deutscher Bildungsrat: Empfehlungen der Bildungskommission, Strukturplan für das Bildungswesen, Stuttgart 1970

Haney, W.V.: Communication and Organizational Behavior, Homewood, Ill. 1967

Lewin, K.: Feldtheorie in den Sozialwissenschaften, Bern und Stuttgart 1963

Maslow, A.H.: Motivation and Personality, Harper and Row 1954

Wiedemann, H.: Das Unternehmen in der Evolution, Neuwied und Berlin 1971

Wiedemann, H.: Arbeiter und Meister im rationalisierten Betrieb, Köln und Opladen 1974

## Anhang: Planspiel-Bibliographie

Vorbemerkungen: Wie im Vorwort gesagt, wird hier eine Übersicht über die Standard-Planspielmodelle gegeben, die im „Planspiel-Zentrum Nord" (beim RKW Hannover, Leitung: Kurt Ahorner) vorliegen.

Das RKW Niedersachsen betreibt als Sonderaufgabe:

1. Die Entwicklung von Standard Modellen mit breiter Anwendungsmöglichkeit.

2. Zur-Verfügung-Stellung dieser Modelle an Interessenten (Betriebe, Branchen) mit Hinweisen, wie die Firmen die Modelle in die eigene betriebliche Praxis übertragen können.

3. Die Entwicklung von branchen- und firmenspezifischen Modellen, die im Kundenauftrag erstellt und auf die Ausbildungszielsetzung des Auftraggebers ausgerichtet werden.

4. Zur-Verfügung-Stellung von Planspielleitern.

5. Ausbildung von Planspielleiter, um es den Firmen zu ermöglichen, bei wiederholten Trainingseinsätzen Kosten zu sparen.

**PLANSPIEL-TITEL:** **1. Produktionsplanung Maschinenbelegung Terminplanung**

**VERFASSER:** E. Sieber
Versionen:
K. Ahorner
H. Blom
L. Heinrich
E. Johnsen
H. Seeling u. a.

**ZIELSETZUNG:** Training mittlerer Führungskräfte zur Planung von Produktionsprogrammen und zur Preiskalkulation

**MODELLCHARAKTERISTIK UND MODELLAUFBAU:**

Funktionsplanspiel isoliert in verschiedenen Varianten. Konkurrenzbeziehungen und Interaktion können je nach Version eingebaut werden

**MARKT/PRODUKT:** (Ökonomischer und betrieblicher Umfang) Aufträge sollen in Einzelfertigung auf drei Maschinengruppen in verschiedenen Arbeitsgängen bearbeitet werden

**ENTSCHEIDUNGSPROBLEME/ENTSCHEIDUNGSVARIABLE:** Simulation der Auftragsannahme, der Angebotspreise. Programmplanung, Maschinenbelegung, Terminfestlegung bei schwankender Kapazität (Ablaufplanung und Belegungsreihenfolgeprobleme)

**ANZAHL DER SPIELGRUPPEN:** beliebig

**VERHÄLTNIS DER SPIELGRUPPEN:** isoliert (Interaktion möglich)

**ZUSAMMENSETZUNG DER SPIELGRUPPEN:** 1 – 3 Teilnehmer je Spielgruppe Gesamtzahl der Teilnehmer 15 – 25

**ZEITBEDARF:** 4 – 8 Stunden

**BERECHNUNG DER ERGEBNISSE:** Manuell (non computer) oder maschinell

| | | |
|---|---|---|
| PLANSPIEL-TITEL: | **2. Beschaffung und Lagerplanung** | |
| VERFASSER: | E. Sieber<br>Versionen:<br>K. Ahorner<br>E. Johnsen<br>H. Seeling | MODELLCHARAKTERISTIK UND MODELLAUFBAU:<br>Funktionsplanspiel isoliert in verschiedenen Varianten. Konkurrenzbeziehungen und Interaktion können je nach Version eingebaut werden. |
| ZIELSETZUNG: | Ausbildung mittlerer Führungskräfte zur Förderung des Verständnisses für die Anwendung von Optimalregeln bei der Lagerdisposition | |
| MARKT/PRODUKT: (ökonomischer und betrieblicher Umfang) | Lagerhaltung von Serienerzeugnissen stochastischer Nachfrage | ENTSCHEIDUNGSPROBLEME/ENTSCHEIDUNGSVARIABLE:<br>Vorratssteuerung nach Mindest- und Höchstmenge, Veränderung des Einkaufspreises, der Zinsen und Lagerkosten, des Kapitalbedarfs<br>Abstimmung der Beschaffungsmenge nach verfügbarem Kapital, Quantität und wahrscheinlicher Bedarfsmenge |
| ANZAHL DER SPIELGRUPPEN: | beliebig | |
| VERHÄLTNIS DER SPIELGRUPPEN: | isoliert (Interaktion möglich) | |
| ZUSAMMENSETZUNG DER SPIELGRUPPEN: | 1 – 3 Teilnehmer pro Spielgruppe<br>Gesamtzahl der Teilnehmer 15 – 25 | ZEITBEDARF:<br>4 – 8 Stunden |
| BERECHNUNG DER ERGEBNISSE: | Manuell (non computer) oder maschinell | |

| | | |
|---|---|---|
| PLANSPIEL-TITEL: | **3. Planspiel Wirtschaftsstrategie** | |
| VERFASSER: | K. Ahorner, E. Johnsen | MODELLCHARAKTERISTIK UND MODELLAUFBAU: |
| ZIELSETZUNG: | Ausbildung von mittleren und oberen Führungskräften beim Treffen rationaler strategischer Entscheidungen | Dynamisches Simulationsmodell, teildeterminiert/determiniert,<br><br>interaktiv, kompetitiv (General- und Konkurrenzspiel) |
| MARKT/PRODUKT: (ökonomischer und betrieblicher Umfang) | Das Modell wurde der Investitionsgüterindustrie entnommen.<br>Simuliert werden 5 bis 20 Jahre der Produktions- und Verkaufspolitik.<br>Das Verkaufsvolumen der Firmen unterliegt einem schwankenden Markttrend<br><br>Ein Produkt als Investitionsgut in der Größenordnung von 400,– bis 700,– DM (Markt- und Produktvarianten liegen vor) | ENTSCHEIDUNGSPROBLEME/ENTSCHEIDUNGSVARIABLE:<br>Verkaufspolitik<br>Verkaufspreis<br>Forschung und Entwicklung<br>Produktionspolitik<br>Kapazitätspolitik<br>Investitionspolitik<br>Verkaufsförderung<br>Marktpolitik<br>Lagerhaltung<br>Budgetierung |
| ANZAHL DER SPIELGRUPPEN: | 5 oder beliebig viele Spielgruppen | (Spiel-Varianten mit zusätzlichen Variablen liegen vor) |
| VERHÄLTNIS DER SPIELGRUPPEN: | kompetitiv | |
| ZUSAMMENSETZUNG DER SPIELGRUPPEN: | Spielgruppen in Teams je 3 bis 7 Führungskräfte mit verteilten Funktionen | ZEITBEDARF:<br><br>8 bis 16 Stunden<br>2 bis 5 Halbtage |

| | | |
|---|---|---|
| BERECHNUNG DER ERGEBNISSE: | Simulationsnomogramme Matrixtabellen. Manuell (non computer) oder maschinell (computer by hand) Programmierung auf DV-Anlagen möglich | |
| PLANSPIEL-TITEL: | **4. Planspiel für Handelsbetriebe** | |
| VERFASSER: | K. Ahorner,<br>E. Johnsen | MODELLCHARAKTERISTIK UND MODELLAUFBAU: |
| ZIELSETZUNG: | Modellübung zur praxisnahen Führungsausbildung beim Treffen unternehmerischer Entscheidungen in Handelsbetrieben (Adaptierung für jede gewünschte Zusammensetzung von Führungskräften möglich) | Dynamisches Simulationsmodell determiniert/teildeterminiert, interaktiv, kompetitiv (General- und Konkurrenzspiel)<br><br>verschiedene Versionen |
| MARKT/ PRODUKT: (ökonomischer und betrieblicher Umfang) | Simuliert werden 12 Monate (Perioden) Ein- und Verkaufspolitik bei begrenzten zur Verfügung stehenden Finanzmitteln zur Erreichung einer optimalen Rentabilität<br>Ein Produkt als billiges Saisongut<br>Preis 4,– bis 7,– DM<br>Auch als Mehrproduktspiel mit variablem Trend je nach Version | ENTSCHEIDUNGSPROBLEME/ENTSCHEIDUNGSVARIABLE:<br>Einkaufspolitik<br>Kalkulation<br>Verkaufspolitik<br>Verkaufspreis<br>Verkaufsförderung<br>Service<br>Marktpolitik<br>Sortimentsplanung<br>Lagerhaltung<br>Rentabilität |

ANZAHL DER SPIELGRUPPEN: 5 oder beliebig viele Spielgruppen

VERHÄLTNIS DER SPIELGRUPPEN: kompetitiv

ZUSAMMENSETZUNG DER SPIELGRUPPEN: Spielgruppen in Teams je 2 bis 5 Führungskräfte mit verteilten Funktionen

ZEITBEDARF:

8 bis 16 Stunden
2 bis 4 Halbtage

BERECHNUNG DER ERGEBNISSE: Simulationsnomogramme
Matrixtabellen
Manuell (non computer) oder maschinell (computer by hand)
Programmierung auf DV-Anlagen möglich

PLANSPIELTITEL: **5. Planspiel Unternehmensführung im Großhandel**

VERFASSER: K. Ahorner u. E. Johnsen, in Zusammenarbeit mit: Betriebsberatungsgesellschaft des Norddeutschen Groß- u. Außenhandels mbH (BGA), Hannover

ZIELSETZUNG: Modellübung zur praxisnahen Führungsausbildung beim Treffen unternehmerischer Entscheidungen in Großhandelsbetrieben

(Adaptierung für jede gewünschte Zusammensetzung von Führungskräften möglich)

MODELLCHARAKTERISTIK UND MODELLAUFBAU:

Dynamisches Simulationsmodell determiniert/teildeterminiert, interaktiv, kompetitiv (General- u. Konkurrenzspiel)

verschiedene Versionen, einschließlich eines „Aufbaumodells zum Planspiel Unternehmensführung im Großhandel“

| | | |
|---|---|---|
| MARKT/ PRODUKT:<br>(ökonomischer und betrieblicher Umfang) | Simuliert werden 12 Monate (Perioden) Ein- und Verkaufspolitik bei begrenzten zur Verfügung stehenden Finanzmitteln zur Erreichung einer optimalen Rentabilität | ENTSCHEIDUNGSPROBLEME/ENTSCHEIDUNGSVARIABLE:<br>Einkaufspolitik<br>Kalkulation |
| | 5 Großhandelsgesellschaften vertreiben ein neues Haushaltsgerät. Ein direkter Zusammenhang mit dem übrigen Sortiment der Firma ist nicht gegeben.<br>Saisonschwankungen (Versionen mit mehreren Produkten liegen vor) | Verkaufspolitik<br>Verkaufspreis<br>Verkaufsförderung<br>Service<br>Marktpolitik<br>Sortimentsplanung<br>Lagerhaltung<br>Rentabilität |
| ANZAHL DER SPIELGRUPPEN: | 5 oder beliebig viele Spielgruppen | |
| VERHÄLTNIS DER SPIELGRUPPEN: | kompetitiv | |
| ZUSAMMENSETZUNG DER SPIELGRUPPEN: | Spielgruppen in Teams je 2 bis 5 Führungskräfte mit verteilten Funktionen | ZEITBEDARF:<br>8 bis 16 Stunden<br>2 bis 4 Halbtage |
| BERECHNUNG DER ERGEBNISSE: | Simulationsnomogramme<br>Matrixtabellen<br>Manuell (non computer) oder maschinell (computer by hand) Programmierung auf DV-Anlagen möglich | |

PLANSPIEL-TITEL: **6. Planspiel Unternehmensführung – Unternehmensplanung**

VERFASSER: K. Ahorner, E. Johnsen

ZIELSETZUNG: Entscheidungstraining für obere Führungskräfte in den Aufgaben der Unternehmensführung. Erprobung von Management-Techniken

MARKT/PRODUKT: (ökonomischer und betrieblicher Umfang) Ein industrielles, in Serienfertigung hergestelltes Gebrauchsgut in der Größenordnung von DM 50,– wird von mehreren Konkurrenten auf einem gemeinsamen Markt vertrieben.

Simuliert wird die Entwicklungsperiode von 10 bis 15 Geschäftsjahren

ANZAHL DER SPIELGRUPPEN: 5 oder beliebig viele Spielgruppen

VERHÄLTNIS DER SPIELGRUPPEN: kompetitiv

ZUSAMMENSETZUNG DER SPIELGRUPPEN: Spielgruppen in Teams je 3 bis 7 Führungskräfte mit verteilten Funktionen

BERECHNUNG DER ERGEBNISSE: Simulationsnomogramme
Matrixtabellen
Manuell (non computer) oder maschinell (computer by hand)
Programmierung auf DV-Anlagen möglich

MODELLCHARAKTERISTIK UND MODELLAUFBAU:

Generalspiel
Dynamisches Interaktionsmodell mit determinierten und stochastischen Markteinflüssen

ENTSCHEIDUNGSPROBLEME/ENTSCHEIDUNGSVARIABLE:
Verkaufspreis
Kalkulation
Marketing
Qualitätssteuerung
Kapazität
Produktionshöhe
Marktuntersuchung
Rohstoffeinkauf
Lagerplanung
Finanzierung
Kostenrechnung
Rentabilität
Firmenplanung

ZEITBEDARF:
16 bis 20 Stunden
4 bis 5 Halbtage

PLANSPIEL-TITEL:

**7. Unternehmensplanspiel Deutsche Gesellschaft für Personalführung. Die Auswirkungen der Personalplanung und der Personalführung auf Unternehmensentscheidungen**

VERFASSER:

K. Ahorner, H. Friedrichs, P. K. Ledig, H. Nutzhorn

MODELLCHARAKTERISTIK UND MODELLAUFBAU:

Dynamisches Simulationsmodell teildeterminiert, interaktiv, kompetitiv (General- und Konkurrenzspiel)

ZIELSETZUNG:

Entscheidungstraining für Personalleiter und leitende Mitarbeiter aus allen Unternehmensbereichen. Vermittelt den Teilnehmern die Kenntnis, wie sehr die Personalplanung mit den übrigen Teilbereichen der Unternehmensplanung (Produktions- u. Finanzplanung) verknüpft ist. Die Entscheidung auf dem Gebiet der Personalbeschaffung oder -förderung sind am obersten Unternehmensziel zu orientieren.

MARKT/PRODUKT: (ökonomischer und betrieblicher Umfang)

Simuliert werden 10 Jahre. Gebrauchsgut in der Wertklasse von 500,– bis 700,– DM mit langfristigem Saisontrend

ENTSCHEIDUNGSPROBLEME/ENTSCHEIDUNGSVARIABLE:

Variable aus allen Unternehmensteilbereichen; Arbeitsmarkt, Beschäftigungskosten, Entlohnung. Personalpolitik: Personalbedarf, Arbeitsbedingungen, Soziale Leistungen, Ausbildung u. Nachwuchsförderung,. Verbesserung der Zusammenarbeit

| | | |
|---|---|---|
| ANZAHL DER SPIELGRUPPEN: | 5 oder beliebig viele Spielgruppen | Verkaufspolitik: Preispolitik<br>Verk.-Förderung<br>Produktionspolitik: Investitionen, Kapazität, Produktion, Mengen, Lager, Fluktuation, Beschäftigungsgrad, Finanzpolitik |
| VERHÄLTNIS DER SPIELGRUPPEN: | kompetitiv | |
| ZUSAMMENSETZUNG DER SPIELGRUPPEN: | Spielgruppen in Teams je 2 bis 7 Führungskräfte mit verteilten Funktionen | |
| BERECHNUNG DER ERGEBNISSE: | Simulationsnomogramme<br>Matrixtabellen.<br>Manuell (non computer) oder maschinell (computer by hand)<br>Programmierung auf DV-Anlagen möglich | ZEITBEDARF:<br><br>16 bis 24 Stunden<br>4 bis 6 Halbtage |

| | | |
|---|---|---|
| PLANSPIEL-TITEL: | **8. Qualitätssteuerung** | |
| VERFASSER: | K. Ahorner,<br>U. Liebscher | MODELLCHARAKTERISTIK UND MODELLAUFBAU: |
| ZIELSETZUNG: | Training mittlerer Führungskräfte in den Techniken der statistischen Qualitätssteuerung zur Überwachung von Herstellungsprozessen | Funktionsplanspiel |

MARKT/PRODUKT: (ökonomischer und betrieblicher Umfang)

Simuliert wird die Herstellung eines beliebigen Serienerzeugnisses mit gegebenen Qualitätsmerkmalen. Zur Produktion stehen 4 Maschinengruppen mit unterschiedlicher Maschinenfunktionsgenauigkeit und Kosten zur Verfügung. Änderungen des Fertigungs- und Prüfverfahrens können solange vorgenommen werden, bis ein optimales Verhältnis vom Einsatz und Ergebnis gesichert ist.

ENTSCHEIDUNGSPROBLEME/ENTSCHEIDUNGSVARIABLE:

Festlegen von Qualitätsmaßstäben, Analyse der Qualität und Prüfkosten. Üben statistischer Kontrolltechniken für variable oder attributive Qualitätsmerkmale, Analyse der Maschinenfunktionsgenauigkeit, Toleranzfestlegung, Auswahl und Anwendung von Stichproben u. Prüfplänen

ANZAHL DER SPIELGRUPPEN:

4 oder beliebig viele

VERHÄLTNIS DER SPIELGRUPPEN:

isoliert

ZUSAMMENSETZUNG DER SPIELGRUPPEN:

1 – 3 Teilnehmer je Spielgruppe, Gesamtzahl der Teilnehmer 15 – 25

ZEITBEDARF:

4 – 12 Stunden

BERECHNUNG DER ERGEBNISSE:

Manuell (non computer) oder maschinell (computer by hand) Programmierung auf DV-Anlagen möglich